教育部人文社会科学重点研究基地
河南大学黄河文明与可持续发展研究中心

河南大学历史文化学院
资助出版

辛亥女革命家

刘马青霞评传

李玉洁／著

科学出版社
北京

图书在版编目(CIP) 数据

辛亥女革命家刘马青霞评传/李玉洁著. —北京：科学出版社，2012. 6

ISBN 978-7-03-034799-2

Ⅰ. ①辛… Ⅱ. ①李… Ⅲ. ①马青霞（1877～1922）-传记 Ⅳ. K827＝6

中国版本图书馆 CIP 数据核字（2012）第 125070 号

责任编辑：牛　玲　侯俊琳　程　凤/ 责任校对：朱光兰

责任印制：赵　博 /封面设计：无极书装

编辑部电话：010-64035853

E-mail：houjunlin@mail. sciencep. com

科学出版社出版

北京东黄城根北街 16 号

邮政编码：100717

http://www.sciencep.com

北京科印技术咨询服务有限公司数码印刷分部印刷

科学出版社发行　各地新华书店经销

*

2012 年 8 月第　一　版　开本：720×1000 1/16

2024 年 9 月第五次印刷　印张：16 1/4

字数：270 000

定价：78.00 元

（如有印装质量问题，我社负责调换）

序

刘马青霞是我国新学教育、女学教育的先驱，是辛亥革命时期著名的慈善家、实业家，是辛亥革命中涌现出来的杰出革命家。每当笔者读到刘马青霞女士的事迹时，总是有一种深深的感动。刘马青霞的成长与清末民初的革命形势有密切的关系，刘马青霞是时代造就出来的英雄。

一

英国与欧洲列强自 17 世纪起，相继发生了工业革命，其政治、经济、文化都处在世界的领先地位；日本经过明治维新，也成为亚洲唯一的资本主义强国。崛起的列强开始把中国当做它们掠夺的目标。

清末民初，古老的中国遭受了巨大的伤痛。1894 年，中国在甲午战争中惨败；1895 年与日本签订《马关条约》。之后八国联军入侵中国，中国又被迫与之签订《辛丑条约》。割地赔款、丧权辱国，使中国知识分子痛彻心扉。他们哀民生之多艰，伤祖国之不幸，带着强烈的忧国忧民意识，或横跨大洋远赴欧美，或负笈东渡游学日本，学习救国救民的知识与本领，寻求富国强兵的国策与道路。在国外，中国知识分子接受西方民主理念，思想开始大解放。他们发现中国贫弱落后竟源于清政府的专制与腐败，发现几千年来他们忠于报效的王朝原来就是专制帝王们一家一户的江山。他们认识到政府与国家原来是两个不同意义的概念，国家是人民的国家，而清政府代表着部分贵族的利益。他们说：“中国二千年来，不知政府与国家之分，而误认为政府即国家。历代君主遂攘国家为一家一姓之私产。二万里疆宇，其耕陇也；四万万人民，其奴隶也；以弱民为政策，保护其家业也；以愚民为心计，防制其家贼也。汉刘季对太公说：‘尝以季不殖产，今视季与仲孰多?’……向政府责问，曰‘大逆不道’也；政府虽腐败恶劣，而必使国民蜷曲蠕息于一人威权之下，不能有异言，曰‘庶人不议’也。横暴达于极点不能禁。”①

① 见《豫报公启并简章》，《豫报》，第一号，于日本东京。

于是令清王朝意想不到的情况出现了，派出留学的青年学生迅速地组织反清、反专制的爱国团体，争取民主、自由、平等的思想像怒潮喷发、汹涌澎湃，猛烈地冲击、动摇着清王朝统治的基石，以至于清政府的官员气愤地说："今日之学生，不如昔日之义和团，能扶清灭洋；有'及革命之风炽，满洲之命绝'等语。"①

二

河南留日学生满怀爱国热情参加了这场天翻地覆的革命运动。他们积极地参加同盟会，创办《河南》杂志、《中国新女界杂志》，以"激发爱国天良，做酣梦之警钟，为文明之导线"为主旨，揭发清政府的罪行说："呜呼！我同胞置身于今日之中国，岌岌乎殆哉！有不可终日之势矣，跼蹐于异族钤制之下，圈圄于暴政梏桎之中屈苦莫能言，惨状莫能绘，为奴、为隶、为马牛，听其俎爨刲割而无计无辞……故时至今日之政府，与平民既成绝对不相容之势。政府所据之利，即平民所蒙之损害；政府蒙被之损害，即平民所争之利益。故政府自为计以酷虐平民，为无上之长策。"② 他们提出"誓以此大好头颅与美丽江山俱碎矣。其有效，中国之福也；其无效，宁战而死，誓不奴而生……此政府一日不倒，我国民之在中国，即无日不如蝮蛇遍地傀焉，将被其毒螫也"。③

1911年10月10日，武昌起义爆发之后，河南成为横亘在北京与武昌的中间地带；换言之，河南绾毂南北，是清王朝国都北京的门户，地理位置举足轻重、非同一般。清王朝在这里聚集亲信，换掉异己，驻扎重兵，使河南的守备大大加强。这无疑给河南的辛亥起义增加了空前的困难。在这种情况下，河南的革命志士抱着誓死之决心，动员起义。

河南留日学生张钟端回国参加武昌起义时，他的日本妻子已经怀孕即将生产，后来他的双胞胎儿子在10月10日出生，与武昌起义同一天。张钟端先生武昌起义时任参谋长。武昌起义后，他回到河南任河南辛亥起义总司令。起义之前，张钟端动员说："人心思汉，胡运将终……此间同志

---

① 见《调查》，《八月份中外大事表》，《豫报》，第五号，于日本东京。

② 鸿飞（张钟端笔名）．对于要求开设国会者之感谓．河南，第4期．

③ 朱宣．发刊之旨趣．河南，第1期．

谋居省垣，共图大举。成则促鞑虏之命，败则为共和之魂！”①

然而由于叛徒告密，起义失败，张钟端等人被逮捕。敌人对其进行诬蔑和严刑拷问：“同党共有几人？”张钟端先生回答：“除满奴汉奸外，四万万同胞皆是同党！”1911 年 12 月 24 日（旧历十一月初五），张钟端、王天杰、李乾公、张兆发、刘凤楼、张得成、崔德聚、李鸿绪、王梦兰、徐振泉、单鹏彦等十一位同志分别在开封的南关和西关英雄就义。张钟端等烈士就义之前高呼：“革命万岁！”“共和万岁！”张钟端烈士牺牲的时候，才 32 岁，他的孪生儿子才刚刚两个半月。张钟端等十一位同志被敌人暴尸城外，后由同盟会员沈竹白以慈善名义收敛尸骨，葬于开封南关义地。1922 年，冯玉祥主豫时，建“辛亥革命河南十一烈士纪念塔”。1933 年，将十一烈士迁为一墓，墓地原在纪念塔附近；如今迁葬在开封市禹王台公园内，建烈士墓，供后人瞻仰。

辛亥革命推翻了清王朝的统治，结束了统治中国 2000 多年之久的封建帝制，从此结束了长达 2000 多年封建专制王朝的统治，完成了中国历史上一次伟大的政体变革，开启了民主共和的新纪元。

笔者认为，张钟端等烈士与林觉民先生、秋瑾女士同样壮烈、同样伟大、同样不朽！笔者愿借此小序以慰我国辛亥革命中壮烈牺牲的英灵。

三

刘马青霞是清王朝的达官显贵之女、豪门之妇，光绪皇帝诰封的“一品诰命夫人”。她怀着救民于水火的思想意识，“万善同归”的人生目标，在 20 世纪初期反帝反封建的斗争中，成长为辛亥革命志士。

笔者出于对刘马青霞的敬慕，曾沿着刘马青霞走过的足迹，造访过刘马青霞生活、工作过的许多地方，如她的家乡安阳、夫家尉氏、多年居住的开封、捐巨款创立的北京豫学堂；以及她游学东瀛时，创刊《河南》杂志、《中国新女界杂志》的日本东京早稻田大学附近的牛込（yū）区等。随着对刘马青霞足迹的寻访，笔者看到了辛亥女革命家刘马青霞女士怎样从一个怀有“兼济天下”情怀的儒家知识分子走上革命道路的历程。

1907 年年初，刘马青霞随其兄长马吉樟到日本考察学务和实业。在

① 张济民．张钟端生平．//河南省文史资料，第六辑，1981.

日本，刘马青霞结识了孙中山、黄兴、唐群英、张钟端等辛亥革命志士。留日学生对清政府的憎恨和无限的家仇国恨，所酝酿的那种追求民主、崇尚自由的热情，点燃了刘马青霞那炙热的忧国忧民的心；反对清王朝专制制度的革命浪潮，像太平洋的海浪一样冲击着她的灵魂。那时的刘马青霞，时常处在激愤之中。

清末民初，在反对专制、争取民主的滚滚洪流中，刘马青霞参加了同盟会，刘马青霞从一个修桥补路，建义学、义庄，怀着“兼济天下”的人生目标的贵族妇女，从光绪皇帝诰封的“一品诰命夫人”，成长为满清王朝的“逆子贰臣”，再至而成为坚强的辛亥革命战士。她遵从同盟会的各种指令，捐巨款、办杂志、办书社、办新式学堂、办女学堂、支持辛亥革命起义、掩护革命同志、办慈善机构、办贫民工厂、办女子工厂，把全部家产捐助国家。有人说，刘马青霞是中国“裸捐”第一人，表现了刘马青霞“天下为公”的博大情怀。

刘马青霞满怀热情地投入了民国初年那场声势浩大的女子参政运动中，并且与孙中山夫人、伍廷芳夫人、吴芝瑛等女界名流共同被选为“神州女子共和协济社”名誉社长，刘马青霞还被选为北京女子参政同盟会会长，任北京女子法政学校校长、北京女子学务维持会会长，创办《女子白话旬报》、河南“国民捐总理”，创办河南全省女子教育会、开通女界、扩张女权等，表明了当时刘马青霞在国内极大的影响和威信。民国初年女子参政运动表现了中国女子的觉醒。

近代革命女子以救国、救民、救种族为己任。她们大义凌然、百折不回，表现出中国女性的韧性和英雄气概，为革命做出了杰出的贡献。孙中山先生说：“女界多才，其入同盟会奔走国事百折不回者，已与各省志士媲美矣。”①

刘马青霞勇敢地投入这场反对专制、争取民主的斗争中，表现出她对民主的热诚、对自由的渴望。刘马青霞彻底背叛了自己的阶级。她的每一步足迹都表现出坚定的革命性。她用实际行动描绘出自己“天下为公”的辉煌壮丽的人生画卷，并放射出耀眼的光芒。

---

① 孙中山．复女界共和协济会函//孙中山全集（第二卷），北京：中华书局，1982：52.

目　录

第六章 河南新学教育的先驱

第七章 刘马青霞与辛亥革命

引　子

刘马青霞是中国辛亥革命时期有名的女革命家、教育家、慈善家，是我国新学教育、女学教育的先驱，人称“辛亥女杰”。辛亥革命党人中曾流传有“南秋瑾，北青霞”的说法，即“南秋北刘”之说。“南秋”指的是秋瑾。秋瑾是辛亥革命中一个非常响亮的名字。“北刘”指的是刘马青霞。刘马青霞在清朝末年对辛亥革命和新文化运动所作的贡献，表现出来的精神和气魄都可以与“南秋”媲美。刘马青霞是辛亥革命时期一位杰出的女性，无论在人格和思想上都放射出绚丽的光彩，在中国近代史上留下了浓墨重彩的一页。

刘马青霞，河南安阳蒋村人，原名马青霞，17 岁（虚岁 18 岁）嫁入河南首富尉氏的刘氏豪门，从此随丈夫刘耀德的姓氏，改名为刘青霞、刘马氏或者刘马青霞。青霞的印鉴上写的是“刘马青霞”，故本书以刘马青霞为她的正式名字。

出于对刘马青霞的敬慕，笔者曾沿着刘马青霞走过的足迹，造访了她生活、工作过的许多地方，如她的家乡安阳、夫家尉氏、多年居住的开封、捐巨款创立的北京豫学堂，以及她游学东瀛时创办《河南》杂志、《中国新女界杂志》的日本东京早稻田大学附近的牛込（yū）区等。通过对刘马青霞遗迹的寻访，笔者看到了辛亥女革命家刘马青霞从一个怀有“兼济天下”情怀的儒家知识分子坚定走上革命道路的历程。她那“天下为公”辉煌壮丽的人生画卷，也在笔者的眼前展开了。

一、追求自由品格的形成

刘马青霞的故乡在安阳。她的父亲马丕瑶曾做过广西、广东巡抚，上疏参倒过当朝宰相李鸿章的兄长广东总督李瀚章，人称“马青天”。光绪皇帝曾给马丕瑶亲书“百官楷模”的匾额。刘马青霞的大哥马吉森是河南近代民族工业的奠基者之一。二哥马吉樟是清朝光绪皇帝的侍读、侍讲、翰林学士兼起居注官，是皇帝的近臣。八国联军侵入北京，慈禧太后和光绪皇帝率领皇室逃亡西安时，马吉樟是随銮护驾的大臣。慈禧太后和光绪皇帝回銮时就住在安阳马丕瑶的家中。刘马青霞的家与满清王朝有着千丝万缕的密切关系，可以说马氏父子处在满清王朝权力的核心位置。

少年青霞在安阳家中受到严格的儒家思想教育。安阳马氏庄园内有专为孩子们建的读书楼，又曰耕读楼。耕读楼下面的四合院内有东西厢房各五间，曰“东塾”、“西塾”。“东塾”是男孩子学习的场所，“西塾”是女孩子学习与做女红的场所。学塾的楹联是“真人品从五伦做起，大学问自六经得来”。孩子们每日上学，走进学堂时都要念一遍，以励其志。自少年起，青霞就学习四书五经，受到儒家思想的熏陶。

青霞自幼年起，就非常崇尚自由。青霞是天足（即没有缠足），充分表明她对自由的追求、对世俗的反抗。清代旗人是北方游牧民族，女子是不缠足的。皇太极、顺治、康熙等清朝皇帝皆下过令，不准满族女子缠足。青霞生活在近代中国，许多优秀先进的中国人已经知道缠足对女子的危害。青霞的父亲马丕瑶先生常年在两广做官，接触了南方先进的思想，也接触了较多的清朝贵族女子，因此青霞没有缠足。后文将详述这个问题。

在马家“诗书传家”思想的教育下，青霞学习刻苦认真，在其长成之时，已经成为一个擅长诗词歌赋、书法绘画的贵族千金小姐。青霞追求自由的思想，体现在她日后所写的诗词中，如民国元年七月一日《自由报》刊载了青霞写的祝贺诗，诗中充满了对自由的崇拜与渴望，青霞要“夺转自由魂”，“撞破自由钟”，愿天下“开遍自由花”，表达了她对自由之神热烈的歌颂和向往。青霞的诗词及为人都表明了她的文化素养和才能，也表现出她正直的品格和追求自由的思想。

二、“兼济天下”的人生目标

青霞长大成人之后，嫁给尉氏刘耀德为妻，尉氏刘耀德是河南首富。青霞出嫁之后，与丈夫刘耀德关系很好。但不幸的是，结婚七年之后刘耀德因患“搭背疮”死去，青霞年轻居寡。

青霞的父亲马丕瑶是个具有儒家思想的清正官员，他对宋代范仲淹崇敬有加。范仲淹少年贫苦读书，后来考中进士、做了宰相，在自己的宗族中建立义学，供宗族的儿童读书。马丕瑶“修家庙立塾于旁，诲族之子弟，并仿范氏义庄，以赡其穷，咸有条理”①。马氏的家谱上记有一

① 李秉衡．山东巡抚马公神道碑铭//沈云龙．近代中国史料丛刊．台北：文海出版社，1966.

处义庄，这处义庄由马丕瑶所建，表现出马氏家族富贵不忘贫贱的本色。

刘马青霞受到父亲极深的影响，由此产生了极度同情贫弱的思想。若干年后，她热心办义学、义庄，热心慈善事业，与父亲的教导有密切的关系。由于青霞自少年起，就受到严格的儒家思想的教育，有崇高的“兼济天下”的人生目标，所以当丈夫死后，刘马青霞便利用有利的家庭条件，创办义学、义庄、寡妇院，用巨款修桥补路，灾荒年间开仓放粮、赈济贫困、赈灾施粥。她创办的贫民女子工厂，如今已经找不到痕迹，但在《尉氏县志》上仍然可以感受到尉氏人民对这位具有“丈夫胸襟”的“名门之女、巨室之妇”的敬仰和怀念。

1905年，清王朝废科举、兴新学，河南驻京官员在北京创建豫学堂。青霞为豫学堂捐助三万两银子，而时任直隶总督的袁世凯才捐一万两银子。笔者曾经到北京的宣武门外上斜街寻访豫学堂旧址。北京豫学堂是借原嵩云草堂的旧址所建。嵩云草堂曾经是资产阶级改良派康有为等人当年“公车上书”的地方。

刘马青霞对教育的热心与捐助，引起了朝廷的关注和震动，也惊动了光绪皇帝。同一年，光绪皇帝诏封刘马青霞为“一品诰命夫人”，宣统皇帝后又赐以“乐善好施”匾额。

皇帝亲下诏命封赠刘马青霞为“一品诰命夫人”，以褒奖她“兼济天下”的善行。这个时期的刘马青霞将儒家精神作为自己做人做事的标准，始终把东汉杨震、宋朝范仲淹当做自己的榜样，是一个为维护清王朝的统治而努力的儒家知识分子。她建义学，让贫苦子弟都能入学读书；建义庄，赈济救灾，让60岁以上的老年人每月都能领到三斗粮食，是为了实现“老吾老及人之老，幼吾幼及人之幼”、“万善同归”、“乐善好施”的道德理想；她捐巨款赞助新学堂，是为了让知识文化的种子撒进更多青少年的心田。她始终奉行着“穷者则独善其身，达者则兼济天下”儒家学说的准则，为实现泛爱天下、普救苍生、“万善同归”的人生目标而做出诸多贡献。这时期的刘马青霞虽然具有以天下为己任、救民于水火的意识，但是在她参加同盟会之前，并没有推翻、摧毁封建专制王朝的思想意识。此时的刘马青霞还不是一个争取民主自由的革命者。

三、从清王朝的“一品诰命夫人”转变为“逆子贰臣”的思想基础

刘马青霞出身于清王朝的达官显贵之家，又嫁入豪富之门；清王朝诰封她为“一品诰命夫人”，授予其“乐善好施”匾额。就是这样一个官宦之女、豪门之妇，是怎样成为封建王朝的“逆子贰臣”，又是怎样走上革命道路的呢？她走上革命的思想基础是什么？探讨刘马青霞革命思想形成的心路历程，可以看出“兼济天下”、追求自由的品格是她走上革命道路的思想基础。

20 世纪初的中国在经过了甲午海战、《马关条约》、《辛丑条约》之后，又因 1904 年日本与俄国爆发了争夺中国东北的战争，而处在了被西方列强和亚洲“暴发户”瓜分的危亡之中。在国家危亡的时刻，我国大批知识分子出国留学，学习富国强兵的思想和技术，寻求救国救民的理论。因日本是亚洲国家，又是中国的近邻，故中国学生留学日本的特别多，同时许多革命志士也到了日本，如孙中山、秋瑾等。留日学生中酝酿着反对清政府的革命风暴。

是时，在日本聚集着许多中国留学生，清政府派官员马吉樟（刘马青霞的二兄长）到日本考察学务，并管理在日本的留学生。而刘马青霞的丈夫已经去世，刘马青霞把办学、办实业作为她毕生从事的事业。1907 年，清政府为其办理出国护照，刘马青霞随二兄长马吉樟到日本考察学务和实业。

刘马青霞到日本后，很快结识了在日本的革命党人孙中山、黄兴、唐群英、张钟端等。这对她的一生有着重大的意义，使她的人生目标发生了巨大的变化，是她走向革命的起点。

刘马青霞自青年时期就怀着“兼济天下”、同情贫弱的情怀，又有强烈的崇尚正直、追求自由的精神。由于她亲眼目睹了清政府在西方列强面前的无能与卑屈，看到大好河山日益沦丧，祖国处在危亡之中，所以她一旦接触了革命党人，懂得了革命的道理，她那“兼济天下”、同情贫弱的情怀就转变为“天下为公”的理想，而她那崇尚正直、追求自由的天性就形成了对清政府的反抗。刘马青霞的思想经过革命斗争的暴风雨洗礼后，迸发出了灿烂的光芒。

在留日学生革命思想的影响下，刘马青霞参加了同盟会。刘马青霞加

入同盟会后，履行入会的誓言，把“驱除鞑虏，恢复中华，建立民国，平均地权”当成她奋斗的目标和毕生追求的理想。刘马青霞没有辜负她加入同盟会时的誓词，她从光绪皇帝册封的“一品诰命夫人”转变为清王朝的“逆子贰臣”。

刘马青霞投巨款支持辛亥革命并掩护起义失败后的同志。辛亥革命胜利后，刘马青霞与唐群英等人一起积极参与女子参政运动，之后又遵从孙中山先生的教诲，回到家乡河南创办新学、女学，从而成为河南新学教育、女学教育的先驱。从刘马青霞创办义学、义庄到创办贫民工厂、女子工厂，捐助难民收养所，以及她两次携带家中的所有房产地契到上海会见孙中山，要求把所有的家产献给国家，都表明她已经从一个具有“兼济天下”的儒家理想的知识分子成长为具有“天下为公”情怀的革命战士。

刘马青霞捐助的中州公学及大河书社不仅是一个新学的学校和发行进步刊物的基地，更是策划辛亥革命的一个秘密阵地。

刘马青霞创办的河南最早的私立女学堂——华英女校，为中国教育和中国革命培养出杰出的妇女人才和妇女干部，为中国的妇女解放事业做出了重要的贡献。1911 年参加同盟会的任锐就是华英女校培养出来的杰出代表。现在学校的遗址上仍然有三间华英女校时期的旧房。这所清末民初的老房子，向参观的游人诉说着该校百年的风雨，也诉说着刘马青霞当年为了实现国家和民族复兴的理想苦心办学、坚韧不拔、令人感动的意志衷肠。

刘马青霞是河南新学教育的先驱，河南的省城开封是刘马青霞创办新学的基地。刘马青霞热心桑梓教育，对投资家乡、创办新学，尤其是创办女学更是热心。她在开封组织成立河南女子教育会，被选为国民捐总理。

笔者曾在日本皇学馆大学做客座教授一年，特意到东京寻访刘马青霞的遗迹。刘马青霞在日本游学时，在东京创办《河南》杂志的地方，就在日本早稻田大学旁边牛込区一条小街上。如今那条小街已经完全不见她创办《河南》杂志的任何痕迹。但是在这条小街上，笔者还是心潮澎湃。在这里，刘马青霞参加了同盟会，从光绪皇帝册封的“一品诰命夫人”成为清王朝的“逆子贰臣”。她投资创办的《河南》杂志与《中国新女界杂志》是推翻清王朝最重要的舆论阵地。这条小街是她走向革命的起点，是她人生的重要里程碑。

刘马青霞曾两次带上自己的全部房产地契文书，到上海会见孙中山先生，要求把自己的家产全部捐献给国家。是时，孙中山先生已经将临时大总统的职位让给了袁世凯，任全国铁路督办，正缺少经费，于是马上行文到河南，准备接受刘马青霞的家产。孙中山先生对刘马青霞的行为也非常感动，挥笔先后为刘马青霞写下了“天下为公”、“巾帼英雄”的匾额，以表彰刘马青霞“天下为公”的举措。由于袁世凯的窃国，孙中山先生发动二次革命，南北分裂，刘马青霞捐献财产的举动没有成功。但从刘马青霞的义举中我们仍然能够感受到她滚烫的公而忘私的革命情怀。

四、坎坷人生及对革命的忠诚

刘马青霞的人生道路是辉煌壮丽而多彩的，但其中也充满了磨难。在丈夫刘耀德去世之后，为了守住丈夫偌大的家业，她与婆母商议诈称有遗腹子，抱养了刘耀德胞姐的儿子刘鼎元。刘马青霞说，“夫亡以后，母子二人相依为命”①，从此她与儿子相依为命，共度余生。儒家思想的正统教育与太多的儿女情长使刘马青霞的人生道路虽然壮丽辉煌，但又充满了坎坷艰辛。

刘马青霞出身于书香门第，受到了很好的教育。她的性格表现出一种既软弱又刚强的特点。青霞的父亲马丕瑶是封建王朝的忠臣孝子，他用男尊女卑的儒家正统思想治理家庭、教育子女。马丕瑶教育孩子“读书万卷学孔孟之道，尊祖敬宗做孝子贤孙”，要马氏宗族的人做忠臣孝子，永远不做不法之事。这些对刘马青霞的一生都产生了巨大的影响。

刘马青霞在丈夫死后，诈称有遗腹子以继承丈夫刘耀德的遗产，这本身就是一种不自信的表现。丈夫去世后，刘马青霞在她的许多捐助活动中皆是用儿子刘鼎元的名义，如为北京豫学堂捐助白银 3 万两。河南豫学堂校内建有石碑，上刻校长的名字是刘马青霞儿子刘鼎元。是时，刘鼎元才是一个 3 岁幼童。华英女校是刘马青霞一手创办起来的河南第一所女校。华英女校的校长也是刘鼎元，而当时刘鼎元还是一个年仅 6 岁的儿童，也在该校读书。光绪三十二年（1906 年），刘马青霞以儿子的名义捐款将蓬池书院改建为新学堂。然而是时，刘鼎元也还是个孩童，捐款者当然是刘马青霞。刘马青霞受传统的封建教育影响颇深，她的很多活动和功绩也都

① 原文标题为《豫人刘马青霞披露》，刘马青霞在民国六年（1917 年）11 月 17 日发表于《自由报》上。

记在儿子的名下。

把功绩记在儿子的名下是我国封建社会男尊女卑意识形态下的产物，即使是我国封建王朝处于女性最高地位的皇太后也不例外。在我国长达2000多年的封建社会中，实行的是父死子继的家族承继制度；故当老皇帝死后，年幼的小皇帝即位却无执政能力，由小皇帝的母亲皇太后临朝称制或垂帘听政，而年号必须用小皇帝的年号，政绩也是记在小皇帝的名下。刘马青霞把功绩记在儿子名下正是受这种方式的影响。在安阳马氏庄园中可以看到《马氏家训》。刘马青霞的父亲马丕瑶把《易经·彖》所说的"女正位乎内，男正位乎外。男女正，天地之大义也。家有严君焉，父母之谓也。父父子子兄兄弟弟夫夫妇妇而家道正，正家而天下定矣"的条文作为《马氏家训》。刘马青霞对封建的道德教条耳濡目染，有极深的男尊女卑的思想。

封建的男尊女卑的儒家思想对刘马青霞的一生都产生了巨大的影响。例如，民国元年7月6日《自由报》发表刘马青霞《刘青霞辞职书》云："鄙人自问，一无学识之妇人，焉能负此巨任？且吾豫人才济济，不乏贤能，何用一妇人参预公事？"① 这些语言虽然表明刘马青霞的谦虚，但也表现出她在长期的男尊女卑的社会大环境下的自卑心理。

刘马青霞在民国6年11月17日的《自由报》上发表了《豫人刘马青霞披露》，在该文中，青霞说"寡妇孤儿呼吁无路"，"青霞一妇人耳，屈指平日碌碌劳劳，淡食粗衣，自奉甚微，而对于家族、对于社会自觉可以告无罪矣"，"刘姓号称素封，'驷马高车'，声威赫濯，胡不能容一孀妇公益事业。一女子尚知稍尽义务，彼辈挥金如土，仅知膏粱文绣，何不肯于社会家公益上捐出一文之钱，而惟以欺人孤儿寡母为事，自问能无颜汗，良心不必汝容"，"青霞处兹悲境，对于家族甚觉短气灰心，而对于社会事业尚不忍放弃天职"。

在这篇《豫人刘马青霞披露》的文章中，刘马青霞表现出一种柔中带刚的女性特征。她一心为社会尽自己的职责，决不能因为"封建专制家庭中之数十恶魔"而放弃自己的责任；但来自家族和社会的压力，使她"甚觉短气灰心"。这也是刘马青霞具有的官宦家庭贵族妇女的软弱性所造成的。

如果把刘马青霞与秋瑾相比，刘马青霞那些自谦的话是女英雄秋瑾绝

① 刘马青霞．刘青霞辞职书．自由报，1912-07-06.

对说不出来的。秋瑾写过一首《满江红》："身不得，男儿列，心却比，男儿烈！"鉴湖女侠秋瑾生前十分崇拜的秦良玉、沈云英，是古代的侠女和女将军。秋瑾是一个毫无女性自卑心理的女英雄。秋瑾奔放、炽热、不甘人后，表现出为国家社会建立功业的豪迈情怀。

秋瑾在与其兄的信中说："妹近儿女诸情，俱无牵挂；所经意者，身后万世名尔。"[①] 又在给留日同学王时泽的信中说："男子之死于谋光复者，自唐才常之后，若沈荩、史坚如、吴椒诸君子，不乏其人。而女子则无闻也，亦吾女界之羞也。"[②] 秋瑾的飒爽英姿中透露出男儿的魄力和英气。

刘马青霞总是摆脱不了贵族妇女的软弱和太多的儿女情长与牵挂，因此在民国初年刘氏宗族的族人为抢夺财产而对刘马青霞发动大规模的攻击，又挑拨儿子刘鼎元与刘马青霞脱离关系之后，她的思想彻底崩溃，以致很快忧郁而死。辛亥革命的一代女杰就这样死在"封建专制家庭中之数十恶魔"之手，这是时代的悲哀，也是革命的巨大损失。

刘马青霞在性格上还远比不上秋瑾的坚强和勇敢，但是她对革命的忠诚，以及对革命的贡献，使她与秋瑾女士一样受到了孙中山先生的赞赏，被孙中山先生赠予"天下为公"、"巾帼英雄"的匾额。孙中山先生曾说："女界多才，其入同盟会奔走国事百折不回者，已与各省志士媲美。"[③] 刘马青霞正是一个"奔走国事百折不回者"。刘马青霞对革命的贡献足可以与秋瑾媲美，因此在革命党人中有了"南秋瑾、北青霞"的美誉。

刘马青霞是辛亥革命忠诚的志士，她在开封、尉氏的故居已经成为国家重点文物保护单位。她的每一处故居都见证了这位辛亥女革命家"天下为公"、无私奉公的品德。

---

① 周芾棠，秋仲英，陈德和．秋瑾史料．长沙：湖南人民出版社，1981：23.

② 郭延礼．秋瑾研究史料．济南：山东教育出版社，1987：38.

③ 孙中山．复女界共和协济会函//孙中山．孙中山全集．第二卷．北京：中华书局，1982：52.

第一章　宦门“千金”

河南安阳市区西 22 公里处的安阳蒋村有一座规模恢宏的马氏庄院。这就是中国辛亥革命时期有名的女革命家刘马青霞的故居。

安阳，古称河内。我国上古时期，黄河向东流，又折而向东北，从今河南的武陟入渤海；在安阳地区形成一个内弧拐弯处。黄河的内弧拐弯处，古称为河内。汉代设有河内郡，河南安阳就属于河内郡。宋代以后，黄河至兰考东坝头处折而斜向东北流去，从山东入渤海。

《史记·魏世家》中《正义》云：“古帝王之都，多在河东、河北，故呼河北为河内；河南为河外；又云河从龙门南至华阴东至卫州折东北入海，曲绕冀州，故言河内云也。”

河内地区水草丰美、土地肥沃、人杰地灵，是我国古代帝王建都的理想之地。远古时期，我国古帝王就非常重视这个地方。这里曾是“颛顼之虚”。虚，就是古帝王活动的地方。古文献记载，古帝王颛顼、帝喾皆在这里建都、活动。颛顼、帝喾的陵墓皆在安阳内黄，新中国成立前，这里被称为“高陵县”。

殷商王朝的都城亦建在河内。《汉书·地理志》云：“河内本殷之旧都。”殷王朝自殷高宗武丁之后，在今安阳小屯一带建都 273 年，创造了灿烂的殷墟文化。清末民初之际，安阳小屯地方出土了大批的殷代甲骨文字，轰动了世界。这里是早期中国最古老的都城之一。

河内曾被称为“天下之中”。司马迁在《史记·货殖列传》中说：“昔唐人都河东，殷人都河内，周人都河南。夫三河，在天下之中，若鼎足，王者之所更居也，建国各数百千岁。”也就是说，唐尧建都在河东（今山西临汾一带），殷人建都河内（即今河南安阳），周人建都河南（今洛阳）。河东、河内、河南，称为“三河”，是三代建都之地。这些朝代建国“各数百千岁”，也就是说“三河”地区是我国古代政治、经济、文化的中心，“三河在天下之中”，是王者更居之地，是人杰地灵之地。

西周灭商，河内又被封给康叔，他在这里建立卫国。卫国是当时最大的一个诸侯国，“卫为诸侯之长”。当西周末期，国人发生暴动，周厉王被赶到今山西霍县时，卫国国君卫武公和曾代替周天子执政，史称“共和行政”。

战国时期，河内属于魏国管辖。由于漳河水泛滥，魏武侯派西门豹治邺的故事闻名遐迩。西门豹破除了当地河伯娶妇的恶俗，修建“漳水十二渠”，凿渠引漳水溉田。“西门豹引漳水溉邺，以富魏之河内。”[①]“西门豹守邺，而河内称治。”[②] 西门豹兴修水利工程，此乃千秋之功，魏之河内因而富庶。后魏襄王又派史起为邺令，以治漳水。史起“遂引漳水溉邺，以富魏之河内。民歌之曰：‘邺有贤令兮为史公，决漳水兮灌邺旁，终古舄卤兮生稻粱。’”。河内经过西门豹和史起的治理，这个经常发生洪水的舄卤之地变成魏国富庶的粮仓。西门豹与史起治理漳水是战国时期的三大水利工程之一。从此，河内地区成为我国华北平原最重要的粮仓。

宋朝，河内的热土滋养了一位名震青史的英雄岳飞。在北宋已经失去了半壁江山的情况下，岳飞谨记母亲“精忠报国”的教诲，率领岳家军，抗击金军，收复失地。当岳飞率领军队打到河南开封的朱仙镇时，遭到卖国贼秦桧和宋高宗赵构的迫害。宋高宗赵构、秦桧以“莫须有”的罪名，杀害了岳飞。岳飞死时，年仅32岁。岳飞留下千古绝唱《满江红》，抒发出的“靖康耻，犹未雪；臣子恨，何时灭”的壮烈情怀，表现了中华民族傲然不屈的精神。这些诗句永远使后代的爱国志士热血沸腾。

河内地区土地肥沃、土质优良，据说这里生产出来的粮食嗅香、味甘，清代朝廷所食用的麦子就专门要河内地区上贡。

清末，袁世凯也看中了这块土地，他从朝廷下野后，不回他的家乡项城，却居住在安阳。袁世凯定居安阳，一方面是由于安阳交通方便，离北京很近，他可以随时了解北京的信息；另一方面，也是希望这块远古帝王的发祥地能给他带来机会和祥瑞。后来，袁世凯篡夺了辛亥革命的果实，建立北洋政府，成为总统，又做了83天的皇帝梦。我国历史上最后的帝星从这里升起，又很快在这里落下、陨灭。如今袁世凯的陵墓还在安阳，即使死后，他也要葬在这块“王者更居之地”。

安阳这块人杰地灵、英雄辈出的土地，诞生了本书的主人公、辛亥革命时期的女革命家、教育家、慈善家、社会活动家刘马青霞。

---

① 司马迁．史记·河渠书．北京：中华书局，1982.

② 司马迁．史记·魏世家．北京：中华书局，1982.

第一节 马丕瑶先生

刘马青霞出生在一个耕读之家，她的父亲马丕瑶（图 1-1）先生是清政府的一个清正的官员，从知县做起，直至广西、广东巡抚，是一个典型的具有儒家思想的知识分子，人呼“马青天”。马丕瑶的清正廉洁之风、忧国忧民的思想对刘马青霞有巨大的影响。

一、号称“马青天”的马丕瑶先生

刘马青霞的父亲马丕瑶，字玉山，河南安阳蒋村人；生于道光十一年（1831 年）正月初四日。马丕瑶青年时代跟随蒋村附近麻水村的郑席珍先生读书。郑席珍是晚清时期安阳的一位举人。

图 1-1 马丕瑶像

马丕瑶在《座庄记》中写道：“庄至蒋邨东凡三里许，麻水西南二里许，粉红江有西北来绕庄西而南、而东、而北，其北复有东賈店路水西来，汇合江水，东北流入洹河。庄地北高南下，前涧后岗，四围环抱，一窝深秀。其西南远近曾峰，迭起罗列翔舞，尤具胜观。西岗下草创田庐，寅山申向涧底，通桥以便往来。《说文》云：‘水曲曰座’，取以名庄。北原土多黄沙，宜重棉瓜田菜圃；此第经营西南东三面。每患水啮，树杨柳榆槐，作十年之计，所谓几叠青山烟树外一湾流水、小小桥东也。”[①] 由此可见，马家所居的“田庐”（即庄园）（图 1-2）原是在青山绿水之间的一处风景秀丽之地。马丕瑶选择这处庄园不仅因为其环境优美，而且有长远的考虑，那就是水患一旦发生，便广植杨柳榆槐，“作十年之计”，这说明马丕瑶是一个深谋远虑之人。马丕瑶又根据庄北“原土多黄沙，宜重棉瓜田菜圃”的特点，种植棉花、瓜果、蔬菜等经济作物，这也说明马丕瑶具有经济头脑。

---

① 马丕瑶（马吉樟整理）．马中丞文集·座庄记//沈云龙．近代中国史料丛刊．台北：文海出版社，1966.

图 1-2　马氏庄园

当然，马丕瑶在《座庄记》所写的景象如今已经看不到了，这里已不再是“几叠青山烟树外一湾流水、小小桥东”、“西岗下草创田庐”的自然田园景色了。现在位于安阳蒋村的已经是一处规模恢宏的马氏庄园、省级文物保护单位了。

安阳马氏庄园是刘马青霞的故居。青霞的父亲马丕瑶就是这所庄园的主人。走进马氏庄园，首先看到的是那迎面而立、气势宏大的牌楼上镌刻着的“日新其德”、“羡贤”、“颂云”、“惩忿窒欲”等大字，反映出庄园主人的情趣和追求。

图 1-3　马氏庄园进士第门楼

马氏庄园的大门上悬挂着“进士第”的牌匾（图 1-3），大门里有“太史第”的牌匾。这座府第就是清代一品顶戴，兵部侍郎兼都察院右副都御史，广西、广东巡抚，光禄大夫马丕瑶的故居。

这个庄园包括马家家庙、住宅府第等，共有门、厅、堂、廊、室、楼300余间，造型风格庄重典雅、建筑规模宏伟富丽。庄园完全按照《清会典》、《大清律例》中规定的官员等级建成，表现出庄园主人对封建等级的恪守和对大清皇帝的忠诚。建造马氏庄园府邸的银两来自马丕瑶的俸禄和养廉银，以及子孙经商所得，历时 30 多年，经两代人才建造而成。

明朝时期，马丕瑶祖上由山西洪洞迁到安阳，至马丕瑶这一代已有五六百年的历史了。在这五六百年的时间里，马家从未出过什么达官显贵，马丕瑶的次子马吉樟说："马氏自洪洞迁安阳五六百年，曾无与于科目之列。公起家牧令，内无奥援，外无密交，惟以廉直忠勤，劳心民事。"[1]"公"，指的是马丕瑶。咸丰八年（1858 年），马丕瑶考中举人，同治元年（1862 年）中进士。考中举人、进士是马丕瑶步入清朝政坛的起点。同治五年（1866 年）初夏，马丕瑶除授山西平陆知县；同治七年（1868 年）春，改任山西永济知县。

马丕瑶治政，颇有政声，摄平陆县事时，"至则以孝悌力田，慰勉乡民。有构讼者，则委屈开导，俾各知悔悟，辖境大治"[2]。其在永济时，有上源、夏阳两个屯争滩地，经历了百年争斗，死伤惨重，仍不能解决。马丕瑶亲自勘察，在深泉中得界石，两屯争滩地之事立刻解决。马丕瑶断案捕盗，经常在深夜或者大风雪天、作案者尚不能知觉之时，故马丕瑶断案如神，人呼之"马青天"。

同治十年（1871 年）八月，马丕瑶的父亲马天平（字均亭）病卒于永济，马丕瑶丁忧三年。同治十三年（1874 年），马丕瑶服阕入京，署河东监掣同知。光绪三年（1877 年），青霞出生。就在这一年，马丕瑶从山西永济知县升任解州知州。是年，山西灾荒严重，而一些富商大贾，特别是解州盐枭，囤积居奇；解州一些不法官吏贪贿舞弊，从中克扣，鱼肉百姓。山西大地，"赤地千里，晋民饥馑，死者大半，流亡遍四方"。马丕瑶乃"捕盐枭二十余斩之，乱民不得逞。乃周历各里，核其户口几何，能自食者几何，强粜者罪之，禁富人勿得闭粜，其尤无告者，计口授食，如母之哺婴。贷粟以万石者十数。自冬至麦熟无乏"。山西人死于饥馑者大半，而"解州独少"[3]。马丕瑶事君临民，不负朝廷之重命，严厉打击不法官吏及商人犯罪行为。这一次山西的灾荒，饥民流离，饿殍满野，只有解州百

---

① 马吉樟．诰封一品夫人李夫人墓志铭//沈云龙．近代中国史料丛刊．台北：文海出版社，1966.

② 马吉樟．国史本传//沈云龙．近代中国史料丛刊．台北：文海出版社，1966.

③ 李秉衡．广东巡抚马公神道碑铭//沈云龙．近代中国史料丛刊．台北：文海出版社，1966.

姓相对安定。

光绪七年（1881年）夏，马丕瑶调离解州，莅任山西辽州（治所在今左权县）知州；光绪八年（1882年），擢任太原府知府。光绪十年（1884年），升任冀宁道，在此后的两三年内，曾先后署理山西按察使和山西布政使。马丕瑶在山西期间，为官清正，政绩卓著，兴修水利，赈济灾荒，劝桑养蚕，开织造局，兴办近代工业。时任山西巡抚的卫荣光在向皇帝所上的奏折中说马丕瑶“勤求治理，实心爱民”。

知县、知州、知府，当然是管理县、州、府的所有行政事务的官员。而按察使，又称为“臬台”，每省设一人，是管理刑法、军事的官员，属于正三品，仅次于布政使。《清史稿·职官三》云：“提刑按察使司按察使，省各一人。正三品……按察使掌振扬风纪，澄清吏治。所至录囚徒，勘辞状，大者会籓司议，以听于部、院。兼领阖省驿传。三年大比充监试官，大计充考察官，秋审充主稿官。知事掌勘察刑名。司狱掌检察系囚。经历、照磨所司视籓署。”

布政使，又称为“藩司”，也称“方伯”。清代的布政使品级与巡抚同，是从二品官，掌一省之行政和财赋之出纳。国家政令由布政使向府州县宣布，故又称“承宣布政使司”。每10年将全省户籍、税役、民数、田数，汇报于户部。各项重要政务，布政使报于督抚议行。清初，于每省设左右布政使各一人。《清史稿·职官三》云：“承宣布政使司布政使，省各一人。从二品。其属：经历司经历，正六品。都事，从七品。照磨所照磨，从八品。理问所理问，从六品。库大使，正八品。仓大使，从九品。各一人。布政使掌宣化承流，帅府、州、县官，廉其录职能否，上下其考，报督、抚上达吏部。三年宾兴，提调考试事，升贤能，上达礼部。十年会户版，均税役，登民数、田数，上达户部。凡诸政务，会督、抚议行。经历、都事掌出纳文移。照磨掌照刷案卷。理问掌推勘刑名。”

马丕瑶在山西为官，度过了20多年的岁月，从知县、知州、知府、按察使、布政使，顺利升迁。

光绪十三年（1887年）二月，青霞10岁，父亲马丕瑶授任贵州按察使，远离家乡，到西南边陲莅任；次年又调任广西布政使。光绪十五年（1889年），马丕瑶升任广西巡抚，成为独掌一面的封疆大吏。光绪十八年（1892年），马丕瑶因继母杨氏病卒，丁忧在家。光绪二十年（1894年），马丕瑶为继母杨氏在家丁忧期满，到京城朝廷等候新的任命。是年十月，马丕瑶被朝廷授广东巡抚之职，于是马丕瑶辞别帝京，南下广州赴任。光绪二十一年（1895 年）正月抵达广东省城广州，接任广东巡抚。

在贵州、两广（广东、广西）期间，马丕瑶设官书局、藏书楼，广施教化，倡办蚕桑，开设机坊，减轻民间赋敛，破除陋习。马丕瑶设置炮台，卫戍边疆，做出了辉煌的政绩。

马丕瑶刚到广州，就接到清廷旨令，命他查实两广总督李瀚章政绩恶劣的情况。当时，李瀚章是当朝宰相李鸿章之兄，有人向朝廷参劾两广总督李瀚章懈驰海防，玩忽职守，收受贿赂，重用贪劣将吏。马丕瑶接旨后，认真查访，把所查事实据实上奏。三月二十日，清廷降旨解除了李瀚章两广总督之职。《清史稿·李瀚章列传》云："粤俗旧有闱姓捐，四成助饷，巡抚马丕瑶议革之。会日本构衅，请循旧收缴备海防，时论大哗，遂以疾归。"闱，中国古代科举考试的考场称"闱"；乡试称秋闱，会试称春闱。"闱姓捐"，是按参加乡试、会试考生的姓名收取捐税的一项不合理的规定，即所有参加科举的考生都必须"捐助"的一项收费。马丕瑶认为这项收费是极不应该的，上任之后"议革之"。是时，李瀚章的弟弟李鸿章为当朝宰相。马丕瑶生性耿直，不避权贵，不徇私情，扳倒了玩忽职守、贪墨受贿的李瀚章。

二、马丕瑶的忧国忧民思想

马丕瑶是一个清廉正直、忠于职守的官员。光绪皇帝曾御赐马丕瑶"百官楷模"的匾额，说明马丕瑶为官的清正与廉明。

马丕瑶南下赴广州上任时，正值甲午战争的紧张时期，他为广东沿海防务付出了极多的心血。

广东沿海也是我国防御列强的前哨阵地，西方列强多从广东地区侵入我国。马丕瑶在任广东巡抚期间，积极加强在广东沿海的防务和战备。他选用大批的人才学习推广西方先进的武器制造技术和经验，创办制造局，"招商劝办船械、机器等局，已分饬员绅，在省城、香港各处，劝募殷实商民，集资办理"①；举办团练，仿照广东三元里义民击败洋人之例，将各县的乡民组织起来训练，保护地方治安；开办铁路，使商货流通，兵机神

① 马丕瑶（马吉樟整理）. 马中丞遗集·遵旨覆陈时务折//沈云龙. 近代中国史料丛刊. 台北：文海出版社，1973.

速。光绪二十一年（1895 年）八月二十六日，马丕瑶上疏皇帝说："中国办洋务已数十年，非不仿效西法，事事讲求，及至今日，卒无一就。则诈伪之蠹贼而夸诞，为之厉阶也。今欲改弦更张，兼营并务，不力抉前日之祸根，断难收将来之实效。如能破除积习，政教修明，先将练兵、足食、器械诸大端，切实举行；再将铁路、矿政、鼓铸、艺学各事，宜次第筹办，当可富强渐致，寰海销兵。"①

马丕瑶在将帅的选择方面也极为认真，因为将帅的人选决定着战争的胜负。时驻防广东的军队，有粤军、湘军、淮军等，将领各自为政，不能很好地配合。马丕瑶让水师提督郑绍忠统率诸军，又组织一支"游击之师"，以便打仗时随时出击，机动灵活。由此可见，马丕瑶在广东海防方面的良苦用心和认真负责的态度。

清朝时期，广州是我国南部的重镇，海运贸易十分发达。广州汇集着世界各地的客商和各色人物，因此在当时的广州赌馆林立，赌风盛行：因赌博而引起的抢掠、盗窃、打架、争斗之事，几乎天天发生；因赌博而倾家荡产、卖儿卖女者，妇女因此沦为娼妓者，不计其数。但是当地官府为了得到更多的利润，就定了一个极坏的"法规"，令各个赌馆将其收入的四成上缴。这样一来，就以法律的形式使赌馆成为合法。赌馆经营者拼命拉赌客，从中渔利，赌风愈烈。光绪二十一年（1895 年）五月，马丕瑶在《裁革陋规，严禁赌馆告示》中写道："士农工商，各有正业。自赌盛行，无业者以赌为业，有业者改业为赌，父兄宗族不可禁遏。甚至室家离散，骨肉伤残，风俗人心由此大坏。"他在给朝廷的奏折中还说："纵民为赌，实纵民为盗。欲止盗非先禁赌不可，欲禁赌非裁四成陋规不可。"马丕瑶在告示中严令，自光绪二十一年五月二十日起，停止收各赌馆的四成钱款，对赌馆严行查禁，如再复开，必将严惩。

中国在甲午战争中失败，李鸿章代表中国与日本签订了《马关条约》。该条约规定"中国割台湾、辽河以东地方归日本"。马丕瑶闻此，"愤懑不能自已"，上奏《力阻和议折》。马丕瑶在奏折中说：

台湾久为日本所垂涎，亦为各国所眈视……一旦割归日本，遑论泰西各国群起纷争，即台南北各属忠义民团，亦必揭竿而

① 马丕瑶（马吉樟整理）．马中丞遗集·遵旨覆陈时务折//沈云龙．近代中国史料丛刊．台北：文海出版社，1973.

起，将与倭人不共戴天，胜负何常，众怒难犯。

…………

“至辽河以东地方割归日本”一条，尤为诞妄无理。夫辽东逼近沈阳，为我国家根本重地，列祖列宗创业垂统，缔造艰难，尺土不可与人。卧榻岂容鼾睡？何况发祥之地，陵寝具在，无论其如何要挟，断不能忍让屈从。今若割以与倭，则南至海滨，北至漠外，任其纵横无忌，而我则门庭自限，跬步不行。

…………

至若陆路通商，外洋久已歆羡，其所以求不得者，徒以民心固结，腹地迂廻，未能逞其私志耳。今许于北京、河南、四川、梧州、肇庆，添开五口，将来滇黔、关陇、江汉、湖湘，四通八达，尽为所据。不日，建洋房，开铁路，设领事，练洋兵，倭人倡率于前，各国踵行于后。十余年间，将合中外为一家。各国争肆豪强，而中国独承其蔽，坐视民穷财竭，莫可如何。

…………

奏为强寇要盟，权奸挟制，民心不服，宗社攸关，谨筹策，披沥具陈……李鸿章受国厚恩，前此淮勇之溃逃，海军之覆没，蒙我皇上轸念旧勋，不加诛戮，复令衔令出使，畀以全权，宜如何激发天良，力图补救，岂容以敌人要求无厌，转而挟制朝廷，而置宗庙、社稷、土地、人民于不顾，苟有人心者，断不出此。人谓“倭人恃李鸿章为内援，李鸿章恃倭人为外援”，由今观之，诚不诬也。臣僻守南隅，愤懑不能自已……此次电信到粤，粤人无不怒目裂眦，思食李鸿章、倭奴之肉，欲得而甘心焉。想天下之民情，固无不痛心疾首于此议也。伏愿我皇上，大震天威，首以宗社为重，立将现议各款，严行拒绝，将李鸿章发交刑狱治罪，特派王大臣，严按治罪。俾倭人无消息之可通，无奥援之可恃，则彼之气自夺，而我之气自奋……严整师旅；速将所失地方，克期收复，一面通饬沿海沿江，将防务切实严备，以遏寇氛。各省民团义旅，准其一律助战。胜，则予以不次之赏；不胜，则予以不测之罚……自古战事，不在于外势之强弱，而判于一心之敬肆。但使我上下中外，共常存忧勤惕励之心，自可收扫荡廓清之效。国威一振，众志成城，彼曲我直，彼骄我奋，败者可胜，失者可复，数月之后，事局必变。待倭人求和，则操纵在我，不至有伤元气而损国体。庶军务早定，宗社安如磐石矣。臣愚憨无识，披沥直陈，曷胜慄慄屏营之至。是否有当，伏乞皇上圣鉴，谨奏。①

这篇奏折披心沥胆，充满了对社稷、祖国的忧虑。马丕瑶的拳拳爱国之心，跃然纸上。

马丕瑶、马吉樟父子皆曾中进士，即“一门两进士”。马氏庄园内的厅堂上悬挂着光绪帝御赐的“百官楷模”匾额（图 1-4）和左宗棠亲笔撰写的“清节皎然”匾额（图 1-5）。各种匾额更显示了主人不同凡响的身份地位和社会声望。

图 1-4　光绪皇帝为马丕瑶题写的“百官楷模”的匾额

图 1-5　左宗棠为马丕瑶题写的“清节皎然”的匾额

慈禧太后在她六十大寿那年，曾御书赐予马丕瑶长 2.87 米的巨幅“寿”字中堂（图 1-6）。

马丕瑶忧国忧民，积劳成疾。光绪二十一年（1895 年）九月八日，他给皇帝上了最后一道奏折，希望朝廷能够“励精图治”，并向朝廷总结了自己的一生，他说：“臣赋性孤介，嫉恶太严，遇事不避嫌怨，毅然为之，但求有俾于君，其他无所恤。”写完他的最后一道奏折，是日，马丕

① 马丕瑶（马吉樟整理）．马中丞遗集．力阻和议折（光绪二十一年四月十七日）//沈云龙．近代中国史料丛刊．台北：文海出版社，1973.

瑶带着无限的忧愁，卒于广东任上。他作为封疆大吏，独当一面，至死也不忘对清廷的忠诚。马丕瑶死后葬于家乡安阳蒋村之南原。

图 1-6　慈禧太后赐马丕瑶的“寿”字中堂

马丕瑶历任解州知州、辽州知州、太原府知府、山西按察使、山西布政使、贵州按察使、广西布政使、广西巡抚、广东巡抚等职。

马丕瑶的嫡妻李夫人是本县李兆公女，道光七年（1827 年）十月初七生；光绪二十三年（1897 年）二月十二日，在马丕瑶死后两年而卒。李夫人是皇帝亲封的一品诰命夫人。马吉樟在为母亲李夫人写的《墓志铭》中说李夫人“节俭有礼法，自饎爨织紝，以至宾祭之仪，躬亲检饬，劬苦百端。贵为一品夫人，身无华御，嫁女资妆皆不及二百金。族中遗孤，成立毕婚者数人。其卒也，亲族麕集，感泣有余”①。马吉樟为母亲写墓志铭自然有溢美之词，但也说明他的母亲是很节俭的。

刘马青霞的生母是马丕瑶的侧室呼延氏。呼延氏，河南内黄人，贤惠温柔，善良诚恳，对刘马青霞有良好的教育。宣统元年（1909 年）病故。

明清时期，在任的官员们，多是嫡夫人守家，官员带着偏房、侧室或者妾在任。青霞的生母呼延氏是马丕瑶的侧室。马丕瑶一生在外为官 30 余年，仅在山西就 20 多年，青霞随母亲呼延氏可能多侍奉马丕瑶在任上。青霞因此与父亲马丕瑶有更多的接触，受马丕瑶更多的教诲和影响。

广州是一个吸食鸦片的重灾区。马丕瑶在广州坚决禁止吸食鸦片。刘菊英在《我的祖母刘青霞》一文中写道：“祖母的父亲马老先生名丕瑶，是同治元年进士，曾任两广巡抚，颇有政声。因力主禁赌、禁吸鸦片，在出差返任的旅途中被刺身亡。”笔者认为，马丕瑶“在出差返任的旅途中被刺身亡”的说法，不符合事实。因马丕瑶在临死之前给皇帝上了最后一

① 马吉樟．诰封一品夫人李夫人墓志铭//沈云龙．近代中国史料丛刊．台北：文海出版社，1973.

道奏折，这当是马丕瑶在久病之后，已经有临终之感，才对自己的一生进行总结的。此外在马丕瑶死后，光绪皇帝给他写的祭文中丝毫没有提及途中被刺之事。因此笔者认为，马丕瑶先生是对甲午战争的“愤懑不能自已”，肝火上升，积劳成疾，病死在广东巡抚任上。但马丕瑶在广州禁止吸食鸦片，当属事实。

马丕瑶死后，光绪皇帝加封马丕瑶为光禄大夫头品顶戴兵部侍郎兼都察院右副都御使、广东巡抚，为他下了一道上谕圣旨，并为他写了祭文。

光绪二十一年十月初二日内阁奉：“上论广东巡抚马丕瑶由进士即用知县，洊擢府道简任封圻，宣力有年，克勤厥职，兹闻溘逝，轸惜殊深。加恩若照巡抚例，赐恤任内一切处分，悉予开复应得恤典，该衙门察例具奏，钦此。”①（上谕圣旨）

论赐祭文：“皇帝论祭病故原任广东巡抚马丕瑶曰：鞠躬尽瘁臣子之芳踪，赐恤报勤国家之盛典。尔马丕瑶性情纯良，才能称职，方冀遐龄，忽闻长逝，朕用悼焉。特颁祭葬，以慰幽魂。呜呼！宠赐重垆，庶沐匪躬之报，名垂信史，聿昭不朽之荣。尔如有知，尚克歆享！”②

马丕瑶死后，刘马青霞的二哥马吉樟到广东护送父亲的棺椁，回到家乡安阳蒋村埋葬。

三、马丕瑶对子女的教育

马丕瑶自幼好读书，尤好读“宋五子”之书。“宋五子”指的是濂、洛、关、闽学派的代表人物：周敦颐、程颢、程颐、张载、朱熹。“宋五子”的书是清代皇帝念书的读本，当然也是最为读书人所热衷的书。在这个达官显贵的家庭中，刘马青霞接受了良好的教育。

马丕瑶为官清正，人称“马青天”。光绪皇帝则赐他“鞠躬尽瘁”、“百官楷模”的匾额，这一切都说明马丕瑶是封建社会严于律己的清正官员。在马氏庄园内，走过“太史第”、“进士第”匾额的大门，在军机大臣两江总督左宗棠在光绪七年（1881 年）为马丕瑶写的“清节皎然”的匾

---

① 马丕瑶（马吉樟整理）. 马中丞遗集·上谕//沈云龙. 近代中国史料丛刊. 台北：文海出版社，1973：5

② 马丕瑶（马吉樟整理）. 马中丞遗集·论赐祭文//沈云龙. 近代中国史料丛刊. 台北：文海出版社，1973：7.

额下面，可以看到木刻的马氏《家训》（图 1-7）“女正位乎内，男正位乎外。男女正，天地之大义也。家人有严君，父母之谓也。父父子子兄兄弟弟夫夫妇妇而家道正，正家而天下定矣”的全文。马丕瑶用《易经》的《家人》中关于父子、兄弟、夫妇、男女在家中必须摆正自己地位的理论，作为其治家的《家训》，教育子女。

马丕瑶非常重视对子女的教育。庄园内有专为孩子们建的读书楼，名曰“耕读楼”。“耕读楼”的名字也体现了主人的追求。据现在马氏庄园的讲解员说，马家对孩子们要求极严。读书楼没有楼梯，只有一个活动的木梯。每天当来这里上学的孩子们从木梯上去之后，就把梯子抽去、搬离。孩子们一天都在读书楼上学习，中午吃饭，有专人送上去。晚上才让孩子们下来，方可离开学堂。庄园内第一个四合院内有东西厢房各五间，曰“东塾”、“西塾”。“东塾”是男孩子学习的场所，“西塾”是女孩子学习文化和做女红之所在。学塾的楹联是“真人品从五伦做起，大文章自六经得来”，体现出马丕瑶对子孙的严格要求。孩子们每日上学走进学堂时都要念一遍，以励其志。

图 1-7　马氏家训

从马氏庄园的楹联也可看出主人的情趣追求，也可看出马丕瑶对子女的教育和要求。

马丕瑶厅堂的楹联是：

不爱钱不徇情我这里空空洞洞

凭国法凭天理你何须曲曲弯弯

这对楹联，一是向世人宣布马丕瑶不是爱钱的官，也不是徇私情的官，每一个人都要“凭国法、凭天理”，不要曲曲弯弯。这副楹联对当今社会也是一个警示。

马丕瑶居住的卧室名曰“澹远楼”、“修身堂”。马丕瑶亲笔在房门两旁撰写楹联：

一等人忠臣孝子
两件事读书耕田

燕翼堂正中间的楹联是：

正德利用厚生秀者读朴者耕凛凛乎守高曾之矩
尊祖敬宗收族升此堂入此室油油然兴孝悌之心

燕翼堂侧柱楹联是：

知春秋大义学成文武艺
效古今圣贤心系百姓安

燕翼堂后面的“勿不敬堂”的楹联是：

子孙要识祖宗心望后人祇父恭兄勉为孝悌
富贵常如贫贱日念前世栉风沐雨历尽艰辛

聿修堂的楹联是：

勿徒跪拜趋跄要体先志守先规方是尊祖敬宗
不在富贵贫贱能做好人行好事乃为孝子贤孙

二进院正厅嘉禾堂的楹联是：

读书万卷教子学孔孟之道
买地十亩种松结梅竹为友

四近院东厢房嘉树堂的楹联是：

继祖宗一脉真传克勤克俭
示儿孙两条道路惟读惟耕

三门的楹联是：

世事如棋让一步不为亏我
心田似海集百川方见容人

有一处房间的楹联是：

纬武经文动业携宝山而永峙
敦诗说礼儒行并洹水以长青

另一处房间的楹联是：

天下无不是的父母

世间最难得者弟兄

从这些楹联、堂名可以看出庄园主人对做人准则的严格要求，以及对为官清廉的追求。马氏庄园的各种楹联也体现了这个达官显贵之家的家风和教养。从这些楹联、堂名上还可以看出马丕瑶对子孙的苦心培养。

马丕瑶在永济为知县时，他刚到任上。“永济县某甲侦公好莳花，以花献公，麾去。亟廉之，果巨蠹，捕杀之。因昭诸子曰：‘人之投吾所好，必有所为而来，稍中其毒，与饮鸩等。’”① 这段话意为，有人听说马丕瑶喜欢养花，于是就送去奇花异草。马丕瑶闻之，知其人必有不可告人之目的，就对其人进行调查，得知这个人是一个贪污受贿的大蠹虫，便将此人捉拿杀之。马丕瑶对他的孩子们说：“如果有人投你所好，送东西给你，肯定是有目的的。如果你接受，就如同饮毒酒一样，等待你的可能就是死亡。”

马丕瑶对子女苦心教育自然是为了让他们能够自立于社会，做封建社会的忠臣孝子，但这使得少年青霞得到了封建的正统教育，陶冶了青霞的性情和品德。刘马青霞在她的人生道路上始终保持为国为民、正直慈善的情怀，这与她良好的家庭教育有密切的关系。

第二节　慈善之家

马氏家族是晚清时代的一个慈善之家。如前所述，马丕瑶曾被称为“马青天”，是一个非常清正的官员。刘马青霞的长兄马吉森先生是河南近代民族工业的创始者之一；青霞的二兄长马吉樟是光绪皇帝的侍读、侍讲兼起居注官，在做官为人方面极为正派。他们在事业上都有很大的建树，对刘马青霞的成长起着重大的作用。

一、长兄马吉森——河南近代民族工业的创始者之一

刘马青霞是父母最年幼的女儿，她有四位兄长，两个姐姐。长兄马吉

① 李秉衡．山东巡抚马公神道碑铭//沈云龙．近代中国史料丛刊．台北：文海出版社，1973.

森、次兄马吉樟、三兄马吉梅和两个姐姐是嫡母所生。青霞与四兄马吉枢，皆系马丕瑶的侧室呼延氏所生。

刘马青霞的四个兄长，皆有名声。长兄马吉森，字子明，生于咸丰七年十二月初一（1858 年 1 月 15 日），是河南近代民族工业的创始者之一。

近代以来，洋人用洋枪大炮轰开了中国的大门，清政府在两次鸦片战争中皆告失败，相继与洋人签订了割地赔款的《南京条约》、《天津条约》等，从而刺激了中国知识分子纷纷寻求富国强兵的道路。魏源在《海国图志》叙中提出“师夷长技以制夷”的策略，就是要学习西方资本主义国家的先进科学技术，以此来制止他们的侵略，开后来洋务派提出“中学为体，西学为用”主张之先河。

咸丰十年（1860 年）至光绪二十年（1894 年），是我国洋务运动时期。清王朝政府内的洋务派在全国各地掀起改良运动。洋务派主张利用官办、官督商办、官商合办等方式发展新型工业，增强国力，希望中国的民族工业迅速发展，以维护清政府的封建统治。

刘马青霞的长兄马吉森属于当时的洋务派，是河南办实业的创始人之一。马吉森创办的最为著名的企业是在安阳与谭世桢合作创办的六和沟煤矿和安阳广益纱厂。六河沟煤矿开办于光绪二十九年（1903 年），马吉森思想开放，积极引进和采取先进的管理制度和经营方法，使产量日增，生意兴隆。有学者认为，六河沟煤矿无论是产业结构还是公司治理都具有鲜明的现代企业特征，对当时的河南乃至整个中国的经济转型发展具有重要的促进意义。

宣统元年（1909 年），清政府决定加大六河沟煤矿开发力度，采取竞标出资开发六河沟新煤矿。马吉森得其妹刘马青霞的大力资助，以 180 万两白银中标，夺得六河沟新煤矿开发权，击败了由英商查尔暗中支持的安阳商人周益等，长了中国人的志气，灭了洋人的威风。

光绪二十九年（1903 年），马吉森与安徽孙家鼐合作创办安阳广益纱厂（今安阳豫北棉纺织厂前身）。广益纱厂兴盛时拥有纱锭 29 000 枚，工人 1300 余人，是当时河南最大，也是最早的纺织企业，今为豫北纱厂，还发挥着效益。

光绪三十三年（1907 年），清政府农工商部因马吉森兴办实业成绩斐然，批准他为该部四等议员。光绪三十四年（1908 年），马吉森又奉命勘察直隶临城、宛平、房山之青龙涧、金窝沟矿产等；后任平棠局总办、矿务局会办，又委办北洋官矿，成为我国近代实业界的重要人物。《续安阳县志》对马吉森的评价甚高，称“安阳今日工商业，稍见扩展，吉森实创其端”①。

马吉森所创办的实业基本是在安阳，因此马家的家务事情都由马吉森经营，马氏义庄也主要由马吉森经营。应该说马吉森不仅是河南较早的实业家，也是一位慈善家。马吉森于民国元年（1912 年）3 月病故。

刘马青霞的四个兄长之中，只有二兄长马吉樟是读书入仕的清朝官员（后面将详述），马吉森、马吉梅、马吉枢均未做官。马吉梅曾在鹤壁等地办过小型煤矿，1938 年去世。马吉枢也是做实业的，但其影响与能力比不上马吉森，1929 年病死。青霞的大姐嫁到安阳汤家，二姐嫁到温县原家，很早便去世了。

二、次兄马吉樟

对刘马青霞影响最大的是二兄长马吉樟（图 1-8），因此我们在这里要重点介绍马吉樟。马吉樟，字积生，号子诚，晚年自号坚壮翁，是马丕瑶的次子。咸丰九年（1859 年）八月初五，马吉樟出生在河南安阳蒋村。马吉樟与唐明皇同日生。唐朝时期，大臣们为了巴结皇帝，上书将唐明皇的生日定为“千秋节”，每年该节放假三日。《旧唐书·玄宗本纪上》记载：“八月癸亥，上以降诞日燕百寮于花萼楼下。百寮表请以每年八月五日为千秋节。王公已下献镜及承露囊，天下诸州咸令燕乐，休暇三日，仍编为令。从之。”（宋）司马光《资治通鉴·唐纪·玄宗》记载开元二十四年（737 年）“秋八月壬子千秋节，群臣皆献宝镜。张九龄以为以镜自照见形容，以人自照见吉凶，乃述前世兴废之源，为书五卷，谓之《千秋金镜录》上之。上赐书褒美”。向皇帝

图 1-8 马吉樟像

---

① 王幼侨. 续安阳县志，文岚簃古宋印书局 . 1933.

敬献宝镜，就是让皇帝时刻不忘历史上兴衰的教训。马丕瑶因儿子马吉樟与唐明皇生日相同，为儿子取乳名“千秋”，对儿子寄托厚望。据说马吉樟五岁读《诗经》、《尚书》，过目成诵，人称“有神童之目”①。

光绪三年（1877年），青霞出生。光绪五年（1879年），马吉樟20岁考中举人；光绪六年（1880年），马吉樟21岁金榜题名，考中进士；光绪九年（1883年），马吉樟24岁殿选为庶吉士；光绪十二年（1886年），马吉樟27岁授翰林院编修；光绪十八年（1892年），33岁充任国史馆协修、会典馆总校。马吉樟顺畅地升为京官，可谓少年得志。马丕瑶是马氏庄园中的第一个进士，马吉樟是第二个进士，马家一门两进士，是非常荣耀的。马吉樟自21岁金榜题名，考中进士之后，就留在朝廷中为京官，仕途亨通。

光绪四年（1878年），马吉樟丧偶，其夫人吴氏卒。曹寅初所写的《安阳马坚壮翁年七十三行状》说马吉樟在路过怀庆时买一妾，“因隐泣，问知为秀才女，学邻秀才。年荒为母强鬻，不忍离婚。（吉樟）遂焚券，赠金遣还”②。所谓“行状”，就是对人们一生的品德与行为的评价，后代人称为“评语”。曹寅初认为马吉樟送还小妾并赠金的事，是只有在小说中才能见到的事情，可见马吉樟为人之善良。

光绪二十一年（1895年），马丕瑶去世，马吉樟护送其灵柩回安阳，在家丁忧，应邀讲学于安阳的昼锦书院。马吉樟“捐束修，修讲堂，置书籍，揭示为学纲要，刊行巡抚君遗集，以励乡里士志”③。这里所说的“巡抚君遗集”，就是为父亲编撰《马中丞文集》和《马中丞遗集》，至今已成为研究马丕瑶的重要史料。

1899年，八国联军进入北京，马吉樟护驾慈禧太后、光绪皇帝播迁西安。御驾回銮时，途径安阳，慈禧太后、光绪皇帝下榻马氏庄园。如今马氏庄园还留有慈禧太后所用的八柱带顶的木床，这是马府内保存最为完整、价值最高的文物。这对于马吉樟而言是多么大的荣耀啊！慈禧太后曾亲书大大的“寿”字，光绪皇帝亲书“百官楷模”的匾额赐给马丕瑶。马家是晚清在朝廷最有势力的显贵之一。

光绪二十六年（1900年），马吉樟跟随水师大臣李秉衡在河北通县抗击八国联军。李秉衡兵败自杀。马吉樟与李秉衡的长子李政均护送其灵柩

①②③　曹寅初．安阳马坚壮翁年七十三行状//安阳《马氏宗谱》（东支）卷三，安阳市地方志办公室吕何生先生提供。

到安阳活水村下葬。

光绪二十九年（1903 年），马吉樟相继为河南会试同考官、甘肃乡试的主考官；光绪三十年（1904 年），马吉樟入翰林院为皇帝的侍讲、侍读、日讲、起居注官，他当然是光绪皇帝的近臣，朝廷中的显官。

侍讲与侍读皆是官名，最早出现在唐朝。唐朝曾在集贤院设置侍讲学士与侍读直学士，整理经籍图书，研究国策得失，以备皇帝顾问。宋咸平二年（999 年）置翰林侍读学士与侍讲学士，后又置侍读、侍讲，为皇帝讲解经史，解释疑义，备顾问应对。宋神宗后，太子官亦有侍读、侍讲。明、清翰林院设有侍读、侍讲，合称讲读。清朝翰林院的官名，又称为侍讲学士、侍读学士。清又于内阁置侍读学士与侍讲学士，掌管典章文书，为皇帝或太子讲学。

“起居注”，就是古代记载皇帝言论的史官。我国古代有史官制度，在国君或者天子身边都有史官记载国君、天子的言行和国家大事，即“右史记言，左史记事”。唐张守节《史记正义·论例谥法解·论史例》云：“古者帝王，右史记言，左史记事；言为尚书，事为春秋。”汉代以后，朝廷开始设立起居注官。“起居注”，类似先秦时期的史官，也是记录皇帝起居活动的官员。起居注官要常侍皇帝左右。清朝时期，每天都有满、汉两位起居注官侍值，用满、汉两种文字分别记录皇帝所参加的各种政务活动，如大朝、常朝、赐宴、出巡、狩猎、殿试，祭祀天地、太庙、社稷，谒陵、大阅等礼节性活动，起居注官都必须在场作记录。起居注官选自翰林院掌院学士、侍读或侍讲学士。

马吉樟能够充任侍讲、侍读、日讲、起居注官，一方面说明马吉樟学问的扎实和深厚；另一方面，他能够常侍在皇帝左右，也说明他是皇帝最信任的官员。马吉樟其实就是光绪皇帝的老师。

光绪三十一年（1905 年）秋，清政府迫于形势，不得已而废科举、兴新学，河南公立旅京豫学堂在京成立，马吉樟被推举兼任总监督（即校长）。光绪三十三年（1907 年），由于中国留学生大批赴日留学，清政府派马吉樟东渡日本，管理学务，考察政治。马吉樟虽是清王朝的官员，但是在时代大潮的冲击下，思想比较开明。马吉樟到日本去管理学务的时候，刘马青霞也随之赴日考察新学教育及办实业的情况。日本之行，对刘马青霞产生了巨大的影响（后面将详谈）。光绪三十四年（1908 年），马吉樟任湖北武昌盐法道；宣统元年（1909 年），署湖北按察使。次年

(1910年）三月，实授湖北按察使（当年七月改称提法使）。马吉樟对辛亥革命党人也比较同情，在湖北时曾掩护过同盟会员。

马吉樟虽在京城为官，但如有家乡之事，知无不为，“常以救饥活人为心”。当时“安阳差徭埒于正赋，蠹役富侈，凌辱耆绅，县人合词控之，翁（指马吉樟）为削牍。县宰庇役，复控京都。下抚道讯实，痛减徭钱，役缩民苏。分校汴闱，适豫藩加赋病民，让。怀庆民家父女被賤重案，言于台谏，劾去之。豫人称颂”①。马吉樟是一个为民请命的清正官员。马吉樟在湖北任臬台时期，朝廷让每省派出8名学生留学美国，而他减少其他不必要的费用28万两白银，派出40名学生留美，争取多为祖国培养人才。马吉樟为官尽职尽责，是一个“爱国恤民”的清正官员。

马吉樟在京为官时期与袁世凯关系较好，如与袁世凯一起办豫学堂等。清朝灭亡后，1915年马吉樟任袁世凯总统府内史（即秘书）；袁世凯称帝后，马吉樟离职回到安阳老家。晚年，家居燕京寓所。1931年旧历十月病卒，终年73岁。

马吉樟的书法技艺精湛，尤其是篆书，更有名气。当时的国子监祭酒（即大学校长）盛昱曾说：“当代篆书，首推积生，因其无派，故超乎众派。”②

马吉樟深深地影响了刘马青霞一生的为人处世风格，对刘马青霞的人生起着非常重要的作用。

第三节　宦门“千金”刘马青霞

光绪三年（1877年），在马家这个清王朝官员的府第中，马丕瑶的侧室呼延氏生下一个美丽健康的女婴。这个女婴就是辛亥革命时期著名的女革命家、教育家、慈善家、社会活动家刘马青霞（图1-9）。刘马青霞，是与秋瑾齐名的巾帼英雄。

---

① 曹寅初，《安阳马坚壮翁年七十三行状》，载安阳《马氏宗谱》（东支）卷三，安阳市地方志办公室吕何生先生提供。

② 吕何生．马吉樟传略//政协尉氏县委员会文史资料研究委员会．尉氏文史资料（第二辑）·刘青霞专辑，1987．内刊．

图 1-9　刘马青霞肖像

一、读书明理的少年青霞

马丕瑶在小女儿出生之时，即光绪三年（1877 年），从知县升为知州。虽然马丕瑶从知县升为知州，是凭借着他的能力和实干，但女儿的出生，无疑是锦上添花，确实给这个本来就很有发展潜力的家庭添上几多兴旺的景象。我们从马氏庄园中悬挂的刘马青霞的照片可以看出，她是一个很美丽的中年妇女；也可以想象，幼年的青霞是多么聪明美丽、健康活泼。刘马青霞是马丕瑶最小的女儿。马丕瑶老来得女，分外高兴，对她格外宠爱。刘马青霞虽然系侧室所生，在家里并不受歧视。

由于是官宦人家的女儿，童年时代的青霞，自小也跟随哥哥们读书识字。在马氏庄园，笔者见到了马家的读书楼（图 1-10）。在这个读书楼和读书楼下的东塾、西塾，青霞度过了她的青少年时代。

图 1-10　马氏庄园读书楼

马氏庄园处处显示出耕读之家的风范和严格的家庭教养。在这样的家庭环境中，青霞成为一个读书明理、能诗能画、才貌双全、具有非凡才华的千金小姐。

光绪十八年（1892 年），马丕瑶由于继母杨氏病卒，丁忧在家。这年青霞 15 岁。她知书明理，能诗善画，表现出超人的才华。马丕瑶丁忧在家期间，其他儿女皆已婚嫁成家，只有最小的女儿青霞于父亲膝下承欢。这使青霞与常年在外的老父亲有了更多的接触。马丕瑶是一个爱国的官员、忠于朝廷的良吏。马丕瑶对女儿讲述他将近 30 年的官宦生涯。父亲马丕瑶经常用古人严于律己、宽于待人的事迹，用君子之风、不欺暗室的儒家精神去教育子女。马丕瑶为官一任、造福一方的精神，给了青霞极大的影响。

二、忧国忧民思想的形成

刘马青霞的父亲马丕瑶先生特别崇拜宋朝范仲淹的人格和品质。范仲淹年轻时代在河南应天书院读书的刻苦精神，成名之后又用自己的俸禄办义学供养宗族中贫困孩子读书的品格，都使得马丕瑶非常敬重他。马丕瑶经常对子女讲述范仲淹的故事。

马丕瑶“修家庙立塾于旁，诲族之子弟，并仿范氏义庄，以赡其穷，咸有条理”①。马氏的家谱上记有一处义庄，这所义庄是马丕瑶所建，表现出马氏家族富贵不忘贫贱的本色。

马丕瑶在义庄的大门上亲自书写楹联云：

万支本是一身，田置鱼鳞，聊赡我亲疏族党
富贵敢忘微贱，清风鹤俸，先给他鳏寡孤贫

马家义庄的中路东、西廊各有砖刻匾额：

劳谦惠迪，睦于居常，德厚量深保完家室
敬让宽简，惟诚所至，慈和勤俭积善降祥

我们不能说马家“田置鱼鳞”就是为了“赡我亲疏族党”，“清风鹤俸”就是“先给他鳏寡孤贫”；但是马氏家族富贵不忘贫贱，创办义庄，

① 李秉衡．山东巡抚马公神道碑铭//沈云龙．近代中国史料丛刊．台北：文海出版社，1966.

赡养鳏寡孤贫、亲疏族党的思想和风格是值得人们敬仰和效仿的。马丕瑶为官30多年，勤政爱民，恪尽职守，忠于朝廷，政绩卓著，人称他为“马青天”，这些对以后刘马青霞走上革命道路，对义学、义庄、新学教育的热心资助有巨大的影响。青霞也亲眼目睹了父亲的辉煌政绩，若干年后，她热心办学、热心慈善事业，与父亲的教导有密切的关系。

马丕瑶教育子女是以儒家思想为基本准则的：

天道无私用力须从根本处
圣言可畏求安只在隐微中

在二进院的求知堂有楹联：

处世无他莫若为善
传家有道还是读书

这处楹联就是让孩子们读书，老老实实地做人，做一个善良的人，不要走歪门邪道。

刘马青霞出生在这样一个清正的封建官僚家庭中。父亲马丕瑶对祖国的无限热爱、对官宦清正品德的追求，铸造了青霞这个达官显贵家庭出生的千金小姐善良正直的人格和她那永远不变的对祖国、对人民的热爱。

随着刘马青霞知识的渐长，在她善良的同情孤贫的侠义思想形成的同时，对天下及历史上的善恶也有了分辨能力。一种善恶分明、崇尚自由、忧国忧民的思想也在刘马青霞的心中深深地扎下了根。范仲淹“居庙堂之高，则忧其君，处江湖之远，则忧其民”、“先天下之忧而忧，后天下之乐而乐”的精神，三次遭贬而不改初衷的品德，对少年青霞有重大的影响。

在父亲马丕瑶的精心教育下，刘马青霞熟读诗书，满腹经纶。少年青霞最崇拜的是东汉时期的杨震。东汉时期弘农华阴人杨震升为东莱太守，在其上任途中，从山东昌邑（今兖州金乡县西北）经过，并在昌邑县停宿。

东汉时期官员是推举而来的，当时叫做“察举”、“征辟”，又称为“举贤良方正”，就是由上级官员通过调查把那些品德高尚的人推举出来为官。昌邑县令王密正是杨震所推举出来的贤能之士。

王密非常感谢杨震的推举、知遇之恩。晚上王密拜谒杨震，怀金十斤以送给杨震。杨震说：“故人知君，君不知故人，何也?”意思是：我因了解您为人的高尚，才推荐您为“荆州茂才”；而您却不了解我，认为我举荐您是为了得到您的十斤金子，您太不了解我了！于是拒收王密的金子。王密说："暮夜，无知者。"杨震说："天知，神知，我知，子知，何谓无知？"① 这就是有名的关于杨震的"四知"的故事。日后青霞把自己的住处起名为"四知堂"，可以看出杨震"四知"的故事对少年青霞产生了多么深刻的影响。

马氏家族做人做事的准则在刘马青霞的心中深深地扎下了根。东汉杨震"四知"的故事、北宋范仲淹用自己的俸禄办义学的故事，像一股巨大的冲击波，在青霞年少的心中引起了滔天巨浪。

刘马青霞在其以后的革命事业中辛勤工作，节衣缩食，而对革命以无私的支持，正是她"先天下之忧而忧，后天下之乐而乐"的精神的体现。正如她自己所说"平日碌碌劳劳，淡食粗衣，自奉甚微，而对于家族、对于社会自觉可以告无罪矣"②。慕古人之风，造福百姓，是她终生追求的目标。

三、崇尚自由的刘马青霞

刘马青霞自幼年就崇尚自由。她没有缠足，就充分表明她对自由的追求、对世俗的反抗。在马氏读书传家思想的教育下，刘马青霞学习刻苦认真，在其长大成人之时，已经成为一个擅长诗词歌赋、书法绘画的贵族千金小姐。刘马青霞成年后所写的诗词及为人都表明了她的文化素养和才能，也表现出她正直的品格和追求自由的思想。刘马青霞曾说："悲夫！悲夫！不自由，毋宁死！"①可见她对自由是何等的渴求！刘马青霞追求自由的思想，也体现在她日后所写的诗词中。

刘马青霞在《自由报》创刊时，用《江南好》的曲牌调所题的一首祝词，表现了其对自由的追求和热烈的向往。刘马青霞为《自由报》题的祝词云：

自由好，中夏少萌芽，岳色河声飞笔底，洛阳纸贵泄春华，开遍自由花。

自由好，妖雾惨夷门，手拨摩天旗影荡，腰悬衡河（磨）剑光腾，夺转自由魂。

自由好，过渡怅迷津，揭破九幽超变相，罗胆万佛见天真，崇拜自由神。

---

① 范晔．后汉书·杨震列传．北京：中华书局，1982.

② 刘马青霞．豫人刘马青霞披露．自由报，1917-11-17.

自由好，五岳独称嵩，燕赵健儿身手锐，犬羊部落羽毛空，撞破自由钟。

刘青霞恭祝①

这首词第一段的意思是自由好，但是自由在我们中夏地区还仅仅是萌芽状态。现在创刊《自由报》，我心潮澎湃，岳色河声好像飞到我的笔底。岳，为嵩岳；河，为黄河；嵩山、黄河是中华民族的象征。“岳邑河声飞笔底”这句词的意思是，中国的大好河山都飞在了我的笔底，让我兴奋。

“洛阳纸贵泄春华”，是借用一个典故。西晋太康年间，文学家左思写一篇《三都赋》。《三都赋》语言精练、辞藻优美、史料丰富，人们交口称赞。当时尚未有印刷术，故人们争相买纸传抄这篇千古名赋，使西晋京城洛阳的纸价大涨，贵了好几倍。这就是“洛阳纸贵”的故事。刘马青霞以“洛阳纸贵”的典故来赞扬《自由报》的创刊，像左思的《三都赋》一样受到人们欢迎和喜爱，以致会引起像左思《三都赋》那样的传看传抄的热潮。《自由报》透露出来的春华，预示着祖国大地将会开遍自由花。

第二段的意思是目前还有妖雾在夷门弥漫。夷门，指的是河南省城开封。战国时期，大梁夷门监侯嬴为魏国公子信陵君出谋划策，使信陵君“窃符救赵”，从而救了赵国，而且成就了信陵君的大名。由于这个故事发生在开封，故刘马青霞把开封称为夷门。

刘马青霞在诗中表示，我们要高举并挥舞飘扬的摩天旗，腰悬闪光的横河（当为“磨”）利剑，驱散妖雾，夺转自由魂。横河剑，疑为“横磨剑”。《自由报》的出版尚在民国初期，印刷条件很不好，很多字可能印刷有误；本诗中的“横河剑”，当为“横磨剑”。

“横磨剑”一词出自五代后晋将军景延广之口。后晋时期，晋高祖石敬瑭为了得到契丹的支持，曾无耻地认比自己小 11 岁的契丹国王耶律德光为父。石敬瑭死后，其侄子石重贵即位，是为少帝。石敬瑭的无耻称臣，引起了血性男儿景延广的愤怒。景延广时任后晋的侍卫亲军都指挥使。当契丹使者乔荣到后晋时，景延广对乔荣说：“先帝则北朝所立，今上则中国自策；为邻、为孙则可，无臣之理。且言晋朝有十万口横磨剑，翁若要战则早来，他日不禁。”②

---

① 刘青霞于民国元年 7 月 1 日发表于《自由报》上。

② （宋）薛居正．旧五代史·景延广列传．北京：中华书局，1976.

之后，我国古代许多有志之士在面对入寇异族或者强盗的斗争时，多用“横磨剑”一词，表示已经作好了充分的准备和反击之意。如（明）宋濂《文宪集·墓铭·故朝列大夫浙江行省左右司都事苏公墓铭》记载苏公对海盗训话说：“天子以尔等本良民，迫于不得已为盗，故遣使者谕尔降；尔果欲反，不畏十万横磨剑邪？”

《中国新女界杂志》第五期以“醉白词人”笔名发表的《幽兰怨传奇》中亦有“愿持十万横磨剑，誓扫妖雾净碧天”之句。

在这里，刘马青霞的意思是，用非常锋利的、闪闪发光的“横磨剑”，去夺转自由魂。这段词表现出刘马青霞对自由的理解。她知道自由必须要用利剑去夺取。

第三段的意思是《自由报》将带领我们从惆怅的迷津中走出。

《自由报》对九幽阴界的黑暗真实的揭破，将会超过佛教的“变相”。“变相”，是表现佛教故事的绘画或雕刻。唐朱景元《唐朝名画录》记载唐朝画家吴道子在长安景云寺，“画此寺地狱变相时，京都屠沽渔罟之辈见之而惧罪改业者，往往有之，率皆修善；所画并为后代之人规式也”。据说唐代二京（长安与洛阳）的各个寺观中画满了“变相”，即各个寺观的墙壁上皆画满关于佛教故事的壁画。这里是说《自由报》对九幽阴界的真实揭破，将超过“变相”。

“罗胆万佛见天真”，“罗胆”，即聚集胆气；“天真”，就是事物的天然性质或本来面目，此处指自由境界。这句词的意思是说：我们将聚集胆气，像万佛那样达到自由之境；我们最崇拜的就是自由神。

第四段的意思是五岳之中，因嵩岳是中岳而独尊。自古燕赵多侠义之士，如豫让、高渐离、荆轲等。“风萧萧兮易水寒，壮士一去兮不复还”的千古绝唱，唱出了燕赵勇士的豪气。韩愈《送董邵南游河北序》云：“燕赵古称多感慨悲歌之士。”苏东坡《策断三首·策断下》云：“幽燕之地，自古号多雄杰，名于图史者往往而是。”刘马青霞的故乡安阳就属于赵国之地。刘马青霞认为，燕赵豪侠在争夺自由的战争中会显示出视死如归的英雄气概。

“犬羊部落羽毛空”，我国古代把少数民族称为犬羊，含辱骂之意。魏晋、宋、元皆处于少数民族入主或侵入中原的时期。汉族朝廷把少数民族皆称为“犬羊”。如《三国志·吴志·薛综传》云：“今辽东戎貊小国，无城池之固，备御之术，器械铢钝，犬羊无政，往必禽。”《晋书·元帝纪》云：“晋元帝建武元年春二月，平东将军宋哲宣愍帝的遗诏曰‘朕以寡德奉承洪绪，不能祈天永命，绍隆中兴，至使凶胡敢帅犬羊，逼迫京辇。朕今幽塞穷城，忧虑万端，恐一旦奔溃，卿指诣丞相，具宣朕意，使摄万机时，据旧都修复陵庙，以雪大耻'。"《晋书·刘胤列传》中刘胤对冀州刺史邵续说："夷戎丑类，屯结无赖，虽有犬羊之盛，终有庖宰之患。"《宋史·胡铨传》记载胡铨上疏云："自桧当国二十年间，竭民膏血以饵犬羊。"《三国志》、《晋书》、《宋史》等我国古代史籍中所指的"犬羊"，就是当时的胡人少数民族。

刘马青霞在此处所说的"犬羊"，指的是满清朝廷。"犬羊部落羽毛空"，是说满清王朝已经被推翻，那么残留的封建专制势力还有什么可怕的，即犬羊"皮之不存，毛将焉附？""当自由之神到来的时候，我们将会兴奋地擂响自由之钟，撞破自由之钟。"这句"撞破自由钟"，表达出刘马青霞的激情。

刘马青霞向往着自由之花，"崇拜自由神"，"夺转自由魂"，"撞破自由钟"。我们可以想象当《自由报》创刊时，她是怀着怎样的欣喜，去高歌、去欢呼的！她是多么向往、盼望自由的到来。

这首词中，刘马青霞用了大量的典故，表达她对向往自由的热切心情，对《自由报》创刊的祝贺，还可以看出刘马青霞的才华和学识。

四、天足青霞

刘马青霞生活在晚清时期，那个时期的女孩子几乎没有不缠足的。缠足，是几千年来中国最大的陋俗，严重地损害着中国女子的身心健康，使中国妇女形成一种病态。缠足的女子长成之后活动不便，行走困难，从而完全沦为男人的附庸。

马家虽然处处用儒家思想去指导家庭的一切处世原则，但却是一个很开明的官宦家庭，青霞并没有像清朝时期的其他汉族女孩子那样缠足。

于中华先生是尉氏文化局原副局长，是最早对刘马青霞事迹进行研究的人。笔者曾经多次电话访问过于中华先生。《大河报》也曾刊登了记者盛夏对于中华先生的采访。文章中写到刘家的一个杂役告诉于中华："我不知道她长得啥样。正干活时有人报东家太太回来了，大家赶紧站在两边，低垂着头，嘴里说着东家好，不敢看脸，就看见两只大脚过去了。"①

① 盛夏．河南首富家的"一品命妇"．大河报，2006-07-13.

由此可见，刘马青霞在她赴日本考察学务之前，就是大脚，而绝不是“刘青霞游学日本时，经过短期的放足改装，便可以投入到繁重的社会工作中去”[①]。

这个记载说明刘马青霞没有像其他女孩子一样缠足。刘马青霞是一双天足，似乎是没有疑义的，这使她女儿的妩媚中带着矫健和英气，也无疑使她的气质中带着男儿的豪爽。

也有研究者认为，刘马青霞是到日本之后放足的。例如，于中华先生认为“到日本后，刘青霞在东京租了一套住房，放足后始外出活动”，即青霞是到日本后放足的。

笔者认为，刘马青霞是到日本后放足的说法，可能不符合事实。刘马青霞出生在晚清时期，父亲马丕瑶是一个开明正直的官员，接触了较多的清朝贵族女子。清朝贵族女子是不缠足的。

满族入关之前是北方游牧民族，女子是不缠足的，并认为女子缠足是一种鄙俗。满族八旗妇女皆天足，鞋之底以木为之。但由于汉族妇女缠足，满族女子在入关后，很多人也模仿汉族女子缠足。清朝统治者多次下令禁止满族女子学习汉族女子的缠足习俗。

《清史稿·太宗本纪二》记载了清军入关时，皇太极颁布的一系列不让“效汉人衣冠、束发、裹足”，让满族男女练习骑射，不要贪图淫乐的法令。大概皇太极已经看出裹足对妇女的危害，他禁止满族妇女裹足，但不禁止汉族妇女裹足。至于束发，要求汉族男子“留发不留头”，是坚决不准留发的。

《清史稿·太宗本纪二》记载：“崇德元年（1636 年）十一月癸丑，皇太极谕曰：‘（金）世宗即位，恐子孙效法汉人，谕以无忘祖法，练习骑射。后世一不遵守，以讫于亡。我国娴骑射，以战则克，以攻则取。往者巴克什达海等屡劝朕易满洲衣服以从汉制。朕惟宽衣博褵，必废骑射，当朕之身，岂有变更。恐后世子孙忘之，废骑射而效汉人，滋足虑焉。尔等谨识之。’

崇德二年（1637 年）四月丁酉，皇太极又谕曰：‘昔金熙宗循汉俗，服汉衣冠，尽忘本国言语，太祖、太宗之业遂衰。夫弓矢我之长技，今不亲骑射，惟耽宴乐，则武备浸弛。朕每出猎，冀不忘骑射，勤练士卒。诸王贝勒务转相告诫，使后世无变祖宗之制。’

---

① 于中华．刘青霞传//政协尉氏县委员会文史资料研究委员会．尉氏文史资料（第二辑）·刘青霞女士专辑．1987．内刊．

崇德三年（1638 年）七月丁丑，皇太极谕礼部曰：‘凡有不遵定制变乱法纪者，王、贝勒、贝子议罚，官系三日，民枷责乃释之。出入坐起违式，及官阶名号已定而仍称旧名者，戒饬之。有效他国衣冠、束发裹足者，治重罪。’”

满族入关之后，顺治元年（1644 年），孝庄皇太后下令：“有以缠足女子入宫者斩!”据说这道喻旨曾悬于皇宫的神武门之内，以为警示朝臣①。顺治二年（1645 年）又下诏：“凡是年以后出生的女子禁缠足。”顺治十七年（1660 年）皇帝又下禁止缠足的制书：“如有女子缠足，其父、其兄处以刑罚。”康熙元年（1662 年）又诏禁女子缠足，“违者罪其父母”。清朝皇帝亲自下令，不准满族女子缠足。

刘马青霞所生活的年代是近代中国，许多优秀先进的中国人已经知道缠足对女子的危害。刘马青霞的父亲马丕瑶先生常年在两广做官，接触了许多先进的事物，对他的小女儿疼爱有加，也不忍心让其受缠足之苦，因此刘马青霞没有缠足，是完全可能的。

笔者曾得到刘马青霞与五岁儿子刘鼎元的合照（图 1-11），这是刘马青霞在东渡日本前拍摄的。照片中刘马青霞很明显是天足，这也可以证明她从未缠足。

图 1-11　刘马青霞与五岁的刘鼎元的合照

① 孙彦贞．缠足风习与满族马蹄底鞋源起考述．历史文物，2005，(3)：56.

第二章　嫁入豪门

光绪二十年（1894 年），青霞 17 岁，受父母之命，嫁入河南尉氏刘家，成为刘耀德的妻子。根据中国古代的习俗，青霞在嫁入刘家之后，改从夫姓“刘”，故马青霞嫁入刘家之后，始改姓刘，称刘青霞、刘马氏或者刘马青霞①。

刘马青霞结婚 7 年之后，丈夫死去，成为遗孀。丈夫死后，为了保住刘家偌大的家产，青霞与婆婆商议，诈称有遗腹子，抱养了刘耀德胞姐的儿子刘鼎元。丈夫的死，对刘马青霞的一生产生了重大的影响。

人们在研究刘马青霞的时候，其丈夫刘耀德也进入了研究的视野。很多研究文章都说刘耀德“不学无术，挥霍无度”、“吸食鸦片”，是抽大烟的纨绔子弟，与刘马青霞关系不好等；刘耀德“背上长疮”而死，也被说成是抽大烟导致的。如果仅仅是小说家的塑造，那就没有探索的必要。但很多研究文章如是说，就应该是一个问题，有察传澄清之必要。《吕氏春秋·察传》云：“夫得言不可以不察，数传而白为黑，黑为白。故狗似玃（jué），玃似母猴，母猴似人。人之与狗则远矣。”

笔者认为，刘耀德虽然不算是饱学之士，但是一个善良宽厚、不吝钱财、乐善好施、对爱情很忠诚的丈夫。本章对刘耀德的有关传说进行了质疑与察传。

第一节　嫁入尉氏刘家豪门

尉氏刘家是河南的首富，尉氏、开封、北京都有刘家的产业。刘家在尉氏被称为“刘半县”。省城开封的一些街名也是以刘家的住处和产业命名的，如刘家在开封的府宅被称为“刘府胡同”、“刘家胡同”，刘家的当铺所在街名为“当铺胡同”。可见，刘家在河南有非常大的影响。

---

① 于中华．刘青霞传//政协尉氏县委员会文史资料研究委员会．尉氏文史资料（第二辑）·刘青霞女士专辑．1987．内刊．

一、刘马青霞婚嫁时间考

图 2-1　刘马青霞的照片

光绪十八年（1892 年），马丕瑶因继母杨氏病卒，丁忧在家，此时，青霞已经十五六岁，出落成一个美丽动人的千金小姐，已经到了出嫁的年龄。在安阳的马氏庄园，笔者见到了刘马青霞的照片。但这是根据想象重新让人画的相片。其实民国时期在开封的河南省博物馆中、北京嵩云中学皆挂有刘马青霞的照片。不过几经岁月的变迁，现在已经见不到了。笔者有幸得到开封市张传斌先生收藏的刘马青霞的照片（图 2-1）。这张照片上的刘马青霞虽然已人到中年，但是庄重清秀，由此可以想象到少女时代的青霞是非常靓丽动人的。她高挑的个儿、美丽的脸庞、动人的大眼睛，放射着青春的光彩。马丕瑶为他最小、最宠爱的女儿选定了一门亲事，那就是河南尉氏刘家。

光绪二十年（1894 年），青霞 17 岁了，到了婚嫁的年龄，受父母之命，嫁入河南尉氏刘家，成为刘耀德的妻子。也就是说在青霞即将出嫁的前两年，父亲马丕瑶就在安阳家中。青霞的亲事是父亲马丕瑶亲自选定并且主持的。

我们这里也对刘马青霞的婚嫁时间进行考证。光绪十八年（1892 年），马丕瑶因继母杨氏病卒，在安阳家里丁忧而免去广西巡抚之职。在这个时期，马丕瑶嫁出了女儿。光绪二十年（1894 年），马丕瑶为继母杨氏在家丁忧期满，到京城朝廷等候新的任命。马丕瑶于这年的七月服阙到达北京，十月任广东巡抚，辞陛出京，南行赴任。那么青霞婚嫁的时间当是在父亲马丕瑶上任之前，即光绪二十年（1894 年）七月之前的春夏之时，马丕瑶服阙入都之前。

刘马青霞在《豫人刘马青霞披露》一文中说：“青霞自十八岁嫁于

尉氏县刘姓。”[①] 这里所说的18岁，当是虚岁。中国古人多用虚岁；如果对刘马青霞的婚嫁时间进行考证，那么她1877年出生，应是1894年出嫁，这年青霞周岁17岁。

二、刘氏豪门

尉氏刘家是明朝洪武初年由山西洪洞迁居尉氏的。尉氏刘家是河南首富。刘马青霞曾说：“刘家号称素封，驷马高车，声威赫濯。”

“刘家号称素封”，就是说刘家虽然没有被册封官爵，但是由于刘家拥有钱财和财富，其子弟能够与被皇室册封官爵的人家享受同样“驷马高车”的待遇，同样“声威赫濯”。

最早提出“素封”这一说法的是司马迁的《史记》。《史记·货殖列传》云：“今有无秩禄之奉，爵邑之人，而乐与之比者，命曰：‘素封’。”又云：“能者辐凑，不肖者瓦解。千金之家比一都之君，巨万者乃与王者同乐；岂所谓‘素封’者邪。”《索隐》：“谓无爵邑之入，禄秩之奉，则曰‘素封’。素，空也。”《正义》：“言不仕之人，自有园田、收养之给，其利抵于封君；故曰‘素封’也。”

图 2-2　刘氏墓碑

刘家七世以前，以农作为主，兼做卖豆腐的小本生意，生话颇为贫苦。笔者在尉氏考察时，在尉氏文管会主任王小秋先生的带领下，在草丛中见到一块碑（图 2-2），碑上面记载着刘家前五代祖宗的名字。碑文云：

明故刘氏本支始祖讳朋公、妣氏。[②]
二世祖讳儒公、妣氏李、陈太君。
三世祖讳光大公、妣氏赵太君。
四世祖讳泽远公、妣氏钱、乐太君。
清故五世祖讳时徵公、妣氏孙太君。

刘家的前四代祖还处于明朝时期，第五代祖刘时徵已经进入清朝。乾隆三年（1738年），放羊娃出身的八世祖刘致中考中戊午科进士，官至直

① 刘马青霞．豫人刘马青霞披露．自由报，1917-11.17.
② 大约后代立碑的人也不知这位祖奶奶的名讳和姓氏，只写上“妣氏”，而无姓氏。

隶大名道台，刘氏开始发家。接着，刘致中长子刘壮于乾隆三十九年（1774 年）任南城兵马司粮马通判。笔者在草丛中也见到了刘壮与其妻杨宜人合葬的墓碑。刘致中的次子刘恒毓于嘉庆十五年（1810 年）任湖北督粮道；十一世祖刘鸿恩考中进士，被任命为陕西按察使赏加布政使。这期间刘家子孙颇为注重经营仕途，其出任知县以上官吏者约达数十人之多，刘家从而进入鼎盛时期。

刘家第十一代祖刘鸿恩（1821～1887 年），字位卿，号春舫。道光二十七年（1847 年）中式丁未科二甲第二十名进士，与李鸿章同年。刘鸿恩也是从知县做起，官至陕西布政使。

刘马青霞的丈夫刘耀德的父亲刘迎恩没有功名，他一生经营商业，给刘耀德留下了偌大的产业，而他在刘耀德幼年时就去世了。

刘家占有 20 余万亩土地，门前悬挂“双千顷”牌。此外，他还开设了 150 多个钱庄、当铺和数以百计的生意铺。这些钱庄、当铺和生意字号，遍布中国东部的尉氏、开封、南京、北京等几十个府州县镇，真可谓日进斗金，显赫一时。刘家是当时河南的第一富户①。

由此可见，尉氏刘家也是一个诗书礼乐之家，绝不是像某些著作所说的那样，有钱的人都是纨绔子弟。晚清时期，资本主义在中国早已萌芽发展，人们已经不把读书做官当做唯一的出路。刘家子弟有富、有贵，可谓是富贵满门。

三、刘马青霞的月老

刘马青霞是安阳人，与尉氏远距六七百里，她怎么会嫁到尉氏呢？谁是他们的月老呢？

关于月老，《太平广记·定数》记载，唐代有一个人，名曰韦固，有一天夜里，经过宋城，遇一位老人倚着一个布囊而坐。老人从布囊中掏出一个赤绳，对着月亮在翻一本书。韦固问老人所看何书？答曰：“天下之婚牍。”就是关于天下人婚姻之事的书。

韦固又问囊中赤绳何用？答曰：“赤绳子耳，以系夫妇之足，及其坐则潜用相系。虽雠敌之家，贵贱悬隔，天涯从宦，吴楚异乡；此绳一系终

① 于中华．刘青霞传//政协尉氏县委员会文史资料研究委员会．尉氏文史资料（第二辑）·刘青霞女士专辑．1987．内刊．

不可逭。”《尔雅·释言》云：“逭，逃也。”意即一旦为婚姻的红绳牵系，是不可逃避的。

这就是传说中的月老与“千里姻缘一线牵”的故事。这位老人是主管婚姻之神，所以在我国的传说中以“月老、月下老、月下老人”为媒人的别称。

月老，古代亦称冰人，《晋书·索紞传》记载：索紞是一个通阴阳、善术数、懂占卜的人。有一次“孝廉令狐策梦立冰上，与冰下人语。（索）紞曰：‘冰上为阳，冰下为阴，阴阳事也。士如归妻，迨冰未泮，婚姻事也。君在冰上与冰下人语，为阳语阴媒介事也。君当为人做媒冰，泮而婚成”。从此就把为人做媒者称为冰人。

谁是青霞与刘耀德的月老呢？有些小说中曾把刘鸿恩当做刘耀德和刘马青霞夫妇的媒人，其实这是不可能的。

刘鸿恩（1821～1887 年）是刘耀德的伯父。由于刘鸿恩平素多病，同治三年（1864 年）辞官归里。刘鸿恩做官期间，虽在习儒，但留心医药，因善用乌梅、大黄，人称“乌梅先生”。刘鸿恩“每于谈文之下，兼谈医”，潜心钻研医道，著有《医门八法》。“刘氏运用乌梅，颇有独到之处，对临床多有启迪。首先，他根据肝脏的生理病理特点以及乌梅的特性，将乌梅广泛应用于肝病的治疗，并取得较好的临床疗效。正缘于此，刘氏赢得了‘乌梅先生’的美誉，他自己则自称为‘知梅学究’。去实泄热，善用大黄。”①

刘鸿恩的《医门八法》和医学思想也引起当今学术界的关注，并对之进行研究。有学者认为刘鸿恩“博览群书，勤于实践，举平生之体验，考证以定标，历时二年，著成《医门八法》一书。该书以儒书推医理，立意精卓，意显易知，体现了刘氏的学术思想”②。

刘鸿恩同治三年（1864 年）辞官回到故里，不问世事，埋头著书，研究医学，此时青霞尚未出生。刘鸿恩 1887 年死去，青霞才是 10 岁女童。当然如果是娃娃媒，也有可能；但在刘马青霞的传记中从未如此说，故我们还不能说刘鸿恩就是他们的月老。

笔者认为，刘家虽然是一商户人家，但是自刘鸿恩以来就不乏做官之

---

① 刘霖，刘道清．刘鸿恩及其“医门八法”．四川中医，2006，(11)：29.

② 韩冠先，连华敏．刘鸿恩学术思想初探．河南中医，1994，(1)：8.

人。例如，刘马青霞于民国六年11月17日在《自由报》上发表的《豫人刘马青霞披露》一文中说："民国成立以后，族人候补外省者纷纷被逐回籍。"①

刘氏宗族的人用钱捐官、做官的人不在少数，如刘耀德及其姐夫雷培株皆是以钱捐的官。清代允许富家子弟用钱买官，但不是实职，是只有品衔而无权的官职。只有等到该职有空缺的时候，即此官职无人补替时，用钱买的官才能补上，这是清政府筹钱的一个重要来源，既满足了那些有钱人提高身份的心理，政府又得到一笔收入。

刘家这些做官的人，可能是为了巴结上层官员而为青霞做的媒。由于这些官员的地位不高，所以在所有的记传中皆没有记载。

第二节　刘马青霞与丈夫刘耀德

刘马青霞的婚后生活是很幸福的，她得到丈夫刘耀德和婆母杨氏的疼爱。刘马青霞婚后没有生育，而她的丈夫竟然没有纳妾，就可以说明刘马青霞在这个家庭中的地位。

不幸的是，刘马青霞婚后的第七个年头，丈夫刘耀德背上生了一个大大的恶疮。在百般医治下，刘耀德仍然没有逃过这场劫难，光绪二十七年(1901年)，刘耀德去世，刘马青霞24岁，青年居寡，成为遗孀。青霞陷入了极为痛苦的境地。

刘耀德死后，为了守住刘家偌大的家业，刘马青霞与婆婆商议，诈称有遗腹子，抱养了耀德胞姐的儿子为己子，为孩子取名刘鼎元。

一、刘马青霞的婚后生活

《河南首富家的"一品命妇"》一文的按语中说，刘马青霞结婚之后，"在刘家的深宅大院待了七年，未曾生育。她足不出户，闷时也不过是坐着马拉的轿车到处玩玩转转"。该文最后说："七年平静的日子就这样过去了。"

由此可见，刘马青霞结婚之后，生活得还是平静而幸福的。

---

① 刘青霞．告四万万男女同胞书//政协尉氏县委员会文史资料研究委员会．尉氏文史资料(第二辑)·刘青霞女士专辑．1987．内刊．

刘马青霞虽然出生在富贵之家，但受父兄良好的影响，是一个十分节俭的人。

笔者通过电话访问了于中华先生，于中华先生在电话中告诉笔者，他曾走访过一位 95 岁的刘家老仆。2006 年 7 月 13 日《大河报》刊登盛夏所写的《河南首富家的“一品命妇”》也写到访问了于中华先生。文中提及当年见到青霞时，这个老仆还是个孩子。于中华问他：“青霞啥样?”刘家老仆说：“高个，大眼。黑黑的，胖胖的。”于中华问刘家老仆：“青霞待人啥样?”刘家老仆答：“东家太太对人不错。那时，俺爹对我说，东家太太好吃野菜，你去给她剜点。我给她送了一篮，她过来摸着我的头，夸我，还拿果子、拿衣裳给我。我就不断去剜野菜，想再弄点好吃的。”①

现在我们吃野菜或许没有什么稀奇，而刘马青霞那时就喜欢吃野菜，不仅表现出她的亲民意识，也表现出她的节俭。另外，她没有强迫仆人去剜野菜，而是一个孩子愿意去的，剜了野菜还要赏赐果子、衣裳。这个孩子经常去为青霞剜野菜，就是为了“想再弄点好吃的”。

我们不能去苛求清朝的一个豪门少妇，必须自己去剜野菜。但刘家老仆对青霞的描述表现了她的俭朴及对孩子的和蔼，并且使一个温和善良、待下人温厚的漂亮少妇的形象跃然纸上。

据刘马青霞的三哥马吉梅的五子马恒煜之妻回忆说：“以前常听娘（青霞的三嫂）说，我三姑（即青霞）很俭省，带来的大红缎被子和夏天穿的绸衫，都有补丁。她病了。俺们都曾去侍候她。”② 我们很难想象，一个为了社会的慈善事业一掷万金的豪门贵妇，她的“大红缎被子和夏天穿的绸衫，都有补丁”，从这里也能看出她的豁达胸襟和高尚的品格。

二、丈夫刘耀德

刘马青霞的丈夫姓刘，名耀德，字德煦，是刘家第十二代。刘家在尉氏又称为“刘半县”，富埒王侯，是河南的首富。刘家共分五门，刘耀德一门系数代单传，独门独支，因此他一人就占了刘氏家族五分之一的财产。

刘耀德为了提高自己的身份地位，曾用钱捐了一个山西观察使的

---

① 盛夏．河南首富家的“一品命妇”．大河报，2006-07-13.

② 马恒太．我的姑母刘青霞去世的有关情况//政协尉氏县委员会文史资料研究委员会．尉氏文史资料（第二辑）·刘青霞女士专辑．1987. 内刊．

职衔。

观察使，自唐代开始设立。唐前期常由中央不定期派出使者监察州县，名称临时确定，并无一定的规则。唐中宗神龙二年（706 年）置十道巡察使，二年一替。景云二年（711 年）置十道按察使，均非常设官员机构。宋在诸州置观察使，无一定的编制，实系虚衔寄禄官。清朝派出官员观察地方的政务，称为观察使。观察使，顾名思义，就是观察了解地方的各种情况，向上司汇报，类似今之调研员，实系虚职。刘耀德捐钱而有了一个山西观察使的身份，属于试用道的四品职衔，即使是这样的职衔，刘耀德终身也没有得到实补。

刘耀德以钱捐的官为候补官员，不是实职，即有职无权。然而，这对于很多富家子弟来说已经很不错了。他们不需要十年寒窗之苦，也不需要科场残酷竞争的煎熬。清代很多富家子弟走的就是这样一条入仕之路。刘耀德作为豪门公子，走这条入仕之路，在当时是很正常的。

刘耀德是富家公子，不能算十分有才华，也不是非常刻苦的饱学之士，但却是一个非常善良、乐于助人的富家公子，也是对爱情非常忠贞的丈夫。他不吝钱财、重义轻财、乐善好施，与乡邻关系融洽。

据河南辛亥革命七烈士之一、中国同盟会河南支部的领导人张钟端的孙子张梦梅先生回忆，早年曾听他的奶奶说过："张钟端 15 岁那年，从许昌骑驴到省城开封考举人，因禁不住风寒，病倒在尉氏刘家门前，被刘马青霞相救，并为其请医治病。等张钟端病愈，考期已过。刘马青霞十分惋惜，她要写书信一封，劝张钟端到北京找她二哥谋求一官半职，张钟端摇头不答，她又要赠送张钟端十两黄金，作为苦读求进之资，张钟端拒而不收。"①

如果算一下时间、地点，并结合当时的环境情况，那么赠给张钟端黄金的人当是刘耀德，而非刘马青霞。

清朝考举人的时间是在八月初九、十二、十五。《清史稿·选举三》记载："三年大比，试诸生于直省，曰乡试，中试者为举人。次年试举人于京师，曰会试，中试者为贡士。天子亲策于廷，曰殿试……（顺治年间），乡试以八月，会试以二月。均初九日首场，十二日二场，十五日三场。殿试以三月……乾隆间，改会试三月，殿试四月，遂为永制。"

那么，张钟端到省城开封考举人的考试称为乡试，在尉氏刘家病倒的

---

① 屈春山，张欣山．"血洒东京"的创作过程．开封教育学院学报，1992，(4)：11.

时间当是在七月底或者八月初。据有关材料记载，张钟瑞生于 1879 年，卒于 1911 年[①]，比青霞小两岁。“张钟端 15 岁那年，从许昌骑驴到省城开封考举人，病倒在尉氏刘家门前”，这个时间刚好是光绪二十年（1894 年），就是在这一年，青霞刚刚从安阳嫁到尉氏刘家，成为刘耀德的妻子。当时青霞还是一个新娘子，从情理上说，“要赠送张钟端十两黄金”的当是刘耀德或者是耀德母亲杨氏，而不是青霞。

刘耀德的孙女刘仲英说：“还听说过祖父刘耀德为人极好，开明、宽厚。拥有偌大财产，但并未纳妾，只有常年不育的祖母一人。修桥、筑路，荒年开仓放粮，散银两，办孤贫院等善举益事。”[②]

关于刘耀德的为人，于中华先生的调查材料也说：“刘耀德在尉氏民间并无太多恶评，因为他不太吝惜钱财，乐于施舍，与乡邻关系还比较融洽。”[③]

刘马青霞与丈夫刘耀德的关系应该说是很好的。刘马青霞自结婚之日起，恪守妇道，孝敬公婆，是一个典型的封建社会的淑女。刘马青霞与丈夫刘耀德在尉氏故居生活 7 年，从未离开过这个住所。她足不出户，闷时也不过是坐着马拉的轿车到处玩玩转转。在刘家的深宅大院待了 7 年，直至刘耀德病卒，青霞始终没有生育，但刘耀德作为一个“富埒王侯”的公子并没有纳妾，说明夫妇二人关系融洽。

笔者曾到尉氏考察，尉氏文管会的王小秋先生告诉我，当时刘家大院占据尉氏的半个县，真是“侯门一入深如海”，“庭院深深深几许”。刘马青霞作为一个豪门贵妇是不可能一个人在大门外晃悠的。刘马青霞是一个大家闺秀，恪守着马家《家训》中的“女正位乎内，男正位乎外。男女正，天地之大义也”的妇道，她绝不会私自赠金给一个不相识的男人的。最起码赠金之事也要刘耀德同意，因而确切地说是刘耀德赠金。

如果说刘马青霞赠金，绝不是在张钟端科考举人之时，那应该是在刘马青霞东渡日本之后，因创办《河南》杂志，张钟端被取消公费留学资格，刘马青霞资助张钟端读完了学业。本书第七章第一节将详述刘马青霞资助张钟端读完了学业的问题。

---

① 翟小平，苏全有，李景旺．简论张钟瑞．新乡师范高等专科学校学报，1999，(1)：41.

② 刘仲英．寄语“刘青霞女士专辑”出版之际//政协尉氏县委员会文史资料研究委员会．尉氏文史资料（第二辑）·刘青霞女士专辑．1987. 内刊．

③ 盛夏．河南首富家的“一品命妇”．大河报，2006-07-13.

刘马青霞结婚后的第七个年头，丈夫刘耀德背上生了一个恶疮。于中华的调查材料说：“尉氏人相传，刘耀德生病时，刘家曾悬赏：‘谁能看好这个病，一天一锭银元宝。’”由此可见，当刘耀德生病时，刘家希望耀德病好的急切心情。尉氏人评价这是“能过了”（土语，过于精明之意），反而没治好病。猜测可能有医生想多挣钱，故意拖延治病时间。其实他们说的也不对，这种疽疮在当时的条件下，是很难治好的。

刘耀德背上生的疮叫做“搭背疮”。“搭背疮”或称“手够疮”，是民间对后背痈疽疮的俗称，意为病人本人反手后背能够着的地方出现的疮疖。“搭背疮”因生在背部肌肉及脊椎神经较密集的地方，所以伤害性较大，初起会出现红肿热痛，后逐渐化脓突起直至溃破。刘耀德生的就是这种要命的恶疮。光绪二十七年（1901 年），刘耀德去世，刘马青霞 24 岁，青年居寡，成为遗孀。

三、关于刘耀德传说的质疑和察传

关于刘耀德是一个纨绔子弟的传说，虽然研究文章并不太多，但却是众口一词，基本成为定论。于中华先生是较早研究刘马青霞的学者。他说：

> 刘家鼎盛时期已经潜藏着衰败的危机。其子孙依仗家势家财，不学无术，挥霍无度，众多的为官者亦是凭借金钱捐得。至十二世时，德字辈的二十八个弟兄更胜一筹，偌大家业已在他们手中明显败落。尽管如此，在当时的河南，刘家仍不失为第一富户。
>
> 刘青霞的丈夫刘耀德是典型的纨绔子弟，不知读书，不学无术，他虽以万金捐了一个山西试用道的四品职衔，却从未得到过实补。他的嗜好除了吸食鸦片烟以外，便是千方百计地炫耀自己家道的昌富，以为荣乐。他扬言“南京到北京，不饮别家水，不宿别家店”。据传，他曾站在开封城头往地上扔包元宝用的金叶子，任人抢拾；曾在南京游湖时站在船头往水里扔银元宝，任人取捞，以寻欢作乐，炫豪夸富。①

① 于中华．刘青霞传//政协尉氏县委员会文史资料研究委员会．尉氏文史资料（第二辑）·刘青霞女士专辑．1987. 内刊．

有学者在 2001 年第 11 期的《历史教学》上发表文章《巾帼英杰刘青霞》说："光绪二十年（1894 年），刘青霞刚满 18 岁，便受家命嫁于河南尉氏县大地主、山西试用道刘耀德（德煦）为妻，始改姓刘。刘家虽有'刘半县'之富、'双千顷"之牌，但对刘耀德来说却不是好事，他凭着家境殷实的条件，自幼不知读书，并且养成了嗜好鸦片的恶习。虽用金钱捐了个'山西试用道'，但仅是虚名而已。结婚 7 年，也就是青霞刚刚 25 岁那年，刘耀德因过度吸食鸦片加之久病不愈而辞世。"① 这里说刘耀德因过度吸食鸦片而死。

还有学者发表文章说："青霞在家长到 18 岁时，嫁于河南尉氏县刘德煦（耀德）为妻，遂改姓刘，又称刘马青霞。刘家系中州大户，一号称刘半县，除占有土地二十余万亩外，在开封、南京、北京等地又开有钱庄当铺上百处。这些财产有五分之一立在刘耀德名下。但刘耀德仅是个不学无术的纨绔子弟，终日吃喝嫖赌，却又以万金捐了个山西试用道的四品官衔，然从未到任。"②

亦有人说青霞"17 岁过门，嫁给中州巨富——尉氏县大地主刘耀德之后，才知道刘耀德是个不学无术，吃、喝、嫖、赌等恶习俱全的浪荡公子。刘青霞鄙弃他，当然，他也不听从刘青霞的约束，以致死于烟毒酒色"。③

还有先生说："这桩婚姻给刘青霞带来了极大的不幸。刘耀德完全是一个'土老财'式的公子哥儿。他虽用金钱捐了个'山西试用道'，仅是虚名而已。作为尉氏刘家的第十二世孙，他凭借着这一房多系独传，家境殷实的条件，自幼不知读书，嗜好鸦片。刘青霞自结婚伊始，就对丈夫十分鄙视。"④

这些说法和观点，如果仅仅出自小说，那就不需要再行探讨了，因小说大多是编造的情节，在这里我们不多作研究。但许多研究文章也如是说，就有必要进行探讨，本书就学术论文所涉及的关于刘耀德的评价进行了察传。

---

① 常全喜．巾帼英杰刘青霞．历史教学，2001，(11)：96.

② 天俊．资助"河南"杂志的刘青霞女士．鲁迅研究月刊，1988，(5)：65.

③ 屈春山，张欣山．"血洒东京"的创作过程．开封教育学院学报，1992，(4)：11.

④ 张绛．论刘青霞//政协尉氏县委员会文史资料研究委员会．尉氏文史资料（第二辑）·刘青霞女士专辑．1987. 内刊．

笔者认为，关于“刘耀德是典型的纨绔子弟，不知读书，不学无术”的传说，“他的嗜好除了吸食鸦片烟以外，便是千方百计地炫耀自己家道的昌富，以为荣乐”的传说，当然还有青霞与丈夫刘耀德关系不好的传说，以及青霞与夫生活的7年中，是带着“金枷玉锁”度日的传言都有进一步商榷的必要。这些传言不符合实际情况。

《吕氏春秋·察传》记载这样一个故事：春秋时期，宋国（今河南商丘）有一个姓丁的人，家中无井，常需要一个人到外面汲水过生活。后来丁姓人家中打了一口井，就省了一个人力。丁氏告诉别人说：“我家打井等于得一人。”于是宋国人口耳相传，议论纷纷，说丁氏打井得一人。宋国君听说此事，就派人去了解此事。丁氏说：“得一人之使，非得一人于井中也。”所以，传说往往带着很多的谬误。今笔者对刘耀德是“纨绔子弟”、“吸食鸦片”的说法也进行了质疑、察传，希望得出一个较符合实际的结果。

1. 刘耀德“抽大烟”、是“纨绔子弟”等传说的质疑与察传

光绪二十年（1894年），马丕瑶为继母杨氏在家丁忧期满，到京城朝廷等候新的任命。马丕瑶于这年的七月到达北京，十月任广东巡抚，辞陛出京，南行赴任。

那么刘马青霞婚嫁的时间当是在父亲马丕瑶上任之前，即光绪二十年（1894年）七月之前的春夏之时，马丕瑶服阕入都之前。光绪二十年（1894年），青霞嫁给尉氏刘耀德为妻。马丕瑶于这年的七月服阕到达北京，十月才到广东上任巡抚。在青霞婚嫁前的两年中，一直到青霞嫁入尉氏，马丕瑶都在河南安阳家中。青霞的婚礼肯定在父亲到广东上任之前举行，而不会在父亲到广东上任之后举行，这是人之常情。

刘马青霞的父亲马丕瑶先生是一个非常正直的官员、有识之士，绝不是昏庸贪财的无能之辈。他在30多年的官宦生涯中，“赋性孤介，嫉恶太严，遇事不避嫌怨，毅然为之”①，是一个嫉恶如仇的人。

马丕瑶在《重修安阳县蒋邨荡平桥记》中说：“夫谦益满损，敬告怠凶图匮，於丰安不忘危，长久之道也。寄告邨人力学力田崇孝友，戒赌博，息

① 吕何生．马丕瑶传//政协尉氏县委员会文史资料研究委员会．尉氏文史资料（第二辑）·刘青霞女士专辑．1987年．内刊．

争讼，不喫雅片，即国之良民，家之顺孙。”① 这里很明白地说，马丕瑶力主“不喫雅片”，即只有不吸食鸦片，才是“国之良民，家之顺孙”。

马丕瑶疾恶如仇，在广东任上，首先禁赌、禁鸦片，认为“纵民为赌，实纵民为盗。欲止盗非先禁赌不可”，表现出对赌博和吸食鸦片的深恶痛绝。马丕瑶在家乡怎能亲眼看着自己宠爱的小女儿嫁给一个“嗜好除了吸食鸦片烟以外，便是千方百计地炫耀自己家道的巨富，以为荣乐”的大烟鬼，一个不学无术的纨绔子弟呢？这是关于刘耀德“抽大烟”等传说不符合实际的疑点之一。

笔者曾经访问过刘耀德胞姐的孙女雷振坤女士（即耀德胞姐雷刘氏的孙女）。她幼小时候曾听过许多关于刘耀德的事情，只是说刘耀德往他们家送新的、刚刚成熟的农作物，以及怎样打理开封店铺的事，但从未听说过刘耀德抽大烟的事。抽大烟、败挑家产是一件大事，老人们在向后代讲述时，绝不会不提的。而耀德胞姐的孙女雷振坤女士从未听长辈们说过，因此笔者认为，刘耀德“抽大烟”不一定是事实。

刘耀德背上所生的恶疮，根据当时的医疗条件是医不好的。刘耀德所生的疮，古书上把这种疮称为“疽”，是能要人命的。根据古籍记载，中国古代有很多人就是死于这种恶疮的，如《史记·项羽本纪》记载的范增“疽发背而死”；《后汉书·刘表传》记载刘表“疽发背卒”。那么历史上的这些人都没有吸食鸦片却得了“搭背疮”死去，该如何解释呢？为什么刘耀德生的这种要命的恶疮，就要与抽大烟联系在一块呢？刘耀德死于“搭背疮”，而绝不是“死于烟毒酒色”。中国古代有很多人患有这种恶疮，没有记载的更多。

笔者曾经电话访问过于中华先生。于中华先生说刘耀德生的“搭背疮”是很痛的，在他疼痛难忍的时候，会抽大烟来止痛。这个说法，应该是值得相信的，用鸦片止痛，也是现代医学的一种止痛方式。

那么刘耀德“抽大烟”的传说从何而来呢？笔者曾经数次到刘耀德的家乡尉氏，走访了尉氏文物管理委员会主任王小秋先生，并且特别询问了关于“刘耀德抽大烟”传说的由来。王小秋先生告诉笔者，因为当年从刘家墓地的几个坟墓中挖出抽大烟的烟具、烟枪等，但这些墓并不是刘耀德

---

① 马吉樟．马中丞文集·重修安阳县蒋郇荡平桥记//沈云龙．近代中国史料丛刊．台北：文海出版社，1973：634.

的墓。那么“刘耀德抽大烟”当然是没有什么事实根据的。

于中华先生说，他在 20 世纪 80 年代探访关于刘马青霞的事迹的时候，尉氏人都说，刘氏家族的很多男人都抽大烟。笔者认为，“刘氏家族的很多男人都抽大烟”，也不能证明刘耀德也抽大烟。

如果青霞的丈夫刘耀德“曾站在开封城头往地上扔包元宝用的金叶子，任人抢拾；曾在南京游湖时站在船头往水里扔银元宝，任人取捞，以寻欢作乐，炫豪夸富”，“刘家鼎盛时期已经潜藏着衰败的危机。其子孙依仗家势家财，不学无术，挥霍无度……偌大家业已在他们手中明显败落”①，即青霞的丈夫是如此浅薄的纨绔子弟，而且是只会吸食大烟的、别无他好的浪荡子，那么他偌大的财产怎么保留下来？而从青霞以后对辛亥革命所捐助的巨额财产可以看出，刘氏的产业并没有丝毫的动摇。刘耀德是纨绔子弟的传说不确实。

2.“青霞与丈夫关系不好”传说的质疑与察传

有许多学者认为，刘马青霞与丈夫刘耀德关系不好。因为刘马青霞日后走上了资产阶级革命的道路，而其丈夫刘耀德却是一个富家子弟，加上对刘耀德的记述又不是太多，所以认为刘马青霞与丈夫刘耀德关系不好。笔者认为这个传说也缺乏事实根据，这里可以通过两个实例说明刘马青霞与丈夫刘耀德关系很好，或者很不错。

首先，刘耀德是一个富家公子，是河南首富，以他的身份地位和财富，在当时的社会中娶三妻四妾是很正常的事；然而在刘马青霞结婚 7 年没有生子的情况下，刘耀德竟然没有纳妾。当然刘耀德没有纳妾的原因也可能是惧怕刘马青霞娘家的权势，但是即使刘马青霞娘家有权势，在刘马青霞没有生下一男半女的情况下，对于一个豪门公子来说，也是要纳妾的，因此这足以说明他们夫妇关系是相当好的，刘耀德才不纳妾。

刘马青霞与丈夫刘耀德的关系应该说是很好的。刘马青霞自结婚之日起，恪守妇道，孝敬公婆，是一个典型的封建社会的淑女。刘马青霞与丈夫刘耀德在尉氏县故居生活 7 年，从未离开过这个住所。她足不出户，在刘家的深宅大院待了 7 年，直至 7 年后刘耀德 28 岁病卒为止，说明夫妇二人关系融洽。

① 于中华．刘青霞传//政协尉氏县委员会文史资料研究委员会．尉氏文史资料（第二辑）·刘青霞女士专辑．1987．内刊．

其次，刘马青霞与丈夫刘耀德结婚 7 年后，刘耀德死去。当时耀德的母亲还在世，刘马青霞为了守住刘家偌大的财产，与婆母、胞姐共同商议，诈称有遗腹子，抱养了刘耀德胞姐之子为已之子，视如已出。

有些文章说，刘马青霞在丈夫刘耀德死后，是听从了侍女的话，诈称有遗腹子的。但是当时刘马青霞的婆母健在，刘马青霞抱养的又是婆母的女儿、耀德胞姐的儿子，怎么会不和婆母商议，而听一个侍女的话呢？这在封建社会是不可能的事。如果侍女真的献此策的话，也是刘马青霞听了侍女的献策，又与婆母商议之后，才抱养了刘耀德胞姐的儿子的。这说明刘马青霞视丈夫刘耀德家中亲人为自己可以寄托家族重任、共商家族秘事的人，也说明她与丈夫刘耀德的关系是不错的。

刘耀德是一个富家公子。在过去极“左”路线的影响下，大家普遍认为“有钱人就恶”。而且由于辛亥女革命家秋瑾的丈夫王子芳是一个纨绔子弟，秋瑾与丈夫王子芳关系恶劣。刘马青霞是与秋瑾齐名的女革命家，曾有“南秋北刘”之说。刘马青霞的丈夫刘耀德也是一个富家子弟，那么刘耀德当然也被看做是一个纨绔子弟。但刘马青霞是在丈夫死后参加革命的，而秋瑾是与丈夫离婚后参加革命的。刘马青霞的婚姻与秋瑾是完全不同的。笔者对刘耀德的有关传说进行质疑与察传，认为刘耀德并不是“抽大烟”的“纨绔子弟”。

第三节　刘马青霞对遗产的经营

刘耀德去世后，留下了偌大的产业。刘家钱庄、当铺和数以百计的生意铺面[①]。等产业在刘耀德去世后都掌握在刘马青霞手中。刘马青霞与年幼的儿子“相依为命，综理家务，寝食不遑，苦心经营”，所经营的产业井然有序、“有盈无绌”[②]，表现出卓越的经营和管理才能。

一、刘耀德的遗产

刘耀德去世后，留下了偌大的产业，主要分散在尉氏、开封、北京、

---

① 于中华．刘青霞传//政协尉氏县委员会文史资料研究委员会．尉氏文史资料（第二辑）·刘青霞女士专辑．1987．内刊．

② 刘马青霞．豫人刘马青霞披露．自由报，1917-11-17.

南京等地。刘家“开设了一百五十多个钱庄、当铺和数以百计的生意铺面。这些钱庄、当铺和生意字号遍布中国东部开封、南京、北京几十个府州县镇，真可谓日进斗金，显赫一时，成为当时河南第一富户。”① 那么，刘耀德的遗产到底有多少呢？据不完全统计，刘家财产主要有以下几部分。

1. 尉氏的财产

“刘家共分五门，刘耀德一门系数代单传，独门独支，因此他一人就占据着刘氏家族五分之一的财产。”② “刘姓五门，共有地千顷，刘青霞应分地 200 顷。”③ 如果刘耀德一门占刘氏家业五分之一的话，那么刘马青霞应从丈夫手中继承 200 顷土地。

刘马青霞为了避开与刘氏宗族争产的险恶环境，于是又在县城修建住宅一所。这座住宅建成后称为“四知堂”，后来又更名为“师古堂”，即效法古人的意思，也就是说，她自己做的所有事情都要效法古人，包括她的父亲。

师古堂占地 12 700 平方米，有房 300 余间。师古堂是一个奢华富丽、规模恢宏、有若干个中西合璧的三进院的四合院建筑。东起尉氏的东大街，西到西大街，南起坊街（现在的人民路），北至军犯街，在当时占据了半个尉氏县。

师古堂 300 余间的宅子，如今我们见到的只剩 35 间，是原来宅子的主体建筑。这是一个完整的由二层楼房组成的四合院结构。黑漆的大门前面有两个插花的石墩，门前有一个很大的广场，原是用来存放轿子、马车和拴马的。二层楼房是用青色的砖瓦建成的。据说是水磨砖瓦，故这座宅子历经 100 余年，至今保存完好。青瓦叠花而起的房脊，每一间的房脊上都用青瓦砌成不同的瓦花，中间用带花的方砖隔开。每一栋房子的两端都设有兽头挑檐。一楼与二楼之间有走廊。走廊的前沿，画有各种图案花纹。走廊用很粗的红色圆柱支撑，红色圆柱配以木雕透花。每一间房子都有大大的亮窗，房间里面高大、宽敞、明亮。师古堂建成的时候，里面有

---

① 于中华．刘青霞传//政协尉氏县委员会文史资料研究委员会．尉氏文史资料（第二辑）·刘青霞女士专辑．1987. 内刊．

② 于中华．刘青霞传//政协尉氏县委员会文史资料研究委员会．尉氏文史资料（第二辑）．刘青霞专辑．1989. 内刊

③ 刘马青霞．豫人刘马青霞披露．自由报．1917-11-17.

许多诗词绘画，这都出自刘马青霞之手，可见她拥有非凡的学识和才能。

院子中间有一棵枝繁叶茂的腊梅树，我们去的时候，黄色的腊梅花开得正盛，据说是刘马青霞亲手种植。这株腊梅也象征着刘马青霞倔强不屈的性格和品质（图 2-3）。

图 2-3　尉氏师古堂

师古堂建成后，刘马青霞专门辟出一处小院，计有房屋 30 余间，收养刘氏无依无靠的寡妇。刘马青霞安抚刘氏宗族的贫弱，是因为自身的体会，她认为妇女是社会上最值得同情的人群，特别是在当时的农村很多寡妇，或者因无儿无女，或被丈夫抛弃，无依无靠，很难生存。刘马青霞建立寡妇院，显示出她慈悲、富于同情的胸怀。

亦有人认为，师古堂本身就称为寡妇院，因刘马青霞在丈夫死后就是一个寡妇，故把师古堂称为寡妇院，也许有道理。

根据民国二十二年的《尉氏县志》记载，尉氏县城还有刘家许多产业。

《尉氏县志・人物三》：“马氏，字青霞……于城北隅创设桑园，购置湖桑万株，占地三十余亩，创办华英女校，每年经费五千元，为河南私立女校先河。又捐银两万三千余两，创建刘氏祠堂，建筑房屋八十余间，捐地五顷，为刘氏义庄。”

《尉氏县志・教育》：刘氏代用完全小学校“设邑西八里寨东门内，刘氏祠堂故址。”“刘氏小学女校：大桥寨刘氏祠堂……也为刘氏所建。”尉氏县教育经费概况表・学产一栏：刘氏遗产 519 亩，坐落在尉氏县的关帝庙村、大朱村、湾孙村、三楼村等，民国 17 年奉省府令归入本局（尉氏县教育局）。刘氏遗产 519 亩的收入全部归为教育经费之用。

“教育局在县党部东北隅，亦刘氏宅，西楼五间，南北楼各三间，门楼五间，北偏院北屋八间，南偏院西屋三间。”

《尉氏县志·建设》建设局：“建设局原在县党部东侧，刘耀德宅房三十余间。”“民国以来，注重建设，提倡实业，于民国五年奉令成立农业试验场，七年开办苗圃，皆附设于小学里蚕校内，以校周围之地三十余亩藉充该场圃地基。”“平民工厂，在县党部西邻，亦刘耀德宅房共三十余间，自十七年开办，除当筹营业资本千元外，每月额支经费二百九十六元。”“林务局在刘耀德花园内。养苗场五顷余在城外东南隅，其月支经费由林务（局）处。”“平民医院在县党部东，亦刘氏宅。月支地方款一百元。”“养蜂场，借刘氏私宅。月支地方款九十三元。”

笔者曾到尉氏考察，刘家号称“刘半县”，尉氏老县城基本有一半都是刘家产业。

2. 刘家在河南省城开封的财产

刘耀德在省城开封的遗产：“桐茂典一，小铺三、四处，公茂典，资本金十五万与桐茂典同，刘耀德与族人各半。”

桐茂典，是一个当铺，资本金 15 万元。桐茂典坐落在今开封南土街，开封剧场的对面。当冯玉祥主豫时期，刘马青霞将财产完全交给民国政府。民国政府将桐茂典改为国货商场、模范商场等名字。开封市工商管理志编写组编写的《建国前的开封模范商场》说：

> 开封模范商场原名国货商场，建于民国十七年（1928 年），原址在今南土街，开封剧场对面的小百货批发部所在地。这里先前是尉氏县大地主刘耀德开设的“桐茂典”当铺。刘死后交其妻马青霞经管。马死后，遗族争产，缠诉不已，当时河南督军冯玉祥断然处置，将其遗产没收归公，并以“桐茂典”旧址，建筑国货商场。
>
> 国货商场建筑形式新颖，内部宽敞，沿周为八角形状，周长二百四十米。经六十二米，纬六十八米，建筑面积约四千平方米左右。正大门坐西面东，临南土街；后大门坐东面西，临洪河沿；南北两侧中央各辟一门，四角各有角门，可谓“四通八达”，进出方便。场内环周两侧店铺栉比，固定铺面有四十余家，非固

定的摊贩也有不少，经营商品以时货、布匹居多，坐履零售。场内中心设剧院一座。一度名唤“华光影剧院”，上演京剧、评剧。有时放映电影。

桐茂典的规模是很大的，据 1933 年 7 月 21 日《河南民报》报道：“今国货商场（今开封市模范商场——编者）及中州中学等处，均刘姓桐茂当典旧址也。”这则报道说明“中州中学”也是“刘姓桐茂当典旧址。”

今模范商场改大门朝向鼓楼街，大门旁边有冯玉祥的塑像。因为冯玉祥主豫时期，刘马青霞将财产交出，民国政府把其中的桐茂典改为国货商场、模范商场等。20 世纪 80 年代，模范商场又被改建为大酒店，人们为了纪念冯玉祥而把此大酒店称为玉祥大酒店。

公茂典，亦是一个当铺，坐落在今开封河道街人民医院所在的地址，资本金亦是 15 万元。这个地方现在已经是一座医院，没有了当年公茂典的任何痕迹。

小铺三四处，开封的曹门大街中部向北有一条小胡同，名曰“当铺胡同”。这是刘耀德的重要财产之一。原刘氏当铺由两个院落组成。当铺胡同的东部是一个两进院，是主院；另外还有一个西偏院，高大的过街门楼将两个院落连在一起。西侧临街是门面房，全部是清代建筑格式。

笔者幼年在曹门大街小学读书，每天上学时从当铺胡同经过；看到当铺胡同的路西有一排高大的房子，比一般的民房都要高大得多。那高大的青灰色的后墙，使笔者在小小年纪就对这所房子充满好奇。这次为写本书，笔者又前往考察这座房子，现在就剩下东厢房五间，从当铺胡同的街上看这所房子的后墙，不仅仍有神秘感，还增加了一种沧桑感。这座房子虽经过百余年风雨侵蚀，但从叠瓦花脊的房脊和叠砖扣瓦脊的垂脊，还能看出当年主人的豪华与富贵。这里原来是刘耀德开的当铺，虽然当时开封有很多的当铺，但都没有刘家当铺生意好、规模大，故人们只把这条胡同命名为“当铺胡同”。

开封城内，刘家还有两个当铺：一在教育厅东街（今河道街）路北，即今河南医院，为老当铺；一在共和南街（今南土街）路西，即金城银行及中州中学之一部，为新当铺，均为尉氏师古堂（即刘青霞氏之堂号）所经营①。河道街、南土街等皆有刘家的当铺产业。

3. 开封刘氏故居

刘耀德在开封有一处住宅（图 2-4），位于北土街东侧的刘家胡同。因刘家有宅在此，故此街取名为刘家胡同。这是一处保存相对完好的刘家故居，始建于清光绪六年（1880 年）。这是一处具有典型清代风格、富贵华丽而又不失古朴典雅的硬山式的建筑。青灰色的房屋墙壁、灰色的筒瓦，透露出庄重和大气；黑色的檐柱、挑檐下的彩绘、檐下的木雕、壁上的砖雕，透出雅致清新。房子内是木地板，具有防潮的作用；整个建筑冬暖夏凉。从前面的堂屋到一进院，要经过一处小巧玲珑的垂花门楼。门楼北角长着一棵老石榴树，据说是刘马青霞亲手栽种的。

图 2-4 开封刘家宅院

这处住宅有两个左右对称的院落，均为三进四合院；以客厅为中轴线，共六个小院，院后的花园将两宅连成一体。刘家宅院的西宅，被顺河房管所占用，大门为居民占用。刘家东宅，被红旗幼儿园占用，建筑格局保存完整。

三进院皆有东西屋各三间，北屋五间，每座房屋的前面都建有宽宽的走廊，院落内走廊相通，类似南方的那种“风雨走廊”，即下雨时，走廊

---

① 痴人．开封当铺//政协尉氏县委员会文史资料研究委员会．尉氏文史资料（第二辑）·刘青霞女士专辑．1987．内刊．

之间相通，人在走廊中可自由赏雨、活动，不受风雨的限制。刘家宅院是河南仅有的保存完好的明清时代的四合院。

开封双龙巷住房：1921 年 5 月《新中州报》报道说刘马青霞与儿子刘鼎元分居时，刘鼎元分得“洧川县南席镇田地五顷，又开封双龙巷住房一所，现洋一千元”，说明“洧川县南席镇田地五顷”、“双龙巷住房一所”，也是刘家财产。

4. 北京、南京皆有刘家的当铺钱庄

据说刘家“南京到北京，不饮别家水，不宿别家店”，那么沿途当有不少刘家的产业。

5. 支持河南省博物馆建立的土地与房产

开封市博物馆老馆长徐伯庸先生告诉笔者，1927 年冯玉祥督豫时，在省城开封建立河南博物院，曾把刘家的洧川县南席镇 393 亩土地以及朱仙镇的一些房产用来当做建立河南博物院的启动资金。新中国成立前，河南省博物院一直挂着刘马青霞的巨幅照片。

二、养子刘鼎元

刘马青霞嫁入刘家七年，没有生育一男半女，这是让刘耀德非常遗憾的事；更重要的是刘家富甲河南，偌大的产业如果没有儿子继承，就会遭到宗族的争夺。

中国古代是一个以男性为中心的社会，家族之中只算男性世系。刘耀德一门只其一个男子，在刘氏家族中，系数代单传，独门独支。其实刘耀德的母亲刘母生了一双儿女，即刘耀德和他的胞姐。但古人认为“嫁出去的女儿，泼出去的水”，不算娘家中的人；因此在许多有关刘耀德的研究中都没有提到耀德的胞姐，但她确是在刘马青霞的生涯中一个至关重要的人物。

在刘耀德成婚之前，耀德的胞姐就已经出嫁，嫁给省城开封市的雷家公子雷培株为妻。雷培株，号樾岩，祖籍陕西。雷培株也是一个世家子弟，他的父亲曾做过知府。到了雷培株的时候，雷培株也像刘耀德一样用钱捐了一个官职。与刘耀德不同的是，雷培株补山东道台的空缺。耀德的胞姐作为雷培株的嫡妻守在开封家中，雷培株带着她的侧室在山东任上。

是时，刘耀德的母亲还在世。胞姐经常回到尉氏看望母亲和她唯一的胞弟。刘耀德与胞姐的关系是很好的。耀德的胞姐嫁在开封，而且刘耀德在开封又有很多的产业，有很多事还需要他的胞姐替他打点，替他出主意想办法，因此刘耀德与胞姐的关系非常密切。

每当新鲜的农作物成熟之际，刘耀德便奉刘母之命装上满满一马车新鲜的农作物，让仆人送到开封的胞姐家里，让姐姐尝尝鲜。刘耀德有时自己也跟着到开封。西瓜熟的季节送西瓜，花生熟了送花生。当农村的瓜果、玉米、麦子、蔬菜成熟的时候，刘耀德都是忘不了姐姐的。虽然姐姐家也不缺这些东西，但这表明姐弟之间深厚的情意。刘耀德娶了官宦之女刘马青霞之后，夫妇二人也经常到开封看看生意，看看胞姐。胞姐也经常回到娘家来看望母亲、弟弟、弟媳。他们的关系应该不错的。

在刘耀德病重之际，刘母告诉刘耀德，姐姐已经有三四个月的身孕了。刘耀德也深知自己病得严重，就让母亲把胞姐请来，与母亲、胞姐、青霞共同商议，如果他万一有什么好歹的话，决定将姐姐的孩子过继给刘马青霞为子，以继承刘氏的产业。

刘耀德去世后，刘母与刘马青霞诈称有遗腹子，来到开封，胞姐也已经到了临产期，巧的是，胞姐竟然生了双胞胎儿子，就是雷培株的四子和五子。是时，耀德的姐夫雷培株正在山东道台的任上，胞姐就向丈夫雷培株报喜说，生了一个儿子，而把双胞胎儿子之一即第四子给了刘马青霞。就这样，刘马青霞带着丈夫胞姐的儿子，即她的养子回到尉氏，对刘氏族人谎称说她自己生了儿子，刘母为孙子取名刘鼎元。自此，刘马青霞的身边有了一个相依为命的儿子刘鼎元。刘鼎元的生母就是刘耀德的嫡亲胞姐。在以后的许多年中，刘鼎元成为刘马青霞生命的寄托。图 2-5 为刘鼎元百日照片。

图 2-5　刘鼎元百日照片

刘耀德去世后，留下偌大的财产。刘氏族人眼盯着刘耀德的这些遗产，希望能从这偌大的遗产中捞取利益。养子刘鼎元的出现使刘氏族人的希望落空，因此刘马青霞的养子引起刘氏族人的嫉恨。刘氏族人到处造舆论说，刘鼎元不是刘耀德的儿子，不能继承刘家的财产。偌大的财产成为刘马青霞与刘氏族人矛盾的焦点，埋下了日后刘氏族人陷害刘马青霞、刘马青霞与他们成讼的伏笔。

三、“有盈无绌”的经营才能

刘马青霞到日本去游学，除了办教育之外，还有一个目的就是考察实业。清光绪三十二年（1806 年）四月二十五日《河南官报》第一期报道云：“一品诰命夫人刘马氏……热心学务，考求实业。兹拟携子候选主事刘鼎元前赴东洋调查女学堂及各项实业、学堂规则。”刘马青霞有非常优秀的管理和经营才能，很希望通过对日本的考察，学习国外先进的管理模式和生产方式。

婆母去世后，刘马青霞带着年幼的儿子，经营着偌大的产业。刘马青霞“独修刘氏祠堂一所，费银四万金；附设义学一处，捐地十五顷（刘耀德死后，复购置土地五十顷）”①。青霞力撑门户，后在尉氏又购地 50 顷，即共有 250 顷的土地。她所经营的产业井然有序、“有盈无绌”，表现出她突出的管理才能。

刘马青霞经营财产，主要靠她的勤奋、努力和节俭，这是她经营财产的第一个秘诀。她在《豫人刘马青霞披露》中说：

（她与年幼的儿子）相依为命，综理家务，寝食不遑，桐茂典及小铺三四处，既归青霞独立管理，执事者二三百人听指挥焉。公茂典则归族人管理，青霞坐分红利而已。既自夫亡至今十年中，凡属青霞所管理者皆有盈无绌，宁非节衣缩食劳神焦思之所致，而可以侥幸求之乎！青霞上无伯叔，下鲜兄弟，使稍有不慎荡尽无余久矣……青霞一妇人耳，屈指平日碌碌劳劳，淡食粗衣，自奉甚微，而对于家族、对于社会自觉可以告无罪矣。②

郝绍乔用“痴人”的笔名在他 20 世纪 30 年代的《中州感旧录》中说：

开封城内，旧有当铺二，一在河道街（原教育厅东街）路北，即今河南医院，为老当铺；一在南土街（原共和南街）路西，即金城银行及中州中学之一部，为新当铺，均为尉氏师古堂（即刘

①② 刘马青霞．豫人刘马青霞披露．自由报，1917-11-17.

> 青霞氏之堂号）所经营。二铺均有颇长历史。利息二分，二十七个月死当（即所当表物不得再赎）。一班市民，尤其贫寒阶级颇为利赖。至民国初年，利率稍增，然亦不过三分。嗣以军阀当道，杂捐繁重，民不聊生，尤以商捐摊派（按资本多寡分配）为数更多，当铺每推第一。于是此新旧二当铺遂无法支持，相继歇业。①

郝绍乔的这篇文章介绍了刘马青霞所开当铺的经营情况，说明刘马青霞经营得还是不错的。只有在军阀当道之时，杂捐繁重，商捐摊派为数更多，刘马青霞所经营的当铺才歇业。从这篇文章中可以看出，尽管刘马青霞开当铺是为了赚钱（这是经商的原则），但是刘家所开的当铺还是很受开封市民欢迎的，“一班市民，尤其贫寒阶级颇为利赖”。刘马青霞是一个有信用的商人。

另外，刘马青霞的勤奋、“自奉甚微”、“非节衣缩食劳神焦思之所致”，也对她经营偌大产业有重大帮助。

刘马青霞经营财产“独立管理，执事者二三百人听指挥焉”，她上无伯叔，下鲜兄弟，“稍有不慎荡尽无余久矣”。谨慎、“劳神焦思”，是她经营财产的第二个秘诀。

① 痴人．开封当铺//政协尉氏县委员会文史资料研究委员会．尉氏文史资料（第二辑）·刘青霞女士专辑．1987．内刊．

第三章　兼济天下

光绪二十七年（1901 年），刘耀德去世后，刘马青霞青年居寡。刘马青霞幼年习读史书，深受儒家学说的影响，她毕生都在追求“老吾老以及人之老，幼吾幼以及人之幼”的儒家学说目标；追求她“万善同归”、“乐善好施”、“兼济天下”的道德理想。青霞有一颗善良、豁达、天生同情贫弱之心。刘耀德死后，青霞与婆母杨氏乐善好施，不仅为刘氏宗族修建刘氏祠堂、建义学、义庄，而且为社会修桥铺路，赈济孤贫。刘马青霞在婆母逝世之时，以婆母的葬礼为由，赈灾救民，在社会上引起强烈的反响。

清朝末期，当一场废科举、兴新学的运动兴起时，刘马青霞挺身而出，支持赞助新学堂，从而成为我国早期新学教育的先驱。

是时，河南驻京官员谋划兴办北京豫学堂，以培养河南学子，振兴河南教育。刘马青霞热诚支持北京豫学堂的创办，对我国的新学教育做出了重大的贡献，是我国最早的新学女教育家。

这个时期，刘马青霞是怀着对大清江山的忠诚，兼济天下的情怀，泛爱众生而乐善好施。她是大清王朝的忠臣孝女。

刘马青霞建义学、义庄，惊动了朝廷，得到了清廷光绪、宣统两代皇帝的褒奖，被封为“一品诰命夫人”，又被赠予“乐善好施”匾额。

第一节　泛爱乐善、兼济天下

刘马青霞在丈夫去世后，重义轻财，追求她“万善同归”、“乐善好施”、“兼济天下”的人生目标，她创建义庄、义学，修桥、补路，表现出她以天下之心为心的宽广胸襟。

一、建刘氏义学、义庄

刘马青霞在青少年时代，最敬佩宋朝范仲淹办义学的故事。范仲淹青少年时代非常贫困，在应天书院读书，一盆冷粥分为三份，每天三餐只吃一份冷粥。而在其成名之后，在自己的宗族中创办义学，这是中国义学的开始。《宋史·范仲淹列传》记载范仲淹年轻时很贫困，“其后虽贵，非宾客不重肉。妻子衣食仅能自充，而好施，予置义庄，里中以赡族人，泛爱乐善，士多出其门下”。范仲淹“尝推其奉以食四方游士，诸子”……青霞的父亲马丕瑶就曾以范仲淹为榜样，建立义庄。这些都给少年青霞以深刻的影响。青霞自幼年时代就接受了父亲马丕瑶的教育和熏陶，同情下层贫民，热衷教育。青霞长成之后，每读到有关范仲淹的事迹时就感慨万分，一直把范仲淹当做自己的榜样。青少年时代的青霞希望自己长大以后也能像范仲淹那样成为一个“泛爱乐善”的人。

丈夫死后，青霞悲痛欲绝；婆母痛失爱子，也是疾病缠身。青霞忍受悲痛，照顾年迈的婆母。经过一段痛苦的煎熬，青霞从丧夫的悲痛中走出。她虽然抱养了胞姐的儿子为养子，但是儿子还在襁褓之中，她要为儿子撑起这个家，她也要为儿子打理经营丈夫留下的偌大的产业。家庭和事业都向她提出新的要求，她必须面对现实，面向社会，接受新的挑战。

刘母也是一个深明大义的老人，深知耀德一门只剩下婆媳两个寡妇带着一个抱养的孩子的不易，也害怕引起族人的嫉妒。刘家有乐善好施的家风。婆媳二人要想安抚刘氏宗族，必须为刘氏宗族做一些好事。中国古代有“国之大事，在祀与戎”之说，即一个国家最大的事就是祭祀祖先和进行战争。而对于一个宗族来说，最大、最重要的事莫过于对祖先的祭祀和膜拜。刘家祠堂（图 3-1）还是早年所建，已经有几十年了，这个时期已经破旧。婆媳二人在刘氏家族的故居大桥乡重建刘氏祠堂。如今在大桥乡的刘氏祠堂已经被改建得面目全非，只有房脊的瓦花还显示出当年的辉煌。刘氏婆媳认为这样就可以对得起刘氏宗族的祖先，对得起死去的刘耀德，也能赢得刘氏族人的拥戴和尊重。

图 3-1　尉氏旧刘氏祠堂

刘氏宗族自明朝洪武年间（1638～1698 年）从山西洪洞迁到尉氏之后，到乾隆三年（1738 年）八世祖刘致中考中戊午进士，刘氏宗族有了核心；至光绪二十七年（1901 年），刘耀德去世为止，已经过了 300 多年。民国二十二年的《尉氏县志·宗族》记载：

> 刘氏，明洪武初由山西平阳府洪洞县迁尉，居尉氏城西井儿村，四世泽远公廪膳生，闯贼破尉，守城殉难。克勤、克俭、克从，兄弟三人同迁大桥。八世致中领乡荐致中成进士，徙居县城内。九世恒毓为湖北督粮道，十一世鸿恩以进士为陕西按擦史凤邠道，现传十七世，原居井儿刘者四十余户，徙居大桥者一百八十余户，移居城内者二十余户，移居七头者十余户，移居北曹者数户；现又有由城内移居开封者共二百八十余户，人一千五百余口。①

是时，刘氏宗族已经繁衍了 1500 余口的族人。虽然刘氏宗族有一些富甲一方的大户，如刘耀德等；但是刘氏族人中也有中等之家，佃户、小贩、贫困农户，甚至乞讨挨冻受饿之人等各色人物。还有很多刘氏族人已经成为贫困农户，他们之中有很多人家没有能力供养自己的孩子读书。

刘马青霞认为，办义学对宗族来说是见效于当时、立功于后代的大事，于是在修建刘氏祠堂之后，又捐出土地 15 顷修建义学一所，凡刘氏子弟均可免费入学，使刘氏许多贫困族人的子弟都能接受教育。

刘氏宗族还有一些乞讨挨冻受饿及年老无靠之人，刘马青霞与婆母又捐出田地设立“刘氏义庄”。凡刘氏 60 岁以上老人每月可从义庄免费支领小麦三斗（计 75 斤）。刘马青霞在她日后的《豫人刘马青霞披露》一文中写到：“孤贫院，捐地一顷零三十亩。”这个“孤贫院”指的当是“刘氏义庄”。

刘马青霞与婆母的这些义举赢得了刘氏宗族贫弱族人的敬重和拥戴，实际上这也是为天下的穷苦人所做的好事。

二、修桥、赈灾

刘马青霞虽系一弱女子，但有大丈夫胸襟和“兼济天下”的情怀。刘

---

① 《尉氏县志》编纂委员会在《说明》中云：《尉氏县志》民国二十二年（1933 年）编纂底稿共 19 册，613 页，分别记载了我县有史以来的建置沿革，疆域、山川、职官、氏族、经济、建设、文化、教育、风俗、灾异、艺文、金石等方面的史料，既载了旧志内容，又续编了全县百年的史料。民国二十二年（1933 年）编纂底稿未付印成书且底稿亦因年久而纸张磨损，字迹模糊，很快就有损毁失传的危险。为了抢救这份珍贵遗产，《尉氏县志》编纂委员会于 1983 年 6 月开始经过 4 个月的努力，誊影复印了 130 套。

耀德死后，刘马青霞与婆母刘老夫人不仅对刘氏宗族的族人进行施舍，而且把这种“泛爱乐善”的善举推广到社会。

寒冬腊月，北风呼啸，是贫苦百姓最难熬的时候，百姓称这个时候为“年关”。贫弱百姓的疾苦引起了刘马青霞莫大的同情，她与婆母刘老夫人在开办刘氏义庄的同时，又行商议，在每年腊月对百姓进行赈济，于是贴出告示：“每年的腊月初八，开仓放粮，以赈年荒。”① 刘马青霞与婆母居富仁爱之心确实是值得称道的。

刘耀德死后，刘母忍受不了白发人送黑发人的打击，撒手西去。同年，尉氏遭受了严重的灾荒，饥民遍野。刘马青霞以为婆母“刘老夫人”的葬礼为由，开仓赈灾救民。刘马青霞在刘氏祠堂的门口支起了大灶，施舍四方灾民达一个月之久。许多灾民依靠刘家的施舍而得以活命。刘马青霞赈济灾民，收养鳏寡孤独废疾者，是儒家泛爱众生精神的发扬，是知识分子兼济天下思想的具体实践。

1903 年，还处在清朝时期，工程建设和设备都远不如现在。当时开封、尉氏、许昌官路间有一条宽约数十丈的贾鲁河。民国二十二年《尉氏县志・河渠志》记载：贾鲁河“原名惠民河，因元朝贾鲁开濬，乃名贾鲁河，一名小黄河，因黄河决口必经流也，又以运输苏皖之粮名运粮河……明清两代利赖交通”。是时，开封至尉氏、许昌之间，人来人往、交通繁忙。贾鲁河原有一座土木桥，后被水冲坏。贾鲁河无桥，横在开封至尉氏、许昌的官路中间，给过往的行人带来极大的不便。尤其是运货的车辆在经过贾鲁河时，都要将货物卸下来，用船把货物和车辆运过去再装上车，然后再走，非常麻烦。

《尉氏县志・人物三》记载：

> 马氏，字青霞，刘耀德妻，广东巡抚马公丕瑶之女，湖北布政使马吉樟之妹也，重义轻财，清末捐银九千两，修歇马营石桥于城西北隅……按：青霞系出名门，长嫁巨室，虽系女士，有丈夫风，故编入义输，以昭激劝。

光绪二十九年（1903 年），刘马青霞捐银 9000 两，在开封至尉氏的

① 于中华．刘青霞传//政协尉氏县委员会文史资料研究委员会．尉氏文史资料（第二辑）・刘青霞女士专辑．1987. 内刊．

官道上的歇马营处，即贾鲁河上修筑石桥一座，从此大大便利了开封至许昌直至南阳之间的交通运输，百姓感谢，行人称快。20 世纪 80 年代初，尉氏庄头乡歇马营村 83 岁李小栓曾回忆了歇马营石桥的创建情况。

> 我叫李小栓，今年 83 岁，住尉氏县庄头乡歇马营村。俺村东北新贾鲁河上原来有一座土木桥，我常在那里摆烟摊做生意。这座木桥后来被洪水冲塌，从尉氏到开封行路中断。要想过河，必得摇船，风起浪大，十分危险。当时尉氏刘家的一个寡妇叫刘青霞也常路过于此，她看到老百姓过河非常不便，于是就在光绪三十年开始兴建一座青石桥。修桥用的青石都是从襄县、郏县等地运来的，光备料二年，动工修建二年，于 1908 年建成。桥长十二丈，宽两丈五尺，一共五孔。因区别朱仙镇北的“红石桥”，都称这座桥为“青石桥”。
>
> 这座青石桥修得秀丽壮观，不仅雕刻精莹，而且绘画别致。桥两边修有石栏杆，镶有六个龙头，人过桥头，都富有诗感。石桥两头还立有石碑，上边写着“万善同归”和修桥用的一万一千四百八十串零八百一十七个小钱等碑文（民国二十二年《尉氏县志》编纂底稿载刘青霞清末捐银九千两创修歇马营石桥——编者）。这座青石桥距今已八十来年。日寇进犯尉氏时被国民党炸毁两孔，1958 年大办水利时将桥上的青石运往俺村和小营、庄头等村的水利工地上了，桥址也被淤没在贾鲁河滩中。
>
> 刘青霞修建的这座青石桥对交通、生产和人民群众的生活都带来了极大的方便。因此，后人把它编成民歌加以颂扬：
>
> 青石桥啊青石桥，宏伟壮观双路道。
>
> 刘家贤绩垂青史，万民同济乐逍遥。[①]

刘马青霞建桥铺路的功德人们是不会忘记的，尉氏的平民百姓给了她高度的赞扬和感谢。刘马青霞在桥头上亲书“无名氏修”碑文，表现出磊落宽广的胸怀和崇高无私的品德和境界，以及对名利的淡泊。石桥的另一头刻有“万善同归”的刻文，也表现出刘马青霞对美好世界的追求。

---

① 阮志生根据《刘青霞创修歇马营青石桥》整理，见政协尉氏县委员会文史资料研究委员会．尉氏文史资料（第二辑）·刘青霞女士专辑．1987. 内刊．

第二节 刘马青霞与戊戌维新派

刘马青霞与戊戌维新派有联系，这是鲜为人知的一段经历，而且还是在刘马青霞丈夫刘耀德在世时期发生的事情。笔者曾经从一个收藏家那里得到了一些清朝末年的旧照片，其中有刘马青霞与五岁儿子刘鼎元的照片、刘鼎元与二保镖的照片、刘鼎元年轻时期的照片，其中非常重要的一张，经过比对，笔者认为是维新派志士谭嗣同在开封刘家院的照片。这张照片说明，刘马青霞与戊戌维新派的一段来往和友谊。

一、“戊戌六君子”照片的由来

笔者曾得到了几张清末的照片，主要是刘马青霞与儿子刘鼎元的照片。其中有一张是戊戌六君子在开封刘家院中所照。

照片是开封市的一个收藏家张传斌先生向笔者提供的。张传斌先生在开封市鼓楼税务局工作，今年 54 岁。他自少年期就喜欢收藏，主要收藏旧旧报纸、旧碑帖、旧图片等，目前收藏已经有几千张碑帖、报纸。在他收藏的旧书里，有一本用宣纸写成的旧诗稿（图 3-2）。这本诗稿中夹几张旧照片，引起了人们的注意。收藏家张传斌先生带着这几张照片来找笔者，想认定一下这几张照片。这些照片有写着“刘青霞与五岁的儿子的照片”(图 3-3)、“刘青霞之子三岁与家中保卫人员的合影”、“刘青霞之子百日留影”。

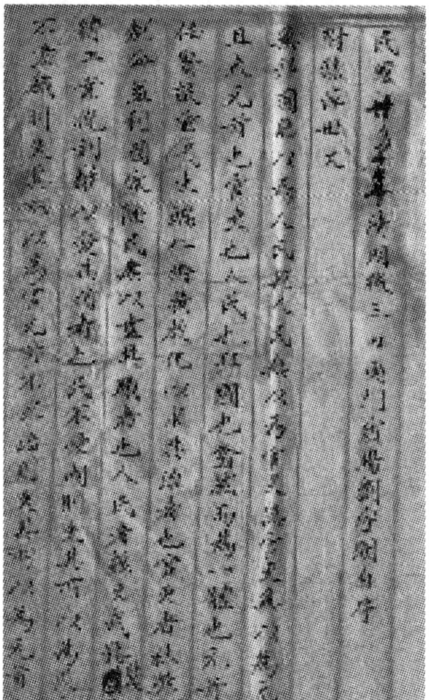
图 3-2　夹有刘马青霞与其子旧照片的旧诗稿

诗稿的作者是刘宇明，诗稿上有一篇《民国廿五年清明后三日夷门宾旸刘宇明自序》（简称《自序》）、《附录悼世文》。这篇《自序》是民国廿五年清明后三日所作，即公元 1936 年作。《自序》所写的“夷门宾旸刘宇明”，“夷门”指的是开封，“夷门宾”，是说刘宇明不是开封人，只是客居在开封的一个外地人。

图 3-3　刘马青霞与其子刘鼎元的合照

刘宇明与刘马青霞有何种关系，现在还不得而知。刘宇明的《自序》，表明他是一个爱国者。1936 年，日本帝国主义已经占领了我国的东北，并向我华北地区逼近。刘宇明的《自序》中对此表现出极大的不安与愤慨。《自序》云："由去冬迄于今，更觉中心摇摇，益复无聊，悲来肠断，闷来魂销，欲待飏愁种新苗，当斯时也，处斯境也，诚危急存亡之秋也。恨哉！悲哉！岂效袁安之流涕也!"袁安，东汉人。《后汉书·袁安传》云："安以天子幼弱，外戚擅权，每朝会进见，及与公卿言国家事，未尝不噫呜流涕。"即袁安每逢与人议论朝廷国家之事，则无不流涕。这里刘宇明的意思是说，面对着国家危急存亡之时，自己难道像袁安一样也去痛哭流涕吗?!

诗稿也有集有 1936 年之前的诗歌，如《读五九约愤吟》（图 3-4）作于 1915 年。诗云：

五九约未读完，
恨入骨髓发冲天。
七尺躯当其榷国，

国耻不雪不生还。
漫道国耻非己耻，
须知国耻甚于己。
试看朝鲜亡国人，
奇耻大辱向谁伸。

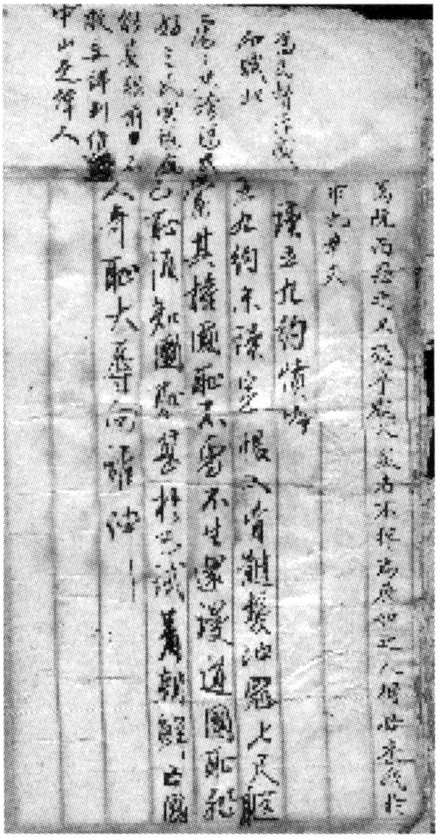

图 3-4 《读王九约愤吟》诗稿

“五九约”指的是 1915 年 5 月 9 日袁世凯不顾全国人民的反对，接受了日本提出的灭亡中国的“二十一条”。作者未读完条约，就已经“恨入骨髓发冲天”，表现了作者的爱国情怀。

这本诗稿的天地头上还有一首诗《冯氏督汴感而赋此》云：

处处共夸冯氏好，
三民实现应能真。
眼前不敢妄评判，
唯有中山是伟人。

这首诗海边现出对冯玉祥的不信任，认为只有孙中山才是伟人。

这些文章、诗歌表现了照片收藏者刘宇明的情怀，而且也可以看出刘宇明是一个很有政治头脑、对政治极关注的人。

然而这个刘宇明是何许人，与青霞家什么关系，我们还是不能知晓。但是从诗稿中表现出来的情感可以看出，刘宇明当是一个很有爱国情怀的人。他收藏的照片是带着感情的。这些照片的旁侧、或背面都写上照片上人物的名字。刘宇明可能至新中国成立后尚健在，而且一直到简化字改革之后，因为照片上所用的字是简体字。当是收藏者害怕将来人们不知这些照片是谁人之照片，特意在照片上标注名字，以让后人了解。如在青霞与儿子的照片背面标上“刘青霞与儿子五岁时合影”，在一张照片背面上标注“刘鼎元三岁与二保镖”等。根据于中华先生在 20 世纪 80 年代访问刘家老仆人，问道刘青霞长得什么样时？刘家老仆人说：“高个，大眼，胖胖的。”[①] 刘家的一个杂役还告诉于中华：“正干活时有人报东家太太回来了，大家赶紧站在两边，低垂着头，嘴里说着东家好，不敢看脸，就看见两只大脚过去了。”[②] 这个形象当然是中年妇女的刘马青霞形象。照片上的女子确实看上去高高的、胖胖的，两只大脚。笔者根据这些照片上的人物形象与照片上的标注，认为符合于中华先生调查记载的情况，相信这些照片是真实的。

有一张照片更能引起人们的注意。那就是“戊戌六君子在开封刘家院”的照片（图 3-5）。照片上有模糊的字迹，上方写着“戊戌变法六君子”，左边写着“六君子合影处”，右边写着“开封市刘家院”。这些字是简化字，但有些又不完全简化，如“开”写作“開”。这些字还表现出 20 世纪 50 年代简化字刚施行时期人们的习惯。由此推测，照片收藏者刘宇明在 50 年代尚健在世间，这些字可能是他写的，也可能让他的后人写的。标上名字、地点之目的当然是希望后代的人知道这些照片上的人是谁，希望这些照片有一天被人们发现，让这些照片发挥其价值和意义。这张标注着“戊戌变法六君子”、而且又是在“开封市刘家院”的照片，究竟是否戊戌变法六君子？戊戌六君子怎么会在开封刘家院中照相呢？与刘家有什么关系呢？

图 3-5　诗稿中夹有的“戊戌六君子在开封刘家院”的照片

①② 盛夏．河南首富家的“一品命妇”．大河报，2006-07-13.

经过分析比对，笔者认为戊戌六君子不可能同时出现在开封刘家院。照片中一共六人，最多有戊戌六君子中一两个人。照片的收藏者把戊戌变法中一两个人，当做了“戊戌六君子”。照片上的其他人虽然不是我们所认为的、在北京菜市口被砍头的“戊戌六君子”，但他们应该也是戊戌维新派人物，当是无疑义的。照片中的六人当全是戊戌维新派，至少有一人是牺牲在北京菜市口的六君子之一。那么这个人又是谁呢？笔者经过仔细比对，认为该照片中的后排右边第一人可能是谭嗣同（图 3-6、图 3-7）。

图 3-6　谭嗣同半身照

图 3-7　谭嗣同全身像

谭嗣同（1865～1898 年），字复生，号壮飞，祖籍湖南浏阳，出生在北京。1898 年参加戊戌变法。1898 年 9 月 21 日，西太后发动政变，谭嗣同决心以死来殉变法事业。维新派朋友劝他一起亡命日本避难，他毅然回绝说：“各国变法无不从流血而成，今日中国未闻有因变法而流血者，此国之所以不昌也。有之，请自嗣同始。”谭嗣同把自己的书信、文稿交给梁启超，要他东渡日本避难，并慷慨地说：“月照、西乡，吾与足下分任之。”月照、西乡，皆日本的明治维新人物。在这里谭嗣同表示愿做月照杀身成仁，勉励梁启超能像西乡隆盛一样继续变法事业。24 日，谭嗣同被捕。9月28日，他与林旭、杨深秀、刘光第、杨锐、康广仁等英勇就义于北京宣武门外菜市口，六人并称“戊戌六君子”。

谭嗣同临刑前写在监狱墙壁上的一首绝命诗云：

望门投止思张俭，忍死须臾待杜根。

我自横刀向天笑，去留肝胆两昆仑。

诗中的张俭，东汉人，因上疏弹劾宦官侯览遭诬，逃亡在外，每到一处投宿，人们得知他是张俭，都接纳他。“俭得亡命，困迫遁走，望门投止，莫不重其名行，破家相容。”① 诗中的杜根，东汉人，但是邓太后临朝听政，杜根上疏要求邓太后还政于皇帝。邓太后下令将杜根摔死，“执法者以根知名，私语行事人，使不加力。既而载出城外，根得苏。太后使人检视，根遂诈死三日，目中生蛆，因得逃窜，为宜城山中酒家保”②，直至邓太后去世，杜根方为尚书郎。谭嗣同在诗中以张俭、杜根的行为，表明自己的行为的高尚正直，是会得到人民及历史的认可，并得到公正的评价的。

“去留肝胆两昆仑”中“去留”意谓“生死”，即生与死都像昆仑那样高耸，生如昆仑，死如昆仑，表现了一位爱国志士舍身报国的英雄气概。

刘宇明先生因照片中有“戊戌六君子”中的人物，故在照片上写上“戊戌六君子”在“开封市刘家院”也是可以理解的③。

二、开封刘家与维新派

维新派谭嗣同等人怎么来到开封刘家呢？从1895年4月17日中日《马关条约》签订之后至1898年11月变法失败，维新派谭嗣同等人当是在这期间来到开封刘家的。

河南刘家与戊戌维新派有一种很天然的联系。首先1895年4月17日李鸿章代表中国与日本签订了《马关条约》之后，刘马青霞的父亲马丕瑶先生闻知《马关条约》把中国台湾、辽河以东地方归日本，于是“愤懑不能自已”，上奏光绪皇帝《力阻和议折》。马丕瑶在奏折中说：

---

① 范晔．后汉书·党锢列传·张俭传．北京：中华书局．1982.

② 范晔．后汉书·杜根列传．北京：中华书局．1982.

③ 谭嗣同的两张照片来源于：闵杰，《晚清七百名人图鉴》第491页，上海书店出版社2007年出版；邓潭州，《谭嗣同传》第1页，上海人民出版社1981年出版。

> 人谓“倭人恃李鸿章为内援，李鸿章恃倭人为外援”，由今观之，诚不诬也。臣僻守南隅，愤懑不能自已。……此次电信到粤，粤人无不怒目裂呲，思食李鸿章、倭奴之肉，欲得而甘心焉。想天下之民情，固无不痛心疾首于此议也。伏愿我皇上，大震天威，首以宗社为重，立将现议各款，严行拒绝，将李鸿章发交刑狱治罪，特派王大臣，严按治罪。俾倭人无消息之可通，无奥援之可恃，则彼之气自夺，而我之气自奋。

光绪二十一年（1895）十月初二日，马丕瑶忧心如焚，积劳成疾，在《马关条约》签订不到半年的时间里忧郁而死。光绪皇帝亲为马丕瑶下圣旨，并为他写祭文，以褒奖马丕瑶的功绩。而且在光绪十年，皇帝还赐马丕瑶“鞠躬尽瘁”的匾额。马家对朝政的态度，朝廷都是有案在册的。

刘马青霞的二兄长马吉樟时任翰林院编修，根据马吉樟以后的表现，可以看出马吉樟是支持变法的。首先他的父亲马丕瑶就是反对《马关条约》忧愤而死；另外马吉樟后来到日本，对刘青霞的革命活动毫没有限制，而且还有意识的帮助同盟会志士，足以说明马吉樟对革命派的同情。

1895年10月，马丕瑶去世。1895年10月至1898年10月，马吉樟丁忧在家；也就是说，戊戌变法期间，马吉樟根本不在朝廷。而在这期间，变法派四处活动，如康有为、梁启超在上海创办强学会、《强学报》、《时务报》等；以后谭嗣同在湖南创办南学会，又与梁启超在上海创办“不缠足会”，在湖南创办学校等。维新派的活动肯定需要大量的经费。

这个时期，没有实权的光绪皇帝根本无法提供给维新派经费，维新派大臣又需要大量经费，他们想到了坚决反对李鸿章的清正大臣马丕瑶是必然的。此时正是马吉樟在家丁忧之时，他的妹妹刘马青霞嫁的是河南首富刘家，因此维新派造访开封刘家，当是由于马吉樟的介绍而来的。

谭嗣同由于多次科考不第，很早就周游全国。谭嗣同的家乡在湖南浏阳，他的父亲谭继洵时任湖北巡抚；在戊戌变法期间，谭嗣同多次往来于北京与湖北、湖南之间。河南省城开封是北京至湖北、湖南的必经之地。

1895年4月17日至1898年11月，维新派造访开封刘家时期，刘耀德（1901年才去世）尚在。马吉樟介绍维新派到刘家当是求赞助款的。

从维新派照相的背景来看，当是开封刘家院的南院。刘家院南院也是一个非常讲究的院落，门墙上有讲究的木雕花，上面雕有笔墨纸砚、宝剑等。笔者曾经访问过刘家院南院的老住户。那些住户告诉我，这个院子原来是刘家的客房。院子当年还有一个月亮门，而现在月亮门早已拆掉，不复存在；院子西部已经建成了现代化大酒店；但是背景中的房子好像就是刘家院的南院。但是，刘家与维新派的关系问题，从未见诸过任何记载。

笔者认为，戊戌变法失败了，戊戌六君子在北京菜市口被砍头，变法派逃亡日本。对于这样一个残酷的事实，无论是马吉樟或者开封刘家都是讳莫如深，不敢提及的。当同盟会兴起之后，高举革命派的旗帜与康有为、梁启超等保皇派的斗争激烈尖锐，刘马青霞又参加了同盟会，因此刘家与维新派的这一段来往经历就不再提起了。

当我们见到维新派在开封刘家院中的照片，还可以想象到当年刘家与维新派关系的密切，以及刘家对维新派的支持。

第三节　刘马青霞与北京豫学堂

刘马青霞对我国新学教育的热诚始于其支持北京豫学堂的创办，她是我国最早捐助京师创办新学的教育家之一。刘马青霞对北京的新学教育做出了重大贡献。

一、新学的兴起

当时代进入 19 世纪，西方资产阶级列强用洋枪大炮轰开了中国的大门。特别是 1840 年的鸦片战争，中国战败，被迫割让香港地区，实行门户开放政策。1894 年，中日甲午战争，中国战败。李鸿章与日本签订了丧权辱国的《马关条约》，割让辽东半岛、台湾全岛及所有附属岛屿、澎湖列岛给日本，赔偿军费 2 亿两白银。古老的中华帝国在外来侵略者的面前，割地赔款，丧权辱国，蒙受了巨大的耻辱。

1900 年，帝国主义列强英、美、日、俄、法、德、意、奥八国联军侵入中国，是年 8 月攻入北京。慈禧太后携光绪皇帝及亲信大臣从北京仓皇逃到西安。清王朝被迫向帝国主义求和，签订了《辛丑条约》共 12 款，另有 19 个附件，主要内容为：中国赔款白银 4.5 亿两，分 39 年还清，年息 4 厘，本息共计 9.8 亿两，以海关税、常关税和盐税作担保；将北京东交民巷划定为使馆区，区内不准中国人居住，各国可派兵驻守；拆除大沽及有碍北京至海通道的所有炮台，外国可在自山海关至北京沿铁路的 12 个地方驻扎军队；清政府承诺镇压反帝斗争，永远禁止中国人民成立或加入任何“与诸国仇敌”的组织，违者处死；各省官员必须保证外国人的安全，否则“立予革职，永不叙用”。

在帝国主义列强的侵略面前，中国知识分子受到了强烈的刺激，对中国知识分子统治的精神支柱——儒学产生了怀疑。几千年来儒学统治的基础动摇了，出现了全面的衰颓。而几千年来，我们的学堂中以儒学为主的教育和科举取士的选举制度已经不能适应新的形势。

自光绪三十一年（1905 年）始，清政府在全国民众的压力下，开始实行所谓的“清末新政”，废科举，兴新学，于是沿袭了 1000 多年的书院制度在中国结束了，新学教育开始了。

在中国新学教育创办伊始，刘马青霞起了重要的推动作用，为中国的新学教育做出了巨大贡献，是中国新学教育的重要先驱之一。

二、刘马青霞与北京豫学堂的创办

光绪三十一年（1905 年），清政府开始废科举，兴新学，京师（北京）首开风气之先，率先兴办新学堂。是时，北京除建立几个国立大学之外，又创办了几所规模宏大的学校，如贵胄学堂、译学馆、高等实业学堂等，但有种种限制，一般学子是不能进去的。各省京曹官有鉴于斯，为了培养自己家乡的子弟，便各自在北京成立了畿辅学堂、齐鲁学堂、湘学堂、蜀学堂、闽学堂、江苏学堂。河南在京的京官也筹备建立豫省旅京学校，定名为“河南公立旅京豫学堂”。

刘马青霞的二兄长马吉樟也是创建豫学堂的策划者之一。马吉樟深受父亲马丕瑶的影响，热心办学，劝他妹妹捐出两万两白银作为筹备新学教育之启动经费。刘马青霞热烈响应，与兄长马吉樟一拍即合。

为了建立豫学堂，河南籍的京官印发许多募捐公告分发到京内外各处，对刘马青霞支持豫学堂进行了广泛的宣传。募捐公告说：

“尉氏县刘家是河南第一富户，这家主人刘耀德（纳资为户部郎中）早年去世。他的孀妻马青霞女士是安阳马丕瑶中丞的女儿，翰林马吉樟的妹妹。吉樟热心若学，劝他妹妹捐出两万两白银以为之倡。”①

---

① 杜慕堂．记河南公立旅京豫学堂//政协尉氏县委员会文史资料研究委员会．尉氏文史资料（第二辑）·刘青霞女士专辑．1987. 内刊．

马吉樟动员刘马青霞捐 2 万两，而刘马青霞竟拿出 3 万两白银，以加入北京豫学堂的创建。青霞捐巨资创办豫学堂，不仅是一个爱国之举，也是出于她对中国创办新学教育的理解。

刘马青霞的二哥马吉樟在他的《益坚壮斋文稿》下册《京师河南中学校沿革记》中记载："本校前称豫学堂，地址即嵩云草堂也。有清光绪三十一年乙巳吉樟承乏日讲起居注官翰林侍读。京师已立蜀、湘、赣学堂，次即豫学堂。吉樟劝募女弟尉氏刘朗斋观察耀德之妻一品诰命夫人马青霞倡捐银三万两，同乡京外官捐三万五千两。"

袁世凯时为直隶总督，捐出一万两银子。河南籍的京官、外官等共捐了三万五千两，青霞捐出 3 万两白银，一共是七万五千两银子，作为创建豫学堂（图 3-8）的奠基经费。除支出开办费，剩余的钱存入当铺，每年提取利息，作为常年经费。

图 3-8　豫学堂旧址，今北京宣武区青少年科学技术馆

当时日本留学生所办的《豫报》第一号发表笔名为"古中原裔"的作者撰写的文章，对河南温县原邦用捐一万两银子建蚕桑学堂和刘马青霞捐三万两白银建豫学堂的事迹进行了报道：

温县的富绅原君邦用，居然将他家中蓄资到蚕桑学堂正正一万两，那学堂就这立定脚跟，日见发达。这样义举是我们河南捐巨金兴学的第一人，实在叫人佩服。后来，北京创办豫学堂时，又有尉氏县刘宅孀妇马氏，把家中遗产正正三万两捐入豫学堂里，越发叫人佩服。

…………

我们中国的富豪家向来有一种锢习，或宴会佳客或崇媚鬼神，虽耗么盈千累万，不甚顾惜。若要叫他捐金助学，做这样义举的事，他却一文钱也不肯出。经官长再三劝谕，为畏祸媚官计，勉强捐助若干，还没有他一天浪费的多……尔没看二十世纪的世界列强，角智争能，士、农、工、商，皆成战局，那握制胜的左券，就在学校。因为教育在现今世界为先锋队。我们中国从这升入九天，灿灿烂烂，享世界文明的幸福；或从这陷入九渊，沉沉沦沦，受奴隶牛马的惨祸，全看能兴学及不能兴学为断。哎！近来中国虽说是风气初开的时代，可是办学的到处皆是，好似初唱黄鹂跃跃欲试的样子，所恐的样子，经济困离、有志莫遂的一道问题了。常见热诚志士想创办一学堂，因学费无出，终归不成，这事是有的。或罗雀投鼠，凑集开办的微款，到后来经费接续不住，弄得半途中止，这事也有的。或是经费将将就就支持下来，要想扩张一扩张，就不能够。于是乎草草办理，敷衍下去，学科、仪器不完全的学校也有的。照这样看来，学堂万没发达的日子，我们中国不是终没有登大舞台上扬一扬国徽那一天了么？不但是这个，因为创办学堂，那些经费无从筹出，常有就本地方筹办的，那些做八股的老学究，率领愚鲁的乡人就出来抵抗，酿成争端，株连大狱，这又更上一层楼了。倘或各处富豪肯捐些银钱补助学堂，像这样惨剧断断不会演出来的……当我们中国风气初开，正在办学幼稚时代，有钱的富家翁不肯慨然捐助，袖手旁观，我们中国教育怎能有发达那一天呢？哎！河南全省的地方，除河北蚕桑学堂外，几乎没有一个完全的学堂。学界像这样黑暗，时局像这样累卵，在这学战的世界优胜劣败的时候，真是叫人可怕。全省富豪的家也不算少，且其中大半是席丰履厚，坐享先人遗业的，趁这时候不输捐助学，养成国民独立资格，恐怕这福不能久享罢。西哲有两句话："救将亡的国易，救已亡的国难。"这两句话真叫做铁案难移了。尔不看已亡的印度、越南、波兰、朝鲜等国么。看起来，这原氏及刘马氏这等热心识时，慨捐以救祖国的人，在我们河南很为难得了。

在这里"古中原裔"已经把创办新学的意义说得很清楚了，"古中原裔"对温县原君办蚕桑学堂及刘马青霞捐助办豫学堂的事迹给予了高度的评价。我们就不再过多地阐述创办新学的意义了。其实创办新学的意义是众人皆知的，可是有些人就是把大量的银子花在纳官、嫖娼、崇媚鬼神、修筑阴宅、行贿升迁上，而捐助兴办新学者没有几人，故"古中原裔"写文章兴叹说："这原氏及刘马氏这等热心识时，慨捐以救祖国的人，在我们河南很为难得了。"从这里，人们可以看出刘马青霞品质的高尚、精神的可贵。

三、北京豫学堂的来历

北京豫学堂是借原嵩云草堂的旧址所建的。嵩云草堂是当年资产阶级改良派康有为联合在京会试的举人1300多人，联名上书光绪帝，主张拒绝和议，迁都再战，进行“公车上书”的地方。

马吉樟《益坚壮斋文稿》下册《京师河南中学校沿革记》记载：

学款既具，校址颇难。商借嵩云草堂，京官哗然。鄙为洋学无父无君、禽兽之域。坚忍劝告，以藉西益中，非舍中骛西潮流所趋。我不速办，其先办各校学生将为我导师，果墒（què）定纯正宗旨，不废经学，何至专门造就刚伯度人才，破坏我中州河洛旧学？强而后可留，池北精舍为同乡讌会所，余屋听用。

先是同治庚午，袁文诚公保恒创建嵩云草堂，嗣经张光宇、方伯延燎为给谏时，乾方增筑洛社五楹。岳鄂王祠南起大舞台罩棚，规模闳备。而大门内乙字路十余丈，弃地于路，纡长无用。吉樟夙病之，至是遂购震坤二方，庙产偶像奉移它处，通盘规划。拟自舞台院二门起，建勾连搭大厅七间，为四讲堂，迤南中厅七间，为二讲堂，再南，统为临街群房。中线皆照鄂王祠舞台之正中，其乙字路腰间缺数丈，已问准，陶然亭当年之静明和尚，永远划拨借用，每年租银二两。其两厅之旁，酌建小屋，覃精竭思，绘图贴说，商之张劭予，刘延年、赵智盦（ān）三侍郎，皆韪其议。

豫学堂位于北京宣武门外上斜街与达智桥西巷之间。明朝万历年间官拜文渊阁大学士的高拱（新郑人）罢相下野，在宣武门外上斜街与北河胡同之间购地，修建了三间平房居家，称为“中州乡祠”，以供旅京豫人聚集。清康熙十年（1671年），工部尚书睢州人汤斌联合礼部尚书张伯行（仪封人，今属兰考）、詹事府少詹事耿介（登封人）等人一起呈请官府，购买了“中州乡祠”对面的招提寺地基，并兴建了一座大厅和两所配房，分别名之曰“洛社”、“海棠院”等[①]。咸丰末年，户部侍郎毛树棠（武陟人）、漕运总督袁甲三（项城人、袁世凯的祖父）等人在“洛社”以东购

---

① 黄心一．府园名址·嵩云草堂摭轶．北京：北京出版社，2001.

置地基，扩充“中州乡祠”的规模，取名为“嵩云草堂”。

豫学堂的地址设在宣武门外达智桥路北的原嵩云草堂处。嵩云草堂内有亭台山水之胜，有诸多的房屋，还有座大戏楼。戏楼分上下两层，构造宏伟，是河南籍的京官宴集之所。另外，无论本省人还是外省人遇有喜庆大事，经常借用这个地方摆演堂戏。但改成学校，房子却远远不够用。于是又在草堂之东购一块地，建造了四座高房作为教室、仪器室、阅报室和教员住室。于草堂之西南角购地一方，建造了两座新式的学生宿舍，添设了一个大厕所和一个澡堂。还于校外后边西河沿紧临铁路之处购地作为操场。修旧添新，所需要钱财银两，由河南籍的官员们募捐。

豫学堂基建完成之后，印发招生广告分散到京内外，于光绪三十一年（1905 年）八月举行秋季招生考试，聘请教员。共录取学生 150 名，中学生分为甲乙两班，每班各 50 名，其中京官子弟和少数客籍学生约占三分之一。另外附设简易师范一班，人数也为 50 名，大都是年龄较大的学生。

曾在该学堂任过两年校长的李茂永回忆：“嵩云草堂前后共有房子一百四五十间，主体建筑为松筠庵和岳武穆祠。松筠庵共有五大间，房顶是彩色琉璃瓦，房内西面是墙壁，其他三面是木雕格的玻璃窗，地面是花瓷砖铺地。聚会时可容纳一百多人，是一个小型会议的好场所。岳武穆祠盖得也很讲究，坐北朝南，有五大间，并有前廊，内有岳武穆画像一幅，悬挂正中，东西北三面，有岳武穆书写的前后出师表屏条二十四幅（仿印）。据说过去岳武穆祠内有很多名人字画，都已全部遗失，为私人所占有。与岳武穆祠对面是一个舞台，两边有走廊。”“嵩云草堂中间是一个大院，院内用大方砖铺地。大院约占地两亩，开会时可容纳五六百人，是一个较大的开会场所。”“自嵩云草堂建成后，凡是河南到北京投考的学子，都可以居住，为河南学子互相联系的中心，河南旅京同乡会即设在此地，这是刘青霞女士为河南人做的一件大好事。”“刘青霞女士在世时，对这个学校极为关心。她每次到北京都要来学校一趟，对教职员给予鼓励，还多次向学校捐款，解决实际困难。学校能维持 50 多年，与刘女士的热心赞助分不开。”①

笔者曾经到北京宣武门外上斜街寻访河南会馆，即豫学堂（嵩云草

---

① 李茂永．青霞女士与嵩云中学//政协尉氏县委员会文史资料研究委员会．尉氏文史资料（第二辑）·刘青霞女士专辑．1987. 内刊．

堂）旧址。豫学堂旧址在今上斜街 36 号，即北京市青少年科学技术馆，还包括上斜街 32 号和达智桥胡同 55 号等两个大杂院。北京市青少年科学技术馆和达智桥胡同 55 号已经无任何遗迹可寻，上斜街 32 号大杂院的后院还有五间带走廊的大厅堂，是豫学堂的岳武穆祠。这里如今是一个大杂院，房子主人任高东先生很热情地告诉笔者，他搬来的时候，这里还有亭台楼阁、假山，如今是什么也没有了。在这个院子里有一块上面放着煤球的石碑，引起笔者的兴趣。房子主人说他还有一张这块石碑的拓片，内容是关于此处岳武穆祠的情况介绍。

四、北京豫学堂建置与办学情况

豫学堂在当时京师的各省学堂中是第一流的，如马吉樟说："校款存在，经费充足，功课整齐，为京师各省私立学堂第一也。"[①]

曾在北京豫学堂担任过监学兼庶务长（即校长）、新中国成立后又任河南省文史馆馆员的杜慕堂先生在他的《记河南公立旅京豫学堂》一文中说：

> 豫学堂学校是公立的，故所有管理校务的人，如监督、监学、教务长、庶务长和司事人等，都是由同乡京官开会选举出来的。开学初期，公推袁世凯为名誉督办，张仁黻（字劭予，固始县人，翰林，时官法部侍郎）为名誉总办，马吉樟为监督（即校长）。自监督以下各职员，每到年终公举一次，连举者连任。监督总其大成，监学分任校务。
>
> 订有校规，学生出入告假，星期日自由。违犯校规者记过，大过记三次开除学籍。每班由学生选出正副班长，遇事由班长向监督或监学请求解决。晚上自习时间，监学到堂上监视；也不断有老先生们关心他的学生，白天上衙门，晚上来到自习堂上说些守规矩、学节俭的家常话。自习完毕，学生回到寝室，监学手持名册到各寝室点名，私出者记过。勤学守法的学生，季度给以物质奖品。戏楼台下（楼上是学生的寝室）作为饭厅，桌凳俱全。早起小米稠粥，备有小菜。校外卖烧饼、油麻花的可以入内，愿吃者自买。午饭四碗四盘，两荤两

① 马吉樟．京师河南中学校沿革记．益坚壮斋文稿（下册）．

素，晚饭亦然。冬天改成大锅，四盘仍旧，蒸馍、大米轮流交换，每月每人伙食费仅仅四元五角。吃饭时，管理人员同学生同桌同坐同食，各自盛饭，颇有些平民风味。

学校开设的课程共有十一门：经学、修身、国文、历史、地理、博物（包动物、植物、矿物）、格致（包括物理、化学）、数学、外国文、图画、体操，系遵照学部颁发的中学课程而制定的。此十一门之中，外国文和数学两门每天都有，其余多少不等。修身、图画两门最少，每星期只有一堂。中学班学的是英语；师范班学的是日语，减去经学，加上心理学和教育学。午前三堂，午后三堂，时间均为一小时。每星期作文一次，都在星期六最后一堂，时间延长为两小时。体操初学柔软操，一年以后改为军事操。早起在宿舍自习一小时，黄昏上讲堂自习两小时。教员多数不住校，一身担任几个学校的功课，各人都有他自己包的人力车，行走是非常便利的。请的教员有同文馆毕业的，有水师学堂毕业的，有留学外国回来的。例如，由翰林起家从西洋留学回来的徐季龙先生（名谦，安徽人，在豫校担任过英文和数学。讲清朝史的金锡侯（名梁、满族人），进士出身而后又在国立大学毕业，都是一时名流。当时的教育宗旨还是“忠君尊孔”的那一套。我记得学校成立的次年秋天，清廷开政务会议，袁世凯进京参加，有一天午后来到学校，我班适逢讲经，袁在堂上说了几句“经学是我国之粹，学习科学不要忘记了经学”一类的话。①

马吉樟的手稿《益坚壮斋文稿》下册《京师河南中学沿革记》云：

本年暑假，张联黄校长因有它项要务辞退。直年董事，公推刘本义次长、王抟沙宣慰使、胡石青次长、王振五博士为常务董事，吉樟亦与焉，聘傅佩青博士为校长。诸君皆欧美学成，学界山斗；刷新校务，洞烛本原，缩并堂课钟点，延长自修时间，注重中学、英文、算学三门。认真督课，务求心得。聘梁枢庭主任教务，任建伯主任训育师长，具真精神。学生得良模范，固知逢逢鼓钟，郁郁章披。其学业精进，一日千里，岁异而月不同也。

① 杜慕堂．记河南公立旅京豫学堂//政协尉氏县委员会文史资料研究委员会．尉氏文史资料（第二辑）·刘青霞女士专辑．1987. 本文原载《河南教育资料汇编·清代部分》。

这个记载让我们了解当时豫学堂的建置和管理情况。从这个记载来看，当时的豫学堂开设的课程、每日学习和操练，都具有学以致用的目的。特别是豫学堂不仅让学生学习经学、修身、国文、历史、地理、博物、物理、化学、数学等课程，豫学堂带着健体强国之目的，开设体操课，初学柔软操，一年以后改为军事操；豫学堂“注重中学、英文、算学三门。认真督课，务求心得”，让学生习英语、日语等，为学生接受新事物，远赴国外深造创造了条件。

五、豫学堂为中国新文化事业培养大批先驱人才

北京豫学堂一共改过四次名字：初名“豫学堂”；光绪二十八年（1902 年）改名为改为“北京市私立河南中学”，中华民国成立后，又改为“北京市私立河南中学”；用“豫学堂”和“北京市私立河南中学”两个名字时，都是河南省出教学经费。日本人侵略华北、占领北京以后，河南省不能出教育经费，于是该校改名为“北京市私立嵩云中学”，新中国成立后，1956 年并入北京市立中学，从此嵩云中学结束。

豫学堂中学五年毕业，师范二年毕业，到光绪三十三年（1907 年）八月，师范班学习期满就该毕业了。马吉樟的手稿《益坚壮斋文稿》下册《京师河南中学沿革记》云：

> 宣统间，改为京师河南私立中学校。十余年来，赖袁绍明总理鼎力维持，至今民国四年乙卯夏，舞台毁于火，延烧精舍。袁秉威又筹巨款重修，唯舞台改小。当时白宫追怀文诚公，缔造此堂，不愿久假，曾嘱秉威，勘购空间广区，另建豫校，仓卒未得完成此志耳。偻指开学，迄今廿有三年，人才辈出，慰惬良深。①

北京豫学堂创建以来，“人才辈出”，培养出来的人才不计其数，有许多人出国留学，成为我国新文化实业的开创者。如安阳人王金吾在豫学堂读书，以后又在五城中学读书，毕业后到美国留学；1913～1921 年美国佛罗里达大学农科毕业，佐治亚大学研究院棉科硕士。王金吾学成归国后，在浙江农学院②农艺系任教，1931～1933 年王金吾任浙江农学院农艺

① 马吉樟．京师河南中学校沿革记．益坚壮斋文稿（下册）．

② 1960 年扩建成浙江农业大学，1998 年与其他四所高校合并组建成的浙江大学。

系的系主任。农艺系为大学本科四年教育，王金吾与许罗云、于旷、王立青、王善铨、卢守耕、金善宝、徐陟、冯紫岗、孙逢吉等老一辈农学家和农业教育家们先后在农艺系任教，使师资水平和教学质量有了很大的提高，逐渐形成了具有农学特色的教育、科研和生产应用体系。《浙江农业大学校志》一书中的教授、副教授名录（不含在校教师）第一个就是王金吾。① 王金吾是我国早期新农艺有名的农学家。

我国著名的考古学家、历史学家徐旭生先生也出自豫学堂。徐旭生（1888～1976 年），名炳昶，字以行，笔名虚生、遁庵，河南唐河人。1906 年，徐旭生考入北京河南公立旅京豫学堂，1913 年以公费留学生资格赴法国巴黎大学专攻哲学。1919 年，徐旭生学成归国，应聘为河南大学的前身——河南留学欧美预备学校教师，翌年被聘为教授，1926 年任北京大学教务长。

1921 年，瑞典考古学家发现河南渑池仰韶文化，时任北京大学教务长的徐旭生先生，受北京十几个学术团体的委托，成立西北科学考察团，设中国及外国团长，徐旭生先生出任中方团长。徐旭生先生在实地调查中，写下《徐旭生西游日记》一书，真实生动地记录下考察过程和当地民俗风情。这部书在 20 世纪 30 年代初出版后，轰动国内外学术界，被誉为中国考古界的拓荒之作。徐旭生先生著述等身，造诣颇深，著有《中国古史的传说时代》一书，撰写《略谈研究夏文化问题》、《1959 年夏豫西调查‘夏墟’的初步报告》、《禹治洪水考》等文章，根据徐旭生的调查报告，二里头、告成、东下冯、陶寺等遗址先后发掘，属于二里头文化的遗址已发现 100 多处，正式发掘的一二十处，取得了巨大考古成果。徐旭生是当之无愧的夏文化探索研究开拓者。

另外，安阳的刘峰一、王大经等光绪三十二年（1906）留学日本东海学院，参加了同盟会。也有许多的学生考入大学，如原河南大学、后院校调整时到河南师范大学的霍树楷教授、黄敦慈教授等都是从豫学堂毕业的学生②。

豫学堂在建立后，先后为我国培养出 2000 多名学生，这些学生是我国新文化各个领域的先驱，做出了杰出的贡献。豫学堂为中国文化事业培

---

① 何泳生．浙江农业大学校志．杭州：浙江教育出版社．1992.

② 杜慕堂．记河南公立旅京豫学堂//政协尉氏县委员会文史资料研究委会员．尉氏文史资料（第二辑）·刘青霞女士专辑．1987. 内刊．

养了大批先驱人才。

第四节　两代皇帝对刘马青霞的封赠

刘马青霞热心公益事业、不惜巨款捐助公学、对慈善事业和贫困阶层的全力资助，在社会各界广泛流传。她在尉氏建义学、义庄，赞助北京豫学堂、中州公学、中州女学，赢得了社会各界的尊敬，甚至传到了海外，如前面所引用的留日学生“古中原裔”的文章对刘马青霞捐助创办新学的行为给予高度的评价。刘马青霞在社会上已有很大的影响，震动了朝野上下。清朝的光绪皇帝封刘马青霞为“一品诰命夫人”，宣统皇帝赐予她“乐善好施”的匾额。刘马青霞的善行得到了朝廷的肯定。

一、光绪皇帝诰封刘马青霞为“一品诰命夫人”

光绪皇帝诰封刘马青霞“一品诰命夫人”的文书诰命现在已经见不到了，清光绪三十二年（1906 年）四月二十五日《河南官报》第一期记载：“一品诰命夫人刘马氏，系本籍绅士、翰林院侍读马太史吉樟之妹，而已故山西试用道刘观察德煦之妻也。”也即是说在清光绪三十二年（1806年）四月之前，刘马青霞已经被光绪皇帝诰封为“一品诰命夫人”了。

“诰命夫人”，就是皇帝亲下诏命所封之妇，亦称“命妇”，是满清王朝对一些贵族妇女的封号，以彰显该妇女的地位和身份。“命妇”分为内命妇和外命妇；内命妇指的是皇后、嫔妃等后宫妇女，外命妇指的是大臣之妻子。无论是内命妇还是外命妇，“一品诰命夫人”都是最高的封号。

我国自先秦时期就已经有“诰命夫人”的封号了。《周礼·天官·冢宰·内宰》云“中春诏后帅外内命妇，始蚕于北郊”。这段话的意思是，中春时节，诏令王后帅外内命妇，在北郊祭祀先蚕。先蚕是我国传说中的蚕神；蚕神属阴，故由王后帅外内命妇祭祀。内命妇是指天子的嫔妃，如九嫔、世妇、女御等。外命妇指的是卿大夫包括士之妻，天子命其夫，后命其妇。这些命妇的地位实际是根据丈夫的地位而获得的。

先秦时期，命妇的地位不同，她们所穿的服饰也不相同，命妇是有等级的。《周礼·天官·内司服》云：“辨外内命妇之服，鞠衣、展衣、缘衣、素沙。”郑玄注：“内命妇之服：鞠衣，九嫔也；展衣，世妇也；缘衣，女御也。外命妇者，其夫孤也，则服鞠衣；其夫卿大夫也，则服展衣；其夫士也，则服缘衣三。夫人及公之妻，其阙狄以下乎；侯伯之夫人，揄狄；子男之夫人，亦阙狄；唯二王后袆衣。”袆衣是画衣，即带图案花纹的衣服；揄狄、阙狄皆画羽饰，也带花纹图案；鞠衣，黄衣也；展衣，白衣也；缘衣，是缘边的衣服；素沙，即缚（白色的细绢），衣服用白缚为里。

只有王后、国君夫人的衣服可以带图案花纹，其他等级低的女子不能穿图案花纹的衣服，但可以穿黄色、白色、缘边的衣服。这些全都是贵族妇女才能穿的衣服。但是也由此可以看出，先秦时期命妇的等级尚未完全形成，然而已经有了等级。

唐朝时期，我国命妇制度形成。《新唐书·百官志》云：“封国公皇姑为大长公主正一品；姊为长公主女为公主，皆视一品；皇太子女为郡主，从一品；亲王女为县主，从二品；凡王公十五以上预朝，集宗亲女妇、诸王长女月二参。内命妇一品，母为正四品；郡君二品，母为从四品；郡君三品、四品，母为正五品；县君凡诸王公主外戚之家，卜祝占相不入门。王妃、公主、郡县主，嫠居有子者不再嫁。凡外命妇有六：王、嗣王、郡王之母妻为妃，文武官一品，国公之母妻为国夫人；三品以上母妻为郡夫人，四品母妻为郡君，五品母妻为县君，勲官四品有封者，母妻为乡君。凡外命妇朝参视夫子之品，诸蕃三品以上母妻授封以制流外技术官，不封母妻；亲王孺人，视正五品。”

内命妇中，大长公主为正一品、长公主女为一品、皇太子女为郡主从一品、亲王女为县主从二品。凡内命妇的母亲也皆有封号。

外命妇就是官员的夫人。外命妇，根据丈夫或儿子的官位分为六等：国夫人、郡夫人、郡君、县君、乡君、孺人等。

这种命妇制度至明朝时期有所改变，改称国夫人、侯夫人、伯夫人、淑人、恭人、宜人、安人、孺人。例如，《明史·职官一》云：“外命妇之号九：公曰某国夫人，侯曰某侯夫人，伯曰某伯夫人。一品曰夫人，后称一品夫人；二品曰夫人，三品曰淑人，四品曰恭人，五品曰宜人，六品曰安人，七品曰孺人。因其子孙封者，加太字，夫在则否。”

清朝时期的命妇之号与明朝相似。《清史稿·职官一》曰：“命妇之号九：一曰一品夫人，二品亦曰夫人，三品曰淑人，四品曰恭人，五品曰宜人，六品曰安人，七品曰孺人，八品曰八品孺人，九品曰九品孺人，不分正从。因其子孙封者加‘太’字，夫在则否。一品封赠三代，二、三品二代，四品至七品一代，以下止封本身。一品四轴用玉，二品三轴用犀，三品三轴、四品二轴用抹金，五品以下二轴用角。”

《清史稿·选举五》亦曰：“文、武正、从一品，妻封一品夫人；满、汉公妻，为公妻一品夫人；侯妻为侯妻一品夫人；伯妻为伯妻一品夫人。正、从二品夫人。正、从三品淑人。正、从四品恭人。正、从五品宜人。正、从六品安人。正、从七品孺人。正、从八品，八品孺人。正、从九品，九品孺人。武职八旗八品以下、绿旗营七品以下妻无封。后改绿营正七品妻，封孺人。”

由此可见，清朝外命妇之号曰：文武一品官员的夫人皆奉封一品夫人，公妻一品夫人、侯妻一品夫人、伯妻一品夫人；其次二品夫人；再次淑人、恭人、宜人、安人、孺人。

命妇的品级不同，她们所服的衣服和冠也不相同。《清史稿·舆服二》云：

一品诰命夫人朝冠，顶镂花金座，中饰东珠一，上衔红宝石。馀皆如民公夫人。

《清史稿·舆服二》亦记载了民公夫人的服饰：

民公夫人朝冠，冬用熏貂，夏以青绒为之。顶镂花金座，饰东珠四，上衔红宝石。前缀金簪三，饰以珠宝。护领绦用石青色。吉服冠，熏貂为之，顶用珊瑚。金约青缎为之，红片金里。中缀镂金火焰，饰珍珠一，左右金龙凤各一。后垂青缎带二，亦红片金里。耳饰左右各三，每具金云衔珠各二。

朝褂，色用石青，片金缘。绣文前行蟒二，后行蟒一。领后垂石青绦，杂佩惟宜。朝袍，蓝及石青诸色随所用。披领及袖皆石青，冬用片金加海龙缘。绣文前后正蟒各一，两肩行蟒各一，襟行蟒四，中无襞积。披领行蟒二，袖端正蟒各一，袖相接处行蟒各二。后垂石青绦，杂佩惟宜。吉服褂色用石青，绣花八团。

蟒袍，蓝及石青诸色随所用，通四爪九蟒。领约镂金为之，饰红蓝小宝石五。两端垂石青绦二，中贯珊瑚。末缀珊瑚各二。

朝珠，朝服用三，吉服用一。珊瑚、青金、蜜珀、绿松随所用，杂饰惟宜。绦用石青色。采帨，月白色，不绣花，杂饰惟宜。绦皆石青色。朝裙，夏片金缘，冬加海龙缘，上用红缎，下

> 石青行蟒、妆缎，皆正幅，有襞积。崇德元年，定未入八分公夫人冠顶服饰，惟正室视其夫品级服用。

这里所说的“民公夫人”，指的是一般非皇帝宗室所封之公爵的夫人；民公，则是指非皇帝宗室所封之公爵。刘马青霞被封为“一品诰命夫人”，她应该穿戴的朝冠、朝褂、蟒袍、朝珠等服饰有许多是与非皇帝宗室所封之公爵夫人一样的，说明清朝皇室给予刘马青霞极高的地位。现在尚未找到刘马青霞穿戴这些冠服的服饰之实物证据，但是既然她被光绪帝封过“一品诰命夫人”，她肯定穿戴过这些服饰。她拥有清王朝最上等妇女的身份和地位。

外命妇的封号皆是根据其丈夫的官位而封的，如马丕瑶的嫡妻，即马吉樟的生母就因丈夫的官位而受封为“一品诰命夫人”。马吉樟在为母亲李夫人写的《墓志铭》说李夫人“节俭有礼法，自饎爨织紝，以至宾祭之仪，躬亲检饬，劬苦百端。贵为一品夫人，身无华御。”

刘马青霞被光绪皇帝封为“一品诰命夫人”绝不是因为丈夫的官位。青霞的丈夫刘耀德生前为了提高自己的身份地位，曾用钱捐了一个山西观察使，属于四品职衔。如果按照刘耀德的官级，那么青霞应该受封为恭人。而光绪皇帝竟然封刘马青霞为“一品诰命夫人”，说明表彰的是刘马青霞本人，与她的丈夫无关。

二、宣统皇帝赐“乐善好施”的匾额

当光绪皇帝驾崩之后，宣统皇帝即位两个月之后，就赐给刘马青霞“乐善好施”的匾额，以褒奖青霞所做的慈善事业。清宣统元年正月十八日（1909 年 2 月 8 日）《开封简报》称：“尉氏县一品诰命夫人刘马氏，捐一千两省垣中州公学经费，由司详院奏奖。于上年十二月三十日奉旨准给‘乐善好施’以昭激劝。自行制匾悬挂。”《开封简报》报道的消息中所说的“上年十二月三十日”，当是光绪三十四年（1908 年）12 月 30 日。但是光绪皇帝在光绪三十四年冬十月“癸酉，上疾大渐，崩于瀛台涵元殿，年三十有八。遗诏摄政王载沣子溥仪入承大统，为嗣皇帝”①。也就是说，光绪皇帝十月就驾崩，而“奉旨准给‘乐善好施’以昭激劝”中所说的

① 赵尔巽等．清史稿·德宗本纪二．北京：中华书局，1976.

“奉旨”，是指奉的宣统皇帝之旨。宣统皇帝又准给刘马青霞自己制一块“乐善好施”的匾额挂在家里。

当然，我们知道宣统皇帝（即溥仪）即位时才三岁，对刘马青霞的封赠肯定是溥仪的父亲摄政王载沣所为。载沣，封赐当时很有影响的刘马青霞“乐善好施”的匾额，可能也是为了笼络刘马青霞的哥哥马吉樟。

光绪皇帝曾给刘马青霞的父亲亲书“百官楷模”的匾额，又诰封刘马青霞为“一品诰命夫人”；宣统皇帝赐予刘马青霞“乐善好施”的匾额。刘马青霞全家可谓满门荣耀，也表明他们在社会、在朝廷中的显赫地位。

这个时期的刘马青霞还是以儒家精神为自己追求的做人做事的目标，她始终把东汉杨震、宋朝范仲淹当做自己的榜样。她建义学，让贫苦子弟都能入学读书；建义庄，赈济救灾，让 60 岁以上的老年人每月都能领到三斗粮食，是为了实现“老吾老及人之老，幼吾幼及人之幼”的儒家目标，追求她“万善同归”、“乐善好施”的道德理想；捐巨款赞助新学堂，是为了让年轻人和一些贫苦的孩子有受教育的机会。这个时期的刘马青霞是一个清王朝的“一品诰命夫人”，是像她的父亲马丕瑶那样怀着对封建王朝的无限忠诚，努力地为维护清王朝的统治、为社会、为贫弱之人作一些贡献的忠臣，是“无能则独善其身，有能则兼济天下”，达到“泛爱天下”、“万善同归”、普救苍生的人生目标的儒家知识分子。她虽然具备以天下为己任、救民于水火的意识，但是并没有想过用自己的拳头去摧毁那个封建专制的王朝。刘马青霞还不是一个争取民主自由的革命者。

两代皇帝相继褒奖刘马青霞，说明朝廷对刘马青霞的重视。但其实宣统皇帝下旨准给刘马青霞“乐善好施”匾额的时候，她已经参加了同盟会，成为满清王朝的“逆子贰臣”（后面将详述）。

第四章　东渡日本

东渡日本对刘马青霞革命人生观的树立有巨大的意义。在日本，刘马青霞认识了孙中山、唐群英、张钟端等革命党人，参加了同盟会，进行了把生命献给革命事业的宣誓，从此刘马青霞所做的事、所赞助的款全都站在革命的立场上，考虑革命的需要。在日本，刘马青霞完成了从一个清王朝的“一品诰命夫人”、孝子忠臣到坚强的革命党人的巨大转变。

第一节　清末发生的留日热潮

20世纪初，中国产生了规模非常大的留日热潮。古代的中国曾经是日本学习的榜样，而在明治维新之后，日本变法取得了空前的成功，从此日本走上了资本主义强国的道路。日本迅速地发展起来，成为亚洲唯一的资本主义强国。一大批爱国志士和热血青年怀着强烈的忧国忧民意识和责任心，走出国门，希望找到富国强兵的道路，以挽救国家的危亡。在这种情况下，中国出现了留日热潮。

一、古代中国与日本的关系

大约当中国历史已经进入秦汉时期时，日本才出现国家。古代的日本，只有语言，没有文字；因此研究日本古代的历史要在中国的史书里面查找史料。中国古代把日本称为瀛洲、东瀛、倭、扶桑、日本等。

秦朝把日本称为瀛洲。《史记・秦始皇本纪》云：“齐人徐市（fu，音福）等上书言海中有三神山，名曰：蓬莱、方丈、瀛洲，仙人居之，请得斋戒与童男女求之。于是遣徐市发童男女数千人入海求仙人。”这里所说的“瀛洲”，指的就是日本。

瀛，是指池泽中。《楚辞・招魂》曰：“倚沼畦瀛兮遥望博。”王逸注曰：“瀛，池中也，楚人命池泽中曰瀛。”顾名思义，这里所说的“瀛洲”，就是在大海之中。

日本亦称为“东瀛”，如刘禹锡《汉寿城春望》曰：“不知何日东瀛变，此地还成要路津?”

我国历代史书皆有关于日本的记载。两汉时期，我国古籍中把日本称为倭。是时，倭国尚未统一，处于列国混战的时期。倭人之中的一些小国已经与汉王朝有了较为密切的联系。倭人黥面文身，以其文身的花纹、左右、大小，来区别人们的尊卑之差。这个时期的倭人已经有了尊卑贵贱的等级。倭人中一个较大的国称为邪马台国。

《汉书·地理志》云：“夫乐浪海中有倭人，分为百余国，以岁时来献。”颜师古注引如淳曰：“如墨委面，在带方东南万里。”带方，是东汉王朝在今朝鲜地区设立的带方郡，在乐浪郡（今平壤）之南。

《后汉书·光武帝纪》记载：中元二年（57 年）春正月辛未，“东夷倭奴国王遣使奉献”。唐章怀太子李贤注：“倭在带方东南大海中，依山岛为国。”“带方”指今朝鲜。

《后汉书·安帝纪》记载：永初元年（107 年）“冬十月，倭国遣使奉献”。李贤注：“倭国去乐浪万二千里，男子黥面文身，以其文左右大小别尊卑之差。”

《后汉书·东夷传》：“倭在韩东南大海中，依山岛为居，凡百余国。自武帝灭朝鲜使驿通于汉者三十许国，国皆称王，世世传统。其大倭王，居邪马台国……中元二年（57 年），倭奴国奉贡朝贺，使人自称大夫，倭国之极南界也。光武赐以印绶。”

《后汉书·东夷传》：“桓灵间，倭国大乱，更相攻伐，历年无主。有一女子名曰卑弥呼，年长不嫁，事鬼神道，能以妖惑众，于是共立为王。侍婢千人，少有见者，唯有男子一人给饮食、传辞语，居处宫室，楼观城栅皆持兵守卫，法俗严峻。”

《三国志·魏志·倭人》：“倭人在带方东南大海之中，依山岛为国邑，旧百余国……土地山险，多深林道路，如禽鹿径有千余户，无良田，食海物自活，乘船南北市籴。”东汉末年，女王卑弥呼基本统一了日本，有学者认为，她就是日本人所尊奉的祖先天照大神。

倭人自称是西周太伯之后裔。日本国家是一个岛国，多山，无良田，主要靠食海物而生活，乘船到各地南北市籴粮食。

《晋书·倭人》：“倭人……男子无大小悉黥面文身，自谓太伯之后。又言上古使诣中国，皆自称大夫。昔夏少康之子封于会稽，断发文身，以避蛟龙之害。今倭人好沉没取鱼，亦文身以厌水禽……汉末倭人乱攻伐不定，乃立女子为王，名曰卑弥呼。”

日本人自称为“吴太伯”之后。吴太伯，是西周太王古公亶父之子，建立吴国。《史记·吴太伯世家》云：“吴太伯，太伯弟仲雍，皆周太王之子，而王季历之兄也。季历贤，而有圣子昌。太王欲立季历以及昌，于是太伯、仲雍二人乃奔荆蛮，文身断发，示不可用，以避季历……太伯之奔荆蛮，自号句吴。荆蛮义之，从而归之千余家，立为吴太伯。”句吴，就是吴国，在今江苏苏州境内。日本人自称为“吴太伯”之后，传说当不是空穴来风，是有其历史渊源的。

我国史书亦把日本称为扶桑。扶桑，本是一种植物名，生长在我国的南方。屈原《楚辞·九歌》就有：“饮余马于咸池兮，总余辔乎扶桑。”这里所说的“扶桑”当是树木。

西汉东方朔《海内十洲记》：“扶桑……地多林木，叶皆如桑。又有椹树，长者数千丈，大二千余围。树两两同根偶生，更相依倚，是以名为扶桑。仙人食其椹，而一体皆作金光色，飞翔空玄。其树虽大，其叶椹故如中夏之桑也。但椹稀而色赤，九千岁一生实耳，味绝甘香美，地生紫金丸玉，如中夏之瓦石状。”

《山海经·海外东经》云：“汤谷上有扶桑，十日所浴，在黑齿北居水中，有大木。九日居下枝，一日居上枝。”晋郭璞注：“扶桑，木也。”

梁孝元皇帝《金楼子·志怪》云：“秦王遣徐福求桑椹于碧海之中，海中止有扶桑树，长数千丈；树两根同生，更相依倚，是名扶桑。仙人食其椹，而体作金光，飞腾元宫也。”扶桑国里所生的扶桑树就是秦始皇所寻找的长生不老的桑椹。

唐代将日本称为扶桑，如唐代王维曾为日本友人作送行的诗《送秘书晁监还日本国》云：“乡树扶桑外，主人孤岛中。别离方异域。音信若为通。”

亦有人提出，扶桑指的是美洲的墨西哥。《梁书·诸夷列传·东夷》云：“扶桑国者，齐永元元年，其国有沙门慧深来至荆州说，云扶桑在大汉国东二万余里，地在中国之东。其土多扶桑木，故以为名。扶桑叶似桐，而初生如笋；国人食之实如梨，而赤绩其皮为布，以为衣，亦以为绵；作板屋，无城郭，有文字，以扶桑皮为纸，无兵甲，不攻战。”1752年，法国汉学家德·歧尼（又译做金勒·吉尼）认为这里的扶桑应是美洲；并认为，早在哥伦布发现美洲大陆1000年以前，中国人已经发现了美洲。扶桑木，就是盛产于中南美洲的龙舌兰或者是玉米。

自唐代，倭人认为自己的名称不好听，因太阳从东边升起，日本在东边，近日，故倭国将国名改为日本国。

《旧唐书·东夷》云："日本国者，倭国之别种也。以其国在日边，故以日本为名；或曰倭国自恶其名不雅，改为日本；或云日本旧小国并倭国之地，其人入朝者多自矜大不以实对，故中国疑焉；又云其国界东西南北各数千里，西界、南界咸至大海，东界、北界有大山为限。"

唐代是中国与日本关系最好的时期。日本曾先后 19 次派出遣唐使到中国。日本从政治制度、天文历法、城市建筑、文字风俗等，全面地学习吸收中国文化。笔者曾到日本的古都奈良、京都，这两个古都中不仅有大量的唐代风格的寺院，如大东寺、唐昭提寺、法隆寺等，城市布局也与唐代的长安、洛阳完全一致。日本文字是从中国学习而得的。明治维新之前，日本天皇的诏令、文书、策命、书籍，民间的墓志、碑刻皆用汉文写成。日本文化可以说是中国文化派生出来的。

由于日本"无良田，食海物自活"，资源贫乏，所以元、明时期，日本的一些海盗开始在中国的沿海地区抢掠，使沿海地区人民受到极大的威胁，中国人称之为"倭寇"。明朝还出现了抗倭英雄戚继光。

二、日本的明治维新

1868 年，日本明治天皇在伊藤博文等倒幕人士的支持下推翻了德川将军建立的江户幕府，接受了西方先进的思想，发动了一次在日本历史上有重要意义的明治维新运动。

1868 年 3 月 14 日颁布了明治天皇御制的五条御誓文。①广兴会议，万机决于公论。②上下一心，盛展经纶。③官武一体，以至庶民，各遂其志，毋使人心倦怠。④破除旧有之陋习，一本天地之公道。⑤求知识于世界，大振皇国之基业。

这五条御誓文，非常具有西方的民主精神。

在明治政府推动下，日本进行了前所未有的大变革。首先进行"版籍奉还"，让各地的藩王，诸侯交还土地和人民的所有权，即奉还版籍；废除大名和公卿的名号，改称"华族"。这实际是明治政府收回了藩王对土地和人民的所有权。1871 年实行废藩置县，即废除各地的藩王，设置都、府、县制；明治政府又进行地税改革、官制改革、法制改革，废除封建的等级身份制度、武士俸禄制度，建立天皇亲兵和常备军、军事学校、警察制度；制定《大日本帝国宪法》、规定“大日本帝国由万世一系的天皇统治之”，把政治、军事、经济一切大权集中在天皇手中；发布《教育敕语》，推行以效忠天皇为核心的军国主义教育，从而完成了日本近代天皇制国家的基本法律和意识形态方面的改革。从明治天皇开始，日本天皇成为一个神，而不是一般的凡人。

紧接着，日本又进行了产业革命，大办国营企业，引进先进技术和技术人才；大办学校、派遣留学生，接受西方的先进思想，对社会风习进行变革，“富国强兵”是明治维新的最终目标。从此一个崭新的日本诞生了。日本明治维新取得了巨大的成功。

中国也同样进行了维新运动，即戊戌变法，但失败了。同样是维新运动，为什么中国失败了，而日本却成功了呢？笔者曾在日本皇学馆大学做过一年的客座研究员。皇学馆大学的教授们认为，这是因为中国的皇权太强大了，而日本的维新派却可以利用天皇的名号进行倒幕，所以日本的变法维新取得了空前的成功，从此日本走上了资本主义强国的道路，日本也成为当时亚洲唯一的资本主义强国。

日本工业的发达和自然资源的贫乏，使日本开始向外扩张。随着日本的强大，古老的中国成为日本帝国主义侵吞掠夺的对象。明治天皇于1894～1895年发动中日甲午战争，1904～1905年进行日俄战争。日本都取得了胜利，强迫中国签订了《马关条约》。根据《马关条约》，中国将辽东半岛、台湾全岛及所有附属岛屿、澎湖列岛割让给日本；赔偿日本2亿两白银。日本人从战争中得到了巨大的利益，完成了原始资本积累，这更加强了日本对外扩张的能力和资本。

三、留日热潮发生的原因

1894年，中国在甲午战争中惨败。1895年，李鸿章与日本签订了割地赔款、丧权辱国的《马关条约》。之后，八国联军侵略中国，《辛丑条约》的签订，我国的割地赔款，使中国知识分子感到中华民族处于危机当中，伤巨痛深，痛彻心扉。清政府和知识分子痛定思痛，都感到中国要想图强，必须学习外国。清政府推行“新政”，实行“废科举、兴学校、派游学”的政策，从而推动了中国海外留学的发展，一股留学的热潮在中国学生中风行开来。

清政府与日本签订《马关条约》，把辽东半岛割让给日本，损害了俄国在中国东北的利益。于是俄国拉拢法国、德国，要清政府拿钱赎回辽东半岛，即“三国干涉日本还辽”。之后，俄国诱使清政府与之签订条约，修建中东铁路（哈尔滨至大连），租借旅顺、大连，引起了日本的愤怒。日本经过10年的准备，1904年2月10日对俄宣战，发动对俄国的战争。日俄双方竟然无理地要求清政府拿出中国的东北作为战场，而软弱的清政府也照本接受。中国的东北成为日俄战争的屠宰场。经过辽阳之战、沙河之战、旅顺口之战、对马海战等战争之后，俄国连连失利；又由于俄国国内爆发了十月革命，俄国无心再战。在美国的调停下，1905年9月5日，日俄两国在美国签订了《朴次茅斯和约》，无视中国的主权，擅自在中国东北划分“势力范围”。俄国将过去所霸占的我国的库页岛南半部（北纬50°以南）及其附近一切岛屿割让给日本，将旅顺、大连及附近领土领海的租借权，一切权益、公产等让给日本，将长春至旅顺间的铁路连同支路、利权、煤矿等无偿转让给日本。日本取得经营安（东）奉（天）路、修筑长春到吉林的铁路以及在鸭绿江右岸伐木等权利，又开放东三省16处为商埠。俄国还承认朝鲜为日本的“保护国”。1905年12月，在日本的压力下，清朝政府与日本签订了《中日会议东三省事宜条约》，接受日本、俄国《朴次茅斯和约》中的所有规定。日俄订约后，日本加强对朝鲜的控制，至1910年（宣统二年）兼并朝鲜。

日本在甲午战争、日俄战争中取得的胜利震动了中国社会各界。小小的日本，从其蒙昧时期就紧跟着中国学习，而自1868年明治维新以后，却飞速发展，成为一个强盛的资本主义国家，这是中国人没有想到的。张之洞说：“日本，小国耳，何兴之暴也？伊藤、山县、陆奥诸人，皆二十年前出洋之学生也，愤其国为西洋所胁，率其徒百余人分诣德、法、英诸国，或学政治、工商，或学水陆、兵法，学成而归，用为将相，政事一变，雄视东方。”① 张之洞又说：“我取径于东洋，力省效速。”②

当日本以世界强国的姿态出现在世人面前的时候，中国知识分子在学习西方的同时，更想研究日本，欲从日本的发展中，吸收借鉴经验，寻找富国强兵的道路。

---

① 张之洞．劝学篇．上海：上海书店出版社，2002：38.

② 陈学佝．中国近代教育大事记．上海：上海教育出版社，1981：94.

清政府曾残酷地镇压了戊戌变法，但在日本的变法取得了辉煌的成绩时，在全国人民的压力下，也不得不进行改革。1903 年，清政府颁发鼓励中国学生出国留学的《奖励游学毕业生章程》。该章程共有 10 条，规定："中国游学生在日本各学堂毕业者，视所学等差，给以奖励。"①

1904 年，清朝又制定出台了《考验出洋毕业生章程》8 条，根据该章程，学务处于 1905 年 7 月举行了第一次留学毕业生考试，唐宝锷、曹汝霖等 14 名留日学生通过考试，分别给予举人、进士出身，并授以官职②。

《豫报》杂志第六号《调查》的一项《九月份中外大事表》记载：九月十六日，"考验毕业留学生，政府赏给进士七人，余赏给举人"。即如能在日本普通中学堂、高等学堂与实业学堂、大学堂、国家大学堂与大学院毕业，并得有文凭者，分别授以拔贡、举人、进士、翰林，加以录用。这给向往读书做官的青年学子在科举考试之外又开辟了一条入仕的新路。②

同年，政府又出台了鼓励在职官员与王公贵族子弟游学的政策。规定："凡自备资斧，出洋游学，回国后尤宜破格奖励，立予擢用。"④

日本与中国是一衣带水的邻邦，文化相近，留学的成本相对较低，这也是中国学生多留学日本的重要原因。

日本明治维新之前，朝廷所有的文书都是用中文书写的，所以日本的文字能为国人所知晓。中国学生到日本之后，稍通日语，就可以与日本人交流。中国人与日本人的体貌特征相似，到日本之后，生疏感相对欧美国家较弱，中国人更容易深入日本社会。

另外，中国青年学生认为，日本也是亚洲黄种人，明治维新之前，其文化皆学习中国，而现在竟然跻身于世界列强的行列，日本人能做到的，中国人也能做到。是时流传说"莫谓东方皆落后，亚洲崛起有黄人"，表现出中国急切图强的心理。

一些爱国的学生带着强烈的忧国忧民意识、国家危亡的责任心，走出国门，希望找到富国强兵的道路，希望中国有一天也能像日本一样富强，不再被他国欺辱。据统计，1896 年留日学生仅 16 人，1903 年增加到 1300 多人，1904 年达到 2 万多人，仅东京就有 8000 多人，学生遍及 80 多所学校。孙中山、黄兴等民主主义革命家也以日本为基地，在留学生中做了大

---

① 舒新成．中国近代教育史资料．上册．北京：人民教育出版社，1961：135.

② 靳春泓．浅析清末留日热潮形成的原因．西安电子科技大学学报，2003，(1)：76.

量的革命宣传工作。1905 年 8 月中国同盟会在东京成立。当时，中国留学生在东京神田区骏河台玲木町十八番地设立“清国留学生会馆”。清国留学生会馆所编写的报告显示：1905～1906 年，留日学生达 12 909 人[①]。就这样，日本成为中国留学生集聚、宣传革命的重要基地。

甲午战争以后，日本为了控制中国，培养亲日人士，培养中国人的亲日感情，其中重要的便是吸引并培养中国留学生。1898 年 5 月 14 日，驻清日本公使矢野文雄在给外务大臣西德二郎的信中说：“如果将在日本受感化的中国新人才散布于古老帝国，是为日后树立日本势力于东亚大陆的最佳策略。”[②] 日本为对清政府的新政施加影响，社会名流频繁来华，鼓动中国派出更多的留日学生。这也是中国学生大批留日现象出现的原因之一。

第二节　游学东瀛

刘马青霞的侄孙刘恒泰是一位留日学生，他对刘马青霞思想的转变有非常大的影响。刘恒泰在回国省亲时，与另外两个尉氏留日的同学拜访了青霞，并谈到了许多的国家大事和当前的形势，使刘马青霞从丧夫的阴影中走出，开始向往外面的世界，关心国家的命运，从一个封建社会的慈善家成长为一个勇敢的辛亥革命的志士。

一、刘恒泰造访刘马青霞

刘恒泰（亦是刘氏宗族的族人）是一个很有志气的青年，也很用功，于 1905 年赴日留学。1906 年，刘恒泰回国省亲，并且看望了他的本族奶奶刘马青霞。与刘恒泰一同去拜访青霞的还有尉氏留日学生潘祖培、罗文华。

在此之前，刘恒泰也早就听说刘马青霞乐善好施，被封为“一品诰命夫人”的消息。他们又是同宗祖孙的关系，此次特地来看望青霞。刘恒泰是一个思想很进步的青年，与辛亥革命党人十分接近，这次他回国省亲，也为了联系一下青霞，希望她能支持革命党人的事业。

---

① 苏贵民．辛亥革命前中国留日学生考证．社会科学阵线，1981（4）：106.

② 王晓秋．近代中日文化交流史．北京：中华书局，1992：350.

刘恒泰与潘祖培、罗文华拜访了刘马青霞，和她谈了目前中国的形势，谈了中国在全世界处于多么落后的状态。刘恒泰等人举出1894年甲午中日战争失败，中国被迫与日本签订《马关条约》的例子。《马关条约》规定：割让辽东半岛、台湾全岛及其附属岛屿、澎湖列岛给日本；赔偿日本军费白银2亿两；开放沙市、重庆、苏州、杭州为商埠，日本轮船可沿内河驶入以上各港口；允许日本在中国的通商口岸开设工厂，产品运销中国内地免收内地税等。清政府割地赔款、丧权辱国，中国已经处于被动挨打的局面。

刘马青霞马上想到了父亲在甲午战争之后，当听到签订了《马关条约》时，“愤懑不能自已”，怀着一颗拳拳爱国之心，向光绪皇帝上书《力阻和议折》，那是何等披心沥胆，充满了对社稷、祖国的忧虑！父亲最终就是因反对李鸿章签订《马关条约》而忧郁气愤，60多岁就驾鹤西去。每念及此，刘马青霞心中常感慨气愤不已。可是，她的心中又觉得国家大事，草民百姓又能如何？

刘恒泰等三个年轻人似乎知道她心中的想法，就接着讲了1900年八国联军入侵北京，清政府被迫与英、美、俄、德、日、奥、法、意、西、荷、比11个国家的代表签订《辛丑条约》的事情。该条约的主要内容如下：中国赔款银4.5亿两，分39年还清，年息4厘，本息折合9.8亿多两，以海关税、常关税和盐税作抵押；拆毁大沽炮台及京师至海通道之各炮台，允许外国军队驻扎在北京及北京至山海关沿线的12个重要地区。

刘恒泰等人还给刘马青霞讲了日本的明治维新。日本接受西方的先进思想，对社会风习进行变革，富国强兵是明治维新的最终目标。日本原来是向中国学习的，可是经过明治维新以后，就发展强大起来了。而中国却由一个泱泱大国变成一个弱国。

刘马青霞听完，也为之动容，被这三个热血青年感动。她也认为逼中国签订这些条约的国家太贪婪刻毒，割地赔款，中国几时才能赔完？榨尽中国人的血汗，也赔不完。同时，她也想出去看看日本是什么样的国家，看看外面的世界。

二、张钟端未造访尉氏考

张钟端是否与刘马青霞的侄孙刘恒泰同去尉氏造访刘马青霞。笔者认为这也是一个重要的问题。因为在某些小说中写刘马青霞与张钟端有私情，关系暧昧，这是刘氏宗族攻击刘马青霞的重要理由，所以笔者很想弄清这一点。

目前有许多研究文章也都说张钟端与刘恒泰同去尉氏造访刘马青霞，青霞在他们的引导与鼓励下才动心东渡日本的。常全喜在《巾帼英杰刘青霞》一文中说："光绪三十二年（1906年），在河南留日学生张钟端、刘恒泰等人的引导和鼓励下，刘青霞决心赴日游历，以开阔眼界，增长见识。"①

天俊在《资助"河南"杂志的刘青霞女士》一文中说："本世纪初，清廷腐败，社会动荡，刘青霞在涉入社会途中，通过尉氏留日学生刘恒泰等，认识了在日本的河南革命领袖人物张钟端。1906年张钟端、刘恒泰返国省亲之际，与青霞多次面晤，张钟端鼓吹维新救国，这对青霞影响很大。后来，任湖北藩台的马吉樟奉派日本考察学务时，青霞正受族人夹攻之苦，她与兄协商，允得同行，并由外交部门发给护照，当时河南官报曾有消息刊出。"②

张绛先生说："张钟端早在1906年回国省亲时，即曾与刘青霞晤面，还劝说过青霞出国开阔眼界。在东京，张钟端再次请刘青霞参加革命活动。"③

最早调查刘马青霞历史的于中华先生也说："刘青霞涉足社会的过程中，河南许昌留日学生张钟端，尉氏留日学生刘恒泰、潘祖培、罗文华和青霞次兄马吉樟均起了不可忽视的作用。张钟端是早期同盟会员，思想锐进，系日本东京中央大学的留学生。刘恒泰是青霞侄孙，与张钟端交往甚密。在刘恒泰的引荐下，光绪三十二年（1906年）张钟端、刘恒泰、潘祖培、罗文华等四名进步青年趁回国省亲之机，登门拜访青霞，谈及清廷腐败、外强入侵及日本明治维新、女子教育等情况，鼓动青霞亲赴日本考察，以开阔眼界，增长见识，使青霞颤为动心，决心赴日游历。"④ 这也就是说，张钟端在刘马青霞东渡日本之前，就拜访过她。这些研究文章都

---

① 常全喜．巾帼英杰刘青霞．历史教学，2007，(11)：97.

② 天俊．资助"河南"杂志的刘青霞女士．鲁迅研究月刊，1988，(5)：64.

③ 张绛．论刘青霞//政协尉氏县委员会文史资料研究委员会．尉氏文史资料（第二辑）·刘青霞女士专辑．1987.

④ 于中华．刘青霞传//政协尉氏县委员会文史资料研究委员会．尉氏文史资料（第二辑）·刘青霞女士专辑．1987. 内刊．

说，1906 年张钟端、刘恒泰返国省亲，拜访了刘马青霞，并有多次面晤。刘马青霞才决心赴日游历，增长见识的。这些说法，对目前刘马青霞的研究者来说，有非常大的影响。

但就笔者研究，1906 年张钟端并没有回国省亲，也没有造访刘马青霞。

笔者查阅了大量的辛亥革命时期的材料，张钟端 1905 年到日本留学，在日本结婚，后来生了一对双胞胎儿子，1911 年被派回国发动起义，中间没有回过国。因此，1906 年刘恒泰造访刘马青霞的时候，张钟端没有与刘恒泰同去造访青霞。

张钟端在河南开封发动的辛亥革命党人的起义皆得到刘马青霞的支持和赞助。刘马青霞是河南辛亥革命的重要力量。但是青霞与张钟端的相识，是在青霞东渡日本之后，在此之前，他们是不认识的。

在有刘鼎元参加撰写、整理的《辛亥革命时期的刘青霞》一文中明确记载："当时尉氏留日学生潘祖培、罗文华、刘恒泰（系青霞本家侄孙）回来，与青霞见面，曾谈到清廷腐败，中国衰弱，欧美列强欲瓜分中国等情况，青霞闻之颇为动心。适逢其兄马吉樟奉派赴日考察学务，青霞为开眼界，决赴日游历。"① 可见，与刘恒泰一起造访刘马青霞的是尉氏留日学生潘祖培、罗文华，而绝不是张钟端。当然，即使是张钟端与刘恒泰同去造访青霞，那也是很正常的事，但研究一个历史名人、为历史名人写传，还是应该尊重事实。

据本书第二章之一所提到的"张钟端 15 岁那年，到省城开封考举人，病倒在尉氏刘家门前，被刘青霞相救，并为其请医治病。张钟端病愈，刘青霞又要赠送张钟端十两黄金"的说法，本书已经论证，"从情理上说，'赠送张钟端十两黄金'的当是刘耀德或者是耀德母亲杨氏，而不是青霞"。之后，张钟端是通过刘恒泰的介绍后才认识了刘马青霞。假使真的有张钟端 15 岁时病倒在尉氏刘家门前的事，那也应该是刘马青霞到达日本后，通过刘恒泰的介绍，刘马青霞与张钟端认识之后，张钟端重又提起的往事。

张钟端在认识刘马青霞之前，不仅"家里有一个大妻李氏"，而且到

① 由贺升平、陈伯昂、宋甲山、刘逢一、刘鼎元、高超群（女）等六位老人口述，由尹文堂，路庭训记录整理．参见《辛亥革命时期的刘青霞》，载《河南文史资料》第六辑，1988 年，第二版。

日本后又与一个日本姑娘千装伦子在热恋之中，因此说张钟端与刘马青霞有感情纠葛，关系暧昧，纯属无稽之谈。这是小说家为了吸引读者，故意编造的爱情情节。小说家编造了刘马青霞对张钟端赠金之事，然后小说“再稿时展开情节、把握张钟端与刘青霞的关系，以及组织刘青霞与张钟端的大妻李氏、爱妻千装伦子之间的情感冲突，笔墨如注，得心应手”①。小说家编造“张钟端与刘青霞的关系”，是无中生有，是不能成为事实的。而本书是写人物传记，在尊重刘马青霞、张钟端等革命志士的基础上，更尊重事实。刘马青霞认识张钟端，是在东渡日本之后。

三、东渡日本时间考

刘恒泰等三个年轻人拜访刘马青霞之后，引起了刘马青霞东渡日本的念头。自丈夫死后，刘马青霞经营着偌大的产业，其实她就是我们现在所说的老板、董事长。刘马青霞苦心打理着自己的店铺、产业，日不遑食，夜不遑息，像一个坚强的男儿那样力撑门户；而且她又热心地参加支持各种慈善事业，她的行为虽然得到了皇帝的嘉奖，被封为“一品诰命夫人”，但她有时候觉得自己所做的一切，对整个社会来说似乎是微乎其微的，可她又不知道怎样才能对社会做出更多的贡献。当她听了刘恒泰等人所讲的旅日见闻和情况的时候，她自己也很想到日本去看看，见见世面。

而这时刚好有一个机会。刘马青霞的二哥马吉樟先生在清廷为侍读、侍讲、起居注官，是光绪皇帝的师傅。清廷派马吉樟到日本去考察留日学生的事务。刘马青霞与二哥马吉樟的关系是极好的。

清廷派马吉樟到日本去考察管理留日学生的事务，刘马青霞也想借此机会和二兄长一起东渡日本，到那个国家看看。古代的日本文化受中国文化的强烈影响，属于中国儒家文化圈影响下的国家之一，而如今却超过了中国，刘马青霞很想去日本进行考察和研究。

1907 年，刘马青霞与兄长马吉樟、侄孙刘恒泰一起从天津港乘上开往日本的轮船，向日本的横滨驶去。轮船在宽广的太平洋上航行，那一望无际的海水与天相接，浩瀚无边。轮船所到之处激起白色的浪花，海鸥追逐着浪花飞翔。青霞的心也像这大海一样平静宽广。在国内，刘马青霞经

① 屈春山，张欣山．“血洒东京”的创作过程．开封教育学院学报，1992，(4)：11.

常遭到族人的嫉妒和无理取闹，此时她的心被太平洋的海浪冲洗得干干净净，心中产生了对生她养她的祖国的无限柔情。

刘马青霞坐在轮船上与兄长谈了很多很多，她告诉马吉樟关于刘恒泰等三个留日青年对她所说的日本的情况。刘马青霞认为，刘恒泰等三个留日青年所说的情况确实是中国的现实。

马吉樟虽然是朝廷的命官，但却是很开明的。马吉樟作为皇帝的贴身大臣，目睹了朝廷的黑暗、帝党与后党的矛盾和钩心斗角。马吉樟虽然小心翼翼地避开这些斗争，但是国家的危亡他是看得很清楚的。1894 年甲午海战的失败，1895 年《马关条约》的签订，丧权辱国的痛苦也时时刻刻在折磨着这个年轻臣子的心。

马吉樟是一个受儒家学说滋养的知识分子，他凭着自己的良心和爱国赤诚，希望刘马青霞通过家庭条件的优势，尽量为那些热血青年做一些对国家、民族有益的事。兄长马吉樟的爱国思想为刘马青霞后来的发展进行了很好的铺垫。刘马青霞最信任的就是她的二哥。她对北京豫学堂三万两白银的捐助，一方面是对学务的热心，另一方面也是对二兄长的信任。但是在她到达日本之后，接触了辛亥革命党人，接受了资产阶级的革命思想，她的思想发生了质的变化。

刘马青霞东渡日本，思想发生了巨大的变化，从一个儒家学说滋养起来的知识分子成长为一个坚强的革命志士。然而刘马青霞是何时东渡日本的呢？目前有两种说法。

1.1908 年东渡日本说

贺升平等在《辛亥革命时期的刘青霞》中说："适逢其兄马吉樟奉派赴日考察学务，青霞为开跟界，决赴日游历，即随其兄和刘恒泰并携幼子刘鼎元，于 1908 年到日本。"① 该文是由贺升平、陈伯昂、宋甲山、刘逢一、刘鼎元、高超群（女）等六位老人口述，尹文堂、路庭训记录整理的。其中包括青霞的儿子刘鼎元的口述内容，但刘鼎元年幼，是否把年代记得很清楚，还有待考证。

2.1907 年东渡日本说

常全喜在《巾帼英杰刘青霞》中说："光绪三十二年（1906 年），在

① 由贺升平、陈伯昂、宋甲山、刘逢一、刘鼎元、高超群（女）等六位老人口述，由尹文堂、路庭训记录整理。参见《辛亥革命时期的刘青霞》，载《河南文史资料》第六辑，1988 年，第二版。

河南留日学生张钟端、刘恒泰等人的引导和鼓励下，刘青霞决心赴日游历，以开阔眼界，增长见识。她的想法得到了时任湖北臬台的次兄马吉樟的支持。第二年，马吉樟奉派赴日考察学务，便呈请学部、外务部为刘青霞办理了出国护照，与她一起东渡日本。”① 这里所说的“光绪三十二年(1906 年)”的“第二年，马吉樟奉派赴日考察学务……与她一起东渡日本”，其实就是指的 1907 年。

笔者认为，刘马青霞东渡日本的时间当是 1907 年年初，理由如下文所述。

根据清光绪三十二年（1906 年）四月二十五日《河南官报》第一期所发的消息说：“一品诰命夫人刘马氏，系本籍绅士、翰林院侍读马太史吉樟之妹，而已故山西试用道刘观察德煦之妻也。热心学务，考求实业。兹拟携子候选主事刘鼎元前赴东洋调查女学堂及各项实业、学堂规则，由其兄马侍读具呈学部，请转咨外务部，发给护照并咨照，出使日本。杨大臣一体保护，俾得从容考察云。”

《河南官报》所发的这条消息是说，“刘马氏”已经获得“出使日本”的护照。这则消息中的“刘马氏”，就是刘马青霞。而在这则消息中刘马青霞还是“拟携子候选主事刘鼎元前赴东洋调查女学堂及各项实业、学堂规则”，未说刘马青霞已经到达日本，也就是说，刘马青霞还未东渡日本。

马吉樟在《京师河南中学校沿革记》中说：“有光绪卅一年乙巳，吉樟承乏日讲起居注官、翰林院侍读。京师已立蜀湘赣学堂，次即豫学堂。”“自豫学堂建立之后，越二年丁未，吉樟诣东瀛考察政治，明年出任湖北监司，不暇复问本校事。”② 在这里，马吉樟很明白地说，豫学堂是 1905 年，即乙巳年创建的。“越二年丁未，吉樟诣东瀛考察政治”之“越二年”，就是隔了一年，这一年即 1907 年。1907 年，正是丁未年。说明青霞是于 1907 年前往日本考察学务与实业的。

刘马青霞当是在 1907 年初到达日本的。《中国新女界杂志》1906 年 2 月 5 日（光绪三十二年十月二十二日）创刊于日本东京，1907 年 7 月 5 日（光绪三十三年三月二十五日）停刊，共出六期，是辛亥革命时期颇有影响的妇女刊物之一。《中国新女界杂志》主办者是中国同盟会河南支部的

---

① 常全喜．巾帼英杰刘青霞．历史教学，2007，(11)：97.

② 马吉樟．京师河南中学校沿革记．益坚壮斋文稿（下册）．

河南籍留日女学生燕斌、刘马青霞[①]。

《中国新女界杂志》于 1907 年 7 月 5 日被勒令停刊，刘马青霞曾参与创办《中国新女界杂志》，那么在 1907 年 7 月 5 日《中国新女界杂志》被勒令停刊之前，她应该早到了日本。因此刘马青霞当是在 1907 年年初就到达日本了。

第三节　从“一品诰命夫人”到“逆子贰臣”

在留日热潮的推动下，刘马青霞随她的兄长马吉樟东渡日本。青霞很快接触到了辛亥革命党人，接受了革命思想，参加了孙中山所领导的同盟会，成为一个反对封建专制的民主主义战士，从光绪皇帝册封的“一品诰命夫人”，成为清王朝的“逆子贰臣”，成为一个坚强的反清志士，谱写了一曲反封建专制的革命赞歌。

一、辛亥革命与留日学生

留日的中国学生大多数都有强烈的忧患意识。数千年儒家思想的教育使这些学生（如湖南的陈天华、唐群英，浙江的秋瑾、河南的张钟端等）哀民生之多艰，伤祖国之不幸。他们在强烈的责任心的驱使下，怀着寻找救亡图存、富国强兵之路的目的，来到异乡他国。

留日学生们认为“吾人不远万里，乘长风，破巨浪，离家去国，易苦以甘，津津然来留学于日本者，果何为也哉？留学者数千人，问其志，莫不曰‘朝政之不振也，学问之不修也，社会之腐败也，土地之日狭也，强邻之日薄也，吾之所大惧也。吾宁牺牲目前之逸乐，兢兢业业，以求将来永永无暨之幸福，此则吾之大愿也’”。[②]

吴玉章也是当时一个激进的留日学生，他说：“就好像唐僧取经一样怀着圣洁而严肃的心情，当时觉得中国应该学习日本！走明治维新那样的路，使中国迅速富强起来。”[③]

中国的留日学生和革命派志士耳濡目染日本式的资本主义文明之后，

---

① 谷正艳．辛亥时期中国新女性的呐喊——以《中国新女界杂志》为中心．许昌学院学报，2003，(3)：94.

② 实藤惠秀．中国人留学日本史．北京：生活·读书·新知三联书店，1983：148，149.

③ 吴玉章．辛亥革命．北京：人民出版社，1961：53.

纷纷要求中国做出适应世界潮流的变革，形成声势浩大的改革呼声。孙中山说："盖各国无不由旧而新。英国伦敦先无电车，惟用马车，日本亦然。鄙人去日本未二年耳，再来而迥如隔世，前之马车今已悉改为电车矣。谓数年后之中国，而仍如今日之中国，有是理乎？"[①] 国外新鲜的潮流激励着他们，使他们更感到变法图强的迫切，感到祖国被割裂的伤痛、割地赔款的屈辱。

大批留学生怀着国恨家仇、寻求富国强兵的真理来到日本。但到日本之后，他们能够以更理性、更全面的眼光看待中国政治和中国社会。他们发现中国贫弱的原因竟是清政府的腐败无能，于是使清王朝与日本政府料想不到的情况出现了，留日学生迅速地组织爱国团体，投身到反清革命斗争的洪流之中。

留日学生的革命行为使清政府大为恐慌和畏惧，他们向日本政府提出要控制留学生的请求。在日本曾发生一件《取缔规则》（"取缔"在日文中即"管理"、"监督"之意）的事件：1905 年年底，日本政府为了照顾与清政府的关系，颁布了《关于许清国人入学之公私学校之规程》，简称《取缔规则》。这一规则原是对中、韩两国的，公布时才将韩国去掉。其大意是：无论公、私学校凡招收清国的学生，一律都要清国使馆介绍信；凡有不良行为被要求退学者，不得再入学校；入学时必须有登记的年龄、籍贯、履历等。这个《取缔规则》在留学生中引起大哗。8000 多名留学生开始了总罢课，要求日本政府收回该《取缔规则》。湖南籍的学生陈天华愤然投海自杀，以示抗议。1906 年 1 月，很多学生因此回国，其中有秋瑾、刘道一、黄复生、熊克武、姚宏业、孙镜清、章宗祥、曹汝霖等人。回国后，由孙镜清出资，姚宏业负责在上海吴淞创办了一所"中国公学"，收留一部分同学。后因经费竭绝，姚宏业效法陈天华，投黄浦江自杀。对归国学生，清政府一面到处缉拿革命分子，一面专开特科考试，章宗祥、曹汝霖就是因此而得官的。

中国同盟会在日本创办了许多革命刊物，如《民报》、《醒狮》、《国民报》等。各省留日学生基本都有刊物问世。例如《浙江潮》、《猛回头》、《警世钟》、《革命军》、《河南》、《中国新女界杂志》、《国民必读》、《新湖南四》、《游学译编》、《湖北学生界》、《中国女报》、《江苏》、《四川》、《云

---

① 陈天华．纪东京留学生欢迎孙君逸仙事．民报（东京），1905-11-05.

南》等，对辛亥革命的发生起了巨大的作用。20 世纪初在中国革命文坛上颇负盛名的资产阶级革命宣传家陈天华、邹容、宋教仁、朱执信等大多数是留日青年学生。

陈天华，字星台，又字过庭，别号思黄，1875 年生于湖南新化，1905 年 12 月于日本投海自杀。他曾与黄兴等人组织华兴会等革命团体，从事反清革命活动。他还是孙中山领导的同盟会的发起人之一，并担任书记部工作和同盟会机关报《民报》的编辑工作。1905 年，为抗议日本政府取缔中国留学生进行革命活动的决定，愤而自杀，时年 31 岁。陈天华写的《警世钟》、《猛回头》等痛人肝肠、催人泪下，今节选如下。

《警世钟》：

长梦千年何日醒，睡乡谁遣警钟鸣？
腥风血雨难为我，好个江山忍送人！
万丈风潮大逼人，腥膻满地血如糜；
一腔无限同舟痛，献与同胞侧耳听。

…………

苦呀！苦呀！苦呀！我们同胞辛苦所积的银钱产业，一齐要被洋人夺去；我们同胞恩爱的妻儿老小，活活要被洋人拆散；男男女女们、父子兄弟们、夫妻儿女们，都要受那洋人的斩杀奸淫。我们同胞的生路，将从此停止；我们同胞的后代，将永远断绝。枪林炮雨，是我们同胞的送终场；黑牢暗狱，是我们同胞的安身所。大好江山，变做了犬羊的世界；神明贵种，沦落为最下的奴才。唉！好不伤心呀！

《猛回头》：

大地沉沦几百秋，烽烟滚滚血横流。
伤心细数当时事，同种何人雪耻仇？

…………

我中华，原是个，有名大国；不比那，弹丸地，僻处偏方。
论方里，四千万，五洲无比；论人口，四万万，世界谁当？
论物产，真个是，取之不尽；论才智，也不让，东西两洋。
看起来，那一件，比人不上；照常理，就应该，独称霸王。
为什么，到今日，奄奄将绝；割了地，赔了款，就要灭亡？

…………

痛只痛，甲午年，打下败阵；痛只痛，庚子年，惨遭杀伤。
痛只痛，割去地，万古不返；痛只痛，所赔款，永世难偿。
痛只痛，东三省，又将割献；痛只痛，法国兵，又到南方。
痛只痛，因通商，民穷财尽；痛只痛，失矿权，莫保糟糠。
痛只痛，办教案，人命如草；痛只痛，修铁路，人扼我吭。
痛只痛，在租界，时遭凌践；痛只痛，出外洋，日苦深汤。
怕只怕，做印度，广土不保；怕只怕，做安南，中兴无望。
怕只怕，做波兰，飘零异域；怕只怕，做犹太，没有家乡！
怕只怕，做非洲，永为牛马；怕只怕，做南洋，服事犬羊。
怕只怕，做澳洲，要把种灭；怕只怕，做苗瑶，日见消亡。
左一思，右一想，真正危险；说起来，不由人，胆战心惶。
俺同胞，除非是，死中求活；再无有，好妙计，堪做主张。

…………

只要我，众同胞，认清种族；只要我，众同胞，发现天良。
只要我，众同胞，不帮别个；只要我，众同胞，不杀同乡。
那怕他，枪如林，炮如雨下；那怕他，将又广，兵又精强。
那怕他，专制政，层层束缚；那怕他，天罗网，处处高张。
猛睡狮，梦中醒，向天一吼；百兽惊，龙蛇走，魑魅逃藏。
改条约，复政权、完全独立；雪仇耻，驱外族，复我冠裳。
到那时，齐叫道，中华万岁；才是我，大国民，气吐眉扬。

…………

这些诗句充满着辛酸、伤痛，而又带着无限的激情与渴望，催人泪下，给当时的国人注入一支强烈的清醒剂。

革命派的留日青年学生怀着国土沦落的痛苦和危机感，怀着“国家兴亡，匹夫有责”的责任心，为了不让生他、养他的祖国故土被洋人瓜分，负笈东渡，漂洋过海，到异国他乡寻求救亡图存的出路。这些人中还包括因反对清政府受到镇压后亡命日本的革命志士。例如，1895 年孙中山筹划广州起义失败以后，亡命日本，从日本转赴檀香山。1985～1924 年，孙中山先后 12 次到日本，居住在日本的横滨、东京、长崎等地有 10 年左右。孙中山把日本三岛作为自己长期栖身从事革命活动的地方。

革命派的留日学生在孙中山等革命志士的指导和组织下，思想大大升华。他们不仅有救亡图存的紧迫感，而且认识到要想挽救祖国的危亡，必须组织起来。留日学生的思想与留学其他国家的学生相比，显得更为热烈、激进和成熟。他们已经成为当时中国最敏感、最有生气的一个社会群体。革命派留日学生不能接受君主立宪政体，认为清政府就是富国强兵的最大障碍和阻力；不推翻清政府，就不可能赢得民主和进步。革命派的留日学生，决心以暴力手段推翻清朝专制统治，建立民主共和政体。

在日本的革命派学生基本都参加了孙中山领导的中国同盟会，成为中国近代民主主义思想的奠基人和辛亥革命的先驱。

当然，也有一部分留日学生认为日本明治维新以后的君主立宪政体就是中国的榜样，认为君主立宪是通向富国强兵的唯一道路。特别是1906年，载泽和端方等五大臣出国考察政治以后，清政府决定实行预备立宪时，他们更是大力赞美君主立宪政体的合理性。这些人还包括1898年戊戌变法失败后亡命日本的变法派组织者康有为、梁启超等人，他们已经堕落成为君主立宪政体的鼓吹者和保皇派。

二、中国同盟会在日本成立

1905年7月，孙中山到达日本的横滨，1905年8月，与黄兴见面，筹划各革命组织联合的问题。孙中山的“兴中会”、黄兴与宋教仁等人的“华兴会”、章太炎与秋瑾等人的“光复会”、蔡元培与吴敬恒等人的“爱国学社”、张继的“青年会”等组织，在日本东京成立“中国同盟会”。孙中山被推为同盟会总理。孙中山提出的“驱除鞑虏，恢复中华，建立民国，平均地权”的口号作为革命的纲领，继而编定“同盟会革命方略”，正式提出进行国民革命、推翻满清王朝、创立“中华民国”的政治主张和革命目标。从此，一个崭新的中国革命政党在日本诞生了。

中国同盟会将华兴会机关刊物《二十世纪之支那》改组成为《民报》。孙中山在《民报》的发刊词中首次提出“三民主义”：

> 余维欧美之进化，凡以三大主义：曰民族，曰民权，曰民生。罗马之亡，民族主义兴，而欧美各国以独立。洎自帝其国，威行专制，在下者不堪其苦，则民权主义起。十八世纪之末，十九世纪之初，专制仆而立宪政体殖焉。世界开化，人智益蒸，物质发舒，百年锐于千载，经济问题继政治问题之后，则民生主义

跃跃然动，二十世纪不得不为民生主义之擅场时代也。是三大主义皆基本于民，递嬗变易，而欧美之人种胥治化焉。其他施维于小己大群之间而成为故说者，皆此三者之充满发挥而旁及者耳。

今者中国以千年专制之毒而不解，异种残之，外邦逼之，民族主义、民权主义殆不可以须臾缓。而民生主义，欧美所虑积重难返者，中国独受病未深，而去之易。是故或于人为既往之陈迹，或于我为方来之大患，要为缮吾群所有事，则不可不并时而弛张之。嗟夫！所陟卑者其所视不远，游五都之市，见美服而求之，忘其身之未称也，又但以当前者为至美。近时志士舌敝唇枯，惟企强中国以比欧美。然而欧美强矣，其民实困，观大同盟罢工与无政府党、社会党之日炽，社会革命其将不远。吾国纵能媲迹欧美，犹不能免于第二次之革命，而况追逐于人已然之末轨者之终无成耶！夫欧美社会之祸，伏之数十年，及今而后发见之，又不能使之遽去。吾国治民生主义者，发达最先，睹其祸害于未萌，诚可举政治革命、社会革命毕其功于一役。还视欧美，彼且瞠乎后也。

翳我祖国，以最大之民族，聪明强力，超绝等伦，而沈梦不起，万事堕坏；幸为风潮所激，醒其渴睡，且人群之间，奋发振强，励精不已，则事半功倍，良非夸嫚。惟夫一群之中，有少数最良之心理能策其群而进之，使最宜之治法适应于吾群，吾群之进步适应于世界，此先知先觉之天职，而吾《民报》所为作也。抑非常革新之学说，其理想输灌于人心而化为常识，则其去实行也近。吾于《民报》之出世觇之。①

1905年8月13日，孙中山又在东京中国留学生欢迎大会发表演说：

所以吾侪不可谓中国不能共和，如谓不能，是反夫进化之公理也，是不知文明之真价也。且世界立宪亦必以流血得之，方能称为真立宪。同一流血，何不为直截了当之共和，而为此不完不备之立宪乎？语曰："取法于上，仅得其中。"择其中而取法之，是岂智者所为耶？鄙人愿诸君于是等谬想淘汰洁净，从最上之改

① 孙文. 发刊词. 民报（东京），1905-11-05.

革着手，则同胞幸甚！中国幸甚！[1]

是时，革命的热情燃烧在留日青年的热血中。这些有志青年本来就是为寻求富国强兵理论才来到异国他乡的，而此时中国同盟会的建立，使这些热血青年看到了目标和希望。很快他们团结在中国同盟会的旗帜下，发出了推翻满清王朝的呐喊，并与梁启超、康有为等改良派激烈论战。河南留日学生纷纷加入中国同盟会。

三、清王朝的“逆子贰臣”

刘马青霞到达日本的半年中，也正是孙中山先生在日本的时候。

1907年的上半年，刘马青霞携幼子刘鼎元与她的二兄长马吉樟、侄孙马恒泰一起到达日本的横滨，由横滨转车到达东京。马吉樟是清政府派出考察学务的官员，而青霞热心学务，捐助豫学堂，被清朝光绪皇帝封为“一品诰命夫人”的消息早已在《豫报》刊出，在留日学生中流传。在他们到达东京之后，河南留日学生专门召开欢迎会欢迎马氏兄妹，并且照相留念。

刘马青霞到日本后，因兄长马吉樟是清政府派出的官员，住在清政府驻日本的使馆中，青霞就租房住在东京的街市中。青霞首先把儿子刘鼎元送往幼稚园，以腾出时间进行学务考察。在日本，她结识了许多革命党人，心灵受到强烈的震动。

留日学生反对清王朝专制制度的革命浪潮，像太平洋的海浪一样汹涌澎湃，冲击着刘马青霞的灵魂。留日学生中所酝酿的那种爱国爱民、追求民主、崇尚自由的热情，对清政府腐败无能的憎恨情绪和无限的家仇国恨，都感染着她，点燃了刘马青霞那炙热的忧国忧民的心。留日学生对列强瓜分中国的愤怒，像随时都会喷发的火山，发出极大的能量。刘马青霞每天都处在激愤之中。

其实刘马青霞过去看得也很清楚，她目睹了清王朝的腐败，感到了近代以来国土被列强瓜分的伤痛，父亲马丕瑶就是因《马关条约》的签订，上疏《力阻和议折》，要求杀李鸿章以谢天下，以致“愤懑不能自已”而死。这些事情历历在目，曾经使她非常痛苦。但是受父亲忠孝思想的影

① 陈天华．纪东京留学生欢迎孙君逸仙事．民报（东京），1905-11-05.

响，刘马青霞始终希望像父亲那样做一个封建社会的忠臣孝子，像东汉杨震那样问心无愧，像范仲淹那样“先天下之忧而忧，后天下之乐而乐”，像岳飞那样忠孝两全，流芳百世。这正是千百年来地主阶级知识分子追求的人生目标和社会理想。她对家族、对社会的慈善行为和种种善举，皆出于哀民生之多艰的柔肠，出于对大清王朝的维护。

在日本东京，刘马青霞结识了很多革命志士和河南的留日学生。她结识的革命志士有孙中山、黄兴、秋瑾等；河南的留日学生如张钟端、曾昭文、刘积学、刘基炎、王庚先、夏述唐、张鹗翎、杨曾蔚、李锦公等；还有女士燕斌、朱炳麟等，这些人或为同盟会的领导人、中国革命的先行者，或为民主主义的革命作家，或为辛亥革命起义的领导人，对刘马青霞革命思想的形成起了巨大的作用。

孙中山、黄兴、秋瑾，这些名声震动全国的革命家，我们无须再详细介绍，但是这里要介绍一下留日学生，他们对刘马青霞的成长、对河南辛亥革命起义做出了巨大贡献。

张钟端（1879～1911 年），字毓厚，河南许昌长村人，中国同盟会河南支部领导人。1905 年，张钟端以诸生资格考上东京中央大学，官费留学日本，攻读法律。在日留学期间，他积极投入中国留日学生的爱国救亡运动中，加入孙中山领导的中国同盟会，成为中国资产阶级辛亥革命的先驱，近代民主革命的奠基人之一。

曾昭文，字可镂，1873 年出生，河南光山南新集（今河南新县）人，1904 年由北京练兵处考送日本留学，先入振武学校，毕业后入日本陆地测量部学习测量，参加兴中会，与孙中山、黄兴等交游甚密。1905 年 8 月 20 日，各个组织，包括兴中会，联合在日本东京成立“中国同盟会”，曾昭文是策划者之一。同盟会成立之后，孙中山被推为总理，曾昭文为书记。

刘积学（1880～1960 年），河南新蔡人。1904～1905 年在河南武备学堂读书，1906 年到日本，初入实业学堂，后考入东京法正大学政治科。1905 年参加同盟会，1906 年中国同盟会河南支部成立，与曾昭文、杜潜、朱炳麟、程克都相继主持过支部工作。

王庚先，字协三（1866～1932 年），生于河南邓州，幼年师从伯父王德纯，1903 年考取秀才，1905 年被清政府保送到日本师范学堂，同年 8 月参加同盟会，从事推翻清政府的革命运动。

夏绍虞，字述唐，1888 年生于河南息县夏寨，先入保定陆军速成学校，毕业后考入日本士官学校，官费留日。在日本参加同盟会。

张鹗翎，字翼如，1883 年生于河南荥阳罗垌村，系清末举人。1903 年留学日本，就读于日本士官学校，在日本参加同盟会，是河南留日学生中较早参加中国同盟会河南支部的 17 人之一，也是河南报纸《豫报》的第一批投资人。

杨曾蔚，字少石，开封人，清末廪生。1904 年由北京练兵处考送留学日本士官学校，少石文笔甚佳，在当时日本留学生的刊物上发表多篇鼓吹革命的文章，影响很大；曾任东京《武学》杂志编辑，与李烈钧、唐继尧、尹昌衡、张凤翙等组织丈夫成城团。1906 年参加同盟会。日本士官学校毕业后，受蔡锷邀请，任新军干部学堂总监；参加过李烈钧的江西辛亥革命。

李锦公，字絅斋，河南商水人，前清附生，由河南武备学堂选送日本学习法政，1906 年参加同盟会。

燕斌，女，笔名炼石，又名炼石女士，长沙人，寄籍河南。1905 年留学日本，学医于早稻田大学同仁医院，同年加入同盟会，曾任中国留日女学生会书记。

朱炳麟，女，号奋吾，河南开封人，1905 年赴日留学。1906 年曾代理黄兴任中国同盟会庶务。

刘马青霞到达日本后，主要接触的就是河南这些热血革命青年、同盟会的会员。他们有鲜明的立场，坚强的推翻满政府的决心。这些人在 1911 年以后，基本上全部回国参加河南或者全国各地的辛亥革命起义。他们抱着必死的决心与清政府决战，抛头颅、洒热血，视死如归，其中的很多人成为辛亥革命的烈士。

刘马青霞与这些留日青年关系密切，在与他们交往的过程中，在他们爱国热情的感染下，刘马青霞的思想迅速转变。她认识到只有革命、只有推翻清政府，中国才有出路。刘马青霞毅然地参加了同盟会。

关于刘马青霞参加同盟会，有明确的文献记载。根据追随孙中山革命多年的辛亥革命家冯自由所写《革命逸史》第三集《河南志士与革命活动》记载："当乙巳年（1905 年）东京同盟会成立之后，1906 年，加诸同盟会名册者有曾昭文（光东县）、杜君然（汲县）、刘基炎（光山县）、阎铁山（新蔡县）、李锦公（商水县）、陈庆明（延津县）、刘积学（新蔡县)、杨会慰（祥符县)、张鹤翔（荥阳县）等十余人。其后陆续加盟者尚有朱炳麟、潘印佛、陈伯昂、安沼白、刘醒吾、王传琳、张钟端、李絅斋、罗殿卿、程克、燕斌（女)、刘青霞（女）等二十余人。又有直隶通州人寄籍河南名车铭者，人极热心。”①

1907 年，刘马青霞参加同盟会，投入反对满清王朝的行列中。据邹鲁《中国国民党史稿》记载的中国同盟会入会的条约说：“第一，会员加盟需亲书盟约一纸交会保存，并向主盟者举手宣誓，誓词为：‘当天发誓，驱除鞑虏，恢复中华，创立民国，平均地权，矢信矢忠，有始有卒。有渝此盟，任众处罚。’宣誓的意义即表示革命到底的决心，所以会章的第三条又明白规定：‘凡会员入会后，不得中途退会。’”② 据冯自由在《革命逸史》第二集中记述：参加同盟会者，要履行入会手续，要了解同盟会会员相见之握手暗号及三种秘密的口令：“一曰汉人，二曰中国物事，三曰天下事。随与各会员一一行新握手礼，欣然道喜曰：为君等庆贺，自今日起，君等已非清朝人矣。”③

刘马青霞加入同盟会，履行入会的誓言和各种手续，接受同盟会的各种命令和任务，把“驱除鞑虏，恢复中华，建立民国，平均地权”当成她奋斗的目标和毕生追求的理想，积极地投入推翻清王朝的斗争中。刘马青霞从光绪皇帝册封的“一品诰命夫人”成为清王朝的“逆子贰臣”，成为一个推翻清朝专制统治的革命战士。

① 冯自由．河南志士与革命活动．革命逸史．第三集．北京：中华书局，1981：281.

② 邹鲁．中国国民党史略．重庆：商务印书馆，1945：24.

③ 冯自由．中国同盟会史略．革命逸史．第二集．北京：中华书局，1981：139.

第五章　刘马青霞与中国早期革命刊物

刘马青霞在日本参加同盟会，成为一个推翻清朝专制统治的革命战士。是时，同盟会还刚刚创建，正处在制造舆论、推翻清朝专制的宣传时期，革命的报刊杂志起着尤为重要的作用。刘马青霞1907年初到达日本，是时，同盟会的会刊《民报》被勒令停刊，紧接着各省的革命刊物也被勒令停刊，河南的一份杂志《豫报》已经被立宪派控制。河南的辛亥革命党人纷纷退出《豫报》杂志社，于是组织新版的革命刊物便成为时代的需要。

在这种情况下，同盟会"议决"再"设言论机关，以传革命种子，于是河南同志决定办《河南》杂志及《女界杂志》三种，并派人往河南设立书局，以便售报及代销新书之用"①。刘马青霞接受同盟会总部的指令和"议决"，投巨款赞助《河南》杂志和《中国新女界杂志》的改版。《河南》杂志自诞生之日起，就是中国革命党人的喉舌，在同盟会的会刊《民报》已经被勒令停刊的日子里，《河南》杂志对宣传辛亥革命起了巨大的推动作用。《河南》杂志第一期的《发刊之旨趣》说："吾党之《河南》杂志为吾河南同胞确定进行之方针也。"其目标是"揞救残局，夜阑不能寝，日晡未及食。已誓以此大好头颅与美丽江山俱碎矣。其有效，中国之福也；其无效，宁战而死，誓不奴而生"。《河南》杂志是革命的、战斗的刊物，刘马青霞对中国早期革命刊物《河南》杂志的创建和《中国新女界杂志》的改版起了重要的作用。

第一节　河南留日学生最早的刊物——《豫报》

《豫报》是河南留日学生最早的刊物。同盟会在日本创办了许多革命刊物，如《民报》等。各省留日学生基本都有刊物问世，如《浙江潮》、

① 邹鲁．河南举义//中国史学会．中国近代史资料丛刊——辛亥革命（七）．北京：人民出版社，1957：353，354.

《猛回头》、《警世钟》、《革命军》、《湖北学生界》、《中国女报》、《江苏》、《四川》、《云南》等，对宣传辛亥革命起到了强大的推动作用。河南留日学生创办的最早刊物《豫报》在创办之初，对唤醒民众还是有一些积极作用的，但是以后沦为保皇立宪派的刊物，河南的一些革命党人，如张钟端等退出了《豫报》。基于《豫报》向保皇立宪性质的转化，刘马青霞在日本没有支持《豫报》，也可以说与《豫报》毫无瓜葛，说明刘马青霞对革命是有识别能力的。

一、《豫报》创刊

《豫报》是河南留日学生最早办的刊物。自光绪三十二年（1906 年）始办第一期，即《豫报》第一号（至于何月始办，因办报者经验缺乏，月出一册第一号没有标注年月）；但《豫报》第二号的日期为光绪三十二年十二月初六日（1907 年 1 月 19 日），根据《豫报》第一号《豫报公启并简章》所说的“月出一册”，《豫报》当是 1906 年始办。

《豫报》一共办了六期，其出版日期情况如下：

《豫报》第一号（没有注明出版日期，此刊当在 1906 年下半年出版）；

《豫报》第二号光绪三十二年十二月初六日（1907 年 1 月 19 日）

《豫报》第三号光绪三十三年四月二十日（1907 年 5 月 26 日）

《豫报》第四号光绪三十三年九月二十六日（1907 年 11 月 1 日）

《豫报》第五号光绪三十三年十月二十六日（1907 年 12 月 1 日）

《豫报》第六号光绪三十四年四月一日（1908 年 5 月 1 日）

《豫报》第一号《简章》说《豫报》所分的门类为图画、社说、论说、学说、政治、教育、地理、历史、实业、军事、时评、新闻、文苑、译丛、谈丛、小说、杂俎、专件、来稿调查等。

《豫报》创办之始，还有一些哀痛国土沦丧、唤起民众的思想和言论，如《豫报》第一号《豫报公启并简章》云：

> 在东同人痛时局沦胥，民智迪未久，拟苦口哀诉，警觉桑梓，奈云海相隔，声息难通，即鱼雁往来频仍，究属不能普及。因组织杂志，月出一册，为输出文明导线。凡吾同乡同志，当必

赞其成而扶住其举者，本社有厚望矣。[①]

在这篇《豫报公启并简章》提到其宗旨云：“本报以改良风俗，开通民智，提倡地方自治，唤起国民思想为唯一之目的。”

这篇《豫报公启并简章》说，创办《豫报》的目的是“在东同人痛时局沦胥，民智迪未久，拟苦口哀诉，警觉桑梓”，但其宗旨只是为了“改良风俗，开通民智，提倡地方自治”，未涉及揭露清政府的软弱无能与卖国嘴脸，缺乏当时留日青年所表现出来的战斗性。

但发表在《豫报》第一号的许多文章还是很有时代精神的。

> 自我国与外洋交通垂六十余年，其间之任外交者，率皆庸暗无识不谙外国情形，故事事吃亏，处处退步，博外人之欢心。不知我愈退彼愈进，我让一寸彼争一尺，相迫相逼，愈缚愈紧，至于今日，而国之大局不堪言矣。中国在与列强的交往中，处处失败，以致属地失、要港割，已成百孔千疮，不可收拾……外洋势力，其来以渐，先在海外，继在海口，继在沿江，至今日则无地无欧人之足迹，所至之地吸收菁华，驱驾人民，久而不振，则人民失自立之性，不能与并生存。

又如《豫报》第一号中署名“补天”的文章《中国国民无国家思想由于不知国家政府之辨》，该文认为国家与政府是两个不同的概念，国家是人民的国家，而政府代表着部分人的利益。该文云：

> 中国二千年来，不知政府与国家之分，而误认为政府即国家。历代君主遂攘国家为一家一姓之私产。二万里疆宇，其耕陇也；四万万人民，其奴隶也；以弱民为政策，保护其家业也；以愚民为心计，防制其家贼也。汉刘季对太公说：“尝以季不殖产，今视季与仲孰多?”……政府负国民之付托，向政府责问，曰“大逆不道”也。政府虽腐败恶劣，而必使国民蜷曲蠕息于一人威权之下，不能有异言，曰“庶人不议”也。横暴达于极点不能禁。

由于《豫报》创办较早，而且是当时河南留日学生中唯一的杂志，其“为输出文明导线”、“改良风俗，开通民智”的提法，得到了河南留日学

① 《豫报公启并简章》，《豫报》第一号于东京。

生的支持。笔者曾粗略读过《豫报》上发表的文章，但认为有价值的、富有时代精神的也就是《豫报》第一号。

当然《豫报》作为一个刊物，报道了清末朝廷和河南的新学教育情况，以及一些形势，还是有许多价值和意义的。

《豫报》创刊之初，还是得到许多留日学生的欢迎和支持的。留日学生节衣缩食，用他们节省下来的钱投给《豫报》，如留日的辛亥革命党人张钟端、刘马青霞的婆家侄孙刘恒泰等，都曾为《豫报》捐过款，支持《豫报》的创刊和建设。

二、《豫报》向保皇立宪性质转化

《豫报》在创办的过程中，逐渐向保皇立宪性质转化，其发表的文章也越来越代表立宪派的观点，充满了保皇立宪派的言论和主张。

笔者试举几段说明《豫报》的性质。

《豫报》第一号起就发表一些莫名其妙的文章，如《豫报》第一号发表名曰“创余”的文章《论中国扩充固有之柔术》：

> 中国相沿之刀、之剑、之戈、之矛、之空手拳诸端，廼外人之所谓柔术，吾国之所谓国粹。”“盖所从事斯业者，虽村夫孺子亦寥寥乎如晨星矣。”“吾之劝扩充固有柔术，为多数国民言之也。妖曼之色志为靡焉，钟鼓之气为壮焉……柔术之不足重于中国也久矣，虽其业此者亦作辍无常，鲜有知其与富强之业有密切之关系，而极力扩张以倡天下者也。

“创余”先生在这里极力强调柔术之重要，柔术是人们自卫强身之策。柔术可以“自卫”、“强身所以强国”的提法是有一定道理，但对人们最关心的反对清政府的斗争却丝毫没有提及。柔术、体育固然重要，但不能以此为核心，锻炼身体与革命事业是相辅相成的，而不是分离的。

《豫报》第五号发表“梦生”写的文章《立宪当以自治为根本》云：

> 今日中国所处之时，当以何为至当不易之国是乎？莫不曰当以立宪为国是。虽然已立宪为国是固当矣，立宪而不先研究立宪之原则，与维持立宪之基础，而遽言立宪，无论立宪之事，终不能成立……由是以观，自治先于立宪，非立宪先于自治。立宪乃强国之根本，自治乃立宪之根本，欲强国而不先立宪，则国家终

> 无巩固可言；欲立宪而不先自治，则宪政终无发达之一日。

“梦生”的文章的意思是说，中国人现在都认为“立宪为国是”。“立宪”，就是君主立宪，即中国必须还要有皇帝；而“立宪乃强国之根本，自治乃立宪之根本，欲强国而不先立宪，则国家终无巩固可言”，真是一派保皇党的“高论”。

《豫报》第六号发表“泪红生”写的文章《改革国民之心术说》，该文喋喋不休地说：

> 我国民能与英人竞争乎……我国民能与德人竞争乎……我国民能与美人竞争乎……我国民能与法人竞争乎……我国民能与日人竞争乎……我国民能与俄人竞争乎？然后说，盖其立宪共和之至理，周、程、朱，三子未尝无此思想，惜不能扩充其学说以寿世，故不免于罪耳！然则创神明学说，为医国圣手者，其唯陆、王乎？陆、王之学以心为根据，其立论精当，足以撼天地而泣鬼神……彼日本明治维新之盛业，得力于王学。

“泪红生”的文章更是毫无道理，认为中国国民根本没有力量与英国人、德国人、美国人、法国人、日本人、俄国人竞争，并且说“立宪共和之至理”，本来就是周敦颐、二程、朱熹等人的思想，可惜没有传下来。“泪红生”振振有词地说“彼日本明治维新之盛业”，不就是得益于陆九渊、王阳明的“足以撼天地而泣鬼神”的心学而立宪吗?!

《豫报》共出版六期，每期也只是刊登一两篇政治、论说之类的文章，只有刚办刊时的个别文章，还有些战斗力；而后来《豫报》大部分文章宣传的就是立宪保皇的论点。这大大地限制了人们的视野，《豫报》已经堕落成保皇派的工具，阻碍滚滚的革命洪流，完全为保皇立宪派所控制。

三、《豫报》停刊原因试析

《豫报》集中发表保皇立宪派言论，引起了河南留日学生的强烈不满。当时的留日学生多是平民出身的子弟，很多人是官费留学或者是自谋生路的。他们节衣缩食，在异国他乡读书，用有限的经济力量去办杂志，希望能够鼓舞革命的锐气和意志，但是《豫报》却连篇累牍地发表保皇立宪派言论。《豫报》宣扬立宪派的理论观点，不受广大民众的欢迎，引起河南留日革命学生的强烈不满和普遍反对，一部分革命派的留日学生离开《豫报》，如当时的革命派学生张钟端、刘积学、阎铁生、李锦公、陈庆明等相继离开《豫报》，创办《河南》。

1906年，章太炎主持的《民报》以推翻清政府的观点与梁启超主持的《新民丛报》就保皇立宪观点展开了大辩论。梁启超在《新民丛报》发表文章《尊皇论》说："今日议保全中国，惟有一策，曰尊皇而已。"在《立宪法议》又说："君主立宪者，政体之最良者也"。章太炎1903年6月在《驳康有为论革命书》说光绪皇帝为"载湉小丑，未辨菽麦"。孙中山在1904年发表的《敬告同乡书》和《中国问题的真解决》等文章说"革命与保皇，理不相容，势不两立"。"革命、保皇二事，决分两途，如黑白之不能混淆，如东西不能易位。"

革命派以大量的事实为根据，特别举出戊戌变法失败的例子，认为清政府已经腐败反动透顶，是革命派和中国人民的死敌，说明在中国保皇立宪的观点行不通，从此推翻清政府、争取民主自由的理论成为时代的主流，深入人心；保皇立宪不得人心，为广大的留日青年所唾弃，也不得广大的中国人之民心。

《豫报》宣扬立宪派的理论观点，势必不能得到读者的欢迎，因此《豫报》很少有读者。其发行量和发行范围不大，当然回笼的资金也不会太多。

经费困难是《豫报》停刊一个很重要的原因。《豫报》资金的来源是留日学生的捐款。《豫报》第一号等公启上说："本社事当创始，财力支绌，如有契心此举，慨助巨资，本社当推为名誉赞成员，登诸报端，以鸣盛谊。并按赠资多少送阅本报，不再取资。"当时《豫报》确实收到许多留学生的捐助，但大家捐资5元、10元不等，出现一定的困难；《中国新女界杂志》第三期为《豫报》刊登了一则《豫报广告》说："本报自第二期后，因有特别事故，延迟多日，同人对于内地欢迎本报诸君深滋愧栗。现又从新整顿勉赴前途，不惟以后按期出版，并思补前日之缺。惟我豫留东社员，人少力薄，至于款项在东所筹，只可暂为支持。尚望阅报诸君速寄报资，并对于本报有所匡救。邮示一切，同人有厚望焉。此白。"由这则广告可以看出《豫报》当时经费困难。

而清政府刚刚镇压了戊戌变法，本来对立宪变法就不感兴趣，只不过在民主革命浪潮的冲击之下，其江山摇摇欲坠，觉得立宪总比被推翻好，于是才于1905年派载泽等五大臣出洋考察"宪政"，1906年宣布所谓的"预备立宪"。但他们的内心深处不仅对革命甚至对立宪也是排斥的；又加上孙中山等革命派掀起的革命巨浪荡涤着清王朝的江山，清政府自顾不暇，因此尽管立宪的观点对清政府好处极多，他们也根本不可能支持《豫报》。《豫报》在光绪三十四年四月一日（1908 年 5 月 1 日）出了第六号杂志之后停刊。

第二节　刘马青霞与《河南》杂志

图 5-1　日本东京牛込区刘马青霞办杂志的旧街

刘马青霞到日本后，《豫报》正在发行的高潮期，但她却根本没有支持《豫报》，而坚决地、不遗余力地支持了辛亥革命党人的喉舌《河南》杂志的创刊，说明了刘马青霞对革命的明朗态度和辨别能力。刘马青霞作为一个同盟会员，她接受同盟会总部的指令和“议决”，赞助《河南》杂志的出版，从而在同盟会总部的报刊《民报》被查封之后，又创办了新的宣传革命的刊物和阵地（图 5-1）。留日青年的一个显著活动就是大量发行革命书报、宣传革命思想。革命派留日学生为鼓吹革命进行了卓有成效的工作。中国同盟会的刊物《民报》被日本警署勒令停刊之后，中国同盟会总部决定再办刊物，“设言论机关，以传革命种子”，《河南》杂志是根据中国同盟会总部的决议而创办的宣传民主革命的阵地。

《河南》在当时对唤起民众、推翻清政府、辛亥革命的爆发作了声势浩大的舆论准备，起了巨大的推波助澜的作用。鲁迅刚刚踏上文学道路的七篇文章皆在《河南》杂志发表，《河南》杂志为培养新文化运动的旗手和大文豪鲁迅做出了贡献，在中国近代史、辛亥革命史和新文化运动史上留下了光辉的一页。

一、《河南》杂志的创办

《河南》杂志是在中国同盟会的刊物《民报》被日本警署勒令停刊之后，总部决定再办刊物，“设言论机关，以传革命种子”[①]，而决定创办的革命刊物。

---

① 邹鲁．河南举义//中国史学会．中国近代史资料丛刊——辛亥革命（七）．北京：人民出版社，1957：354.

同盟会机关报《民报》，1905年在日本东京创刊，前身是《二十世纪之支那》。初为月刊，后改为不定期出版。主要撰稿人有胡汉民、汪精卫、陈天华、宋教仁、章炳麟等。孙中山在为《民报》撰写的发刊词中，第一次将同盟会的主张概括为“民族主义、民权主义和民生主义”。于是“三民主义”就成了《民报》宣传的主要内容。《民报》宣传以排满为中心的民族主义，宣传以建立共和政体为中心的民权主义，宣传以土地国有、平均地权为中心的民生主义，并与立宪派刊物《新民丛报》等进行论战。胡汉民批驳了梁启超反社会革命之言论，阐述了同盟会关于民主革命的理论。《民报》在1908年10月出版第24号时，日本政府以其“激扬暗杀”为由查禁停刊。

这里笔者认为有必要解释一下关于“支那”一说的问题。中国同盟会机关报《民报》的前身为什么是《二十世纪之支那》？为什么把中国成为“支那”呢？“支那”之名起源于印度。印度古代人称中国为“chini”，是来自“秦”的音译，英文中的China，和法文中的Chine，都是来自这个语源。

《大唐西域记》卷五《玄奘与戒日王》记载：戒日王与玄奘的对话中，把秦朝时期的中国称为“摩诃至那国”，玄奘对曰：“然，至那者，前王之国号；大唐者，我君之国称。”①《大唐西域记》所说的“至那”，就是“支那”；是一种音译，指的是秦朝。“摩诃至那国”，就是伟大的秦国。辛亥时期，很多革命党人流落海外，当时日本称中国为“清国”，而革命党人不承认清王朝，更不承认自己是清朝人，于是自称“支那人”。当时称中国为“支那”并没有什么贬义。中国同盟会机关报《民报》的前身称为《二十世纪之支那》，章太炎、孙中山在东京上野精养轩召开“支那亡国二百四十二周年纪念会”，反而含有对中国汉族人的尊敬。

辛亥革命后，中国从“大清帝国”变为“中华民国”。日本人不忿我国被称为“天下之中”、“居四夷之中”的中国，开始不称中国为“中华民国”，而称为“支那共和国”，甚至在一些外交公文上把中国也称为“支那共和国”，这引起一些有识之士的反感、并且进行抵制。1930年，国民政府才训示日本外交部：今后凡载有“支那”二字的日本公文一律拒收。同年10月，日本外务省提请内阁讨论将中国的日文正式称谓改为“中华民

① 玄奘．玄奘与戒日王卷五//大唐西域记．台北：弥勒出版社，1960：109.

国”。

笔者认为，“支那”称号最初也无所谓贬义，但是我们作为一个有鲜明国号的国家，日本人是无权更不应该别有用心地篡改中国国名。

是时，各省留日学生的革命刊物因宣传革命思想相继被日本政府勒令停刊。例如，《浙江潮》光绪二十九年（1903 年）正月创刊，刊登过《中国爱国者郑成功传》、《民族主义论》、《铁血主义之教育》等比较有影响的文章。该刊共出了 12 期，于光绪三十年（1904 年）停刊。

湖北留日学生同乡会主办的《湖北学生界》杂志光绪二十九年（1903 年）正月初一创刊，《湖北学生界》为月刊，每期 100 余页。该刊自第六期始更名为《汉声》，共出了八期，同年八月初一停刊。在这种情况下，同盟会总部决定再办革命刊物，即《河南》与《中国新女界杂志》。

早年参加同盟会、追随孙中山革命的辛亥元老邹鲁在《中国近代史资料丛刊——辛亥革命（七）》的《河南举义》中写道，《河南》（图 5-2）与《中国新女界杂志》皆是在中国同盟会的《民报》被查封之后，而又办的宣传革命的刊物。《河南举义》云：

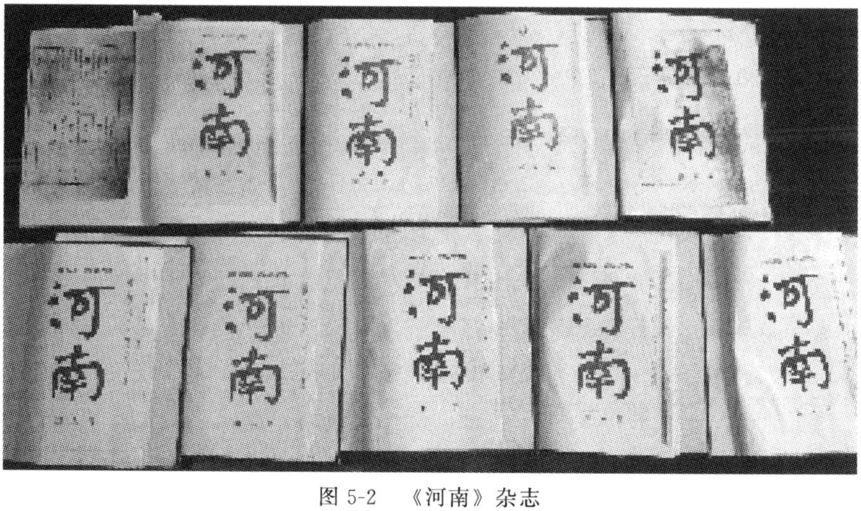

图 5-2　《河南》杂志

因《民报》被清廷查禁，不能向内地输入，议决留日各省同盟会各部筹设言论机关，以传革命种子。于是河南同志遂决定创办《河南》杂志及《女界杂志》二种，并派人往河南省设立书局以便售报及代销新书之用。书局名大河书社，总局设开封。共推张钟端（字毓厚）为总经理，刘积学为总编辑。余诚、潘印佛、曾昭文、陈伯昂、王传琳等分任编辑发行等

> 事。朱奋吾为《女界杂志》总经理，燕斌女士、刘青霞女士等分任编辑发行等事。李锦斋为大河书社总经理，刘醒吾、罗殿卿副之……河南之《河南》杂志，山、陕等省亦各有杂志。一时革命之声，勃然布满内外，而《河南》杂志持论最为激烈，关于种族革命及政治革命，抉发透彻，内地销行亦广，每期售至万分以上。河南知识界革命思想愈益开发，殆等于南方诸省矣。河南杂志出版至第十期，日本警署受清廷驻日公使之请求，勒令停刊，并将所存报章尽行押收。总经理被拘留数日，使馆据此，电请学部停止张之官费。《女界杂志》因著论鼓吹妇女革命应以暗杀为手段，出版至第六期，亦被日警勒令停刊。大河书社未几，被当道查封，并通缉副经理刘醒吾等。①

刘马青霞是同盟会的会员，当然接受同盟会的指令，对《河南》杂志提供巨款资助，是她的职责。《河南》杂志的创办是同盟会总部的决议。在这种情况下，在一次开会的时候，张钟端先生（后为河南辛亥革命起义的总司令）代表河南全体留日学生向刘马青霞求款，希望能创办《河南》杂志。刘马青霞认为张钟端等革命派学生是值得信任的，答应捐款创办《河南》杂志。

清光绪三十四年（1908 年）五月二十二日《沪报》报道：

> 《河南》杂志社原分三部：一总经理部，张钟端为长；二总编辑部，刘积学为长；三总翻译部，王传琳为长。其款乃河南孀妇刘青峰（霞）女士所出。去岁刘女士来游历，河南同乡开会欢迎。后张钟端等以河南全体名义向刘女士求款一万五千两办此杂志，刘女士以为彼等，果由河南全体所举，遂信任之。而张钟端等对于河南全体则云：刘女士请伊等办此杂志，以故河南全体不能过问。该社开办以来，杂志始出至第四期，余款乃仅余四千余元，虚耗颇多，故人多言其有侵蚀之弊云。

《沪报》报道，刘马青霞捐助一万五千万两银子办此杂志，而《河南》第一期《简章》则说刘马青霞赞助两万两银子创办《河南》杂志。《河南》第一期《简章》第十三条云：

---

① 邹鲁．河南举义//中国史学会．中国近代史资料丛刊——辛亥革命（七）．北京：人民出版社，1957.

> 本社所有经费，均尉氏刘青霞女士所出，暂以二万元先行试办，俟成效卓著时再增巨资，以谋扩充。《简章》所写的本刊《十大特色》之“特色三”云：“炊而无米，则巧妇束手。战而乏饷，则名将灰心。本报经刘女士出资钜万，既有实力以盾，其后庶几乎。改良进步，骎骎焉有一日千里之势。”

《沪报》报道，青霞捐助一万五千两银子办此杂志，而《河南》第一期《简章》则说刘马青霞赞助二万元创办《河南》杂志。这里有必要谈一下关于清末银子与银元的换算问题。

本来清王朝是以银子流通于市的，而银子的使用单位则是“两”。银元最早出现在欧洲，明朝时期以银元的形式传入我国。清光绪十五年（1889 年）清廷开始铸造银元，因背面铸有一条龙，故称为“龙洋”。“龙洋”每枚重量 7 钱 3 分，100 个银元重 73 两。银元很重，在大宗交易时，不可能都带在身上，因此往往用钱庄的“银票”进行交易。刘马青霞赞助《河南》杂志二万元，当是当值银元的“银票”。“二万元”如果换算成银子的话，则与光绪三十四年（1908 年）五月二十二日《沪报》所报道的刘女士捐款“一万五千两办此杂志”的说法相合。《河南》第一期《简章》的报道说明，当时革命派的留日学生为能创刊《河南》，能发出自己的声音是多么欢欣鼓舞。

至于《沪报》所报道的“该社开办以来，杂志始出至第四期，余款乃仅余四千余元，虚耗颇多，故人多言其有侵蚀之弊云”，当属于子虚乌有，有不实之处，如《河南》共出九期，而不是出四期。《河南》第一期《简章》第九条“本报月出一册，至少登足一百二十页，定于阳历每月朔日发行，决不愆期”。这个记载说明办刊者认真负责之态度。

《河南》杂志共出版九期，具体出版情况如下。

《河南》 第一期 中历十一月十五日 西历 12 月 19 日

《河南》 第二期 （没有写印刷日期，只写了每月一次。据第一、第三期的间隔，第二期出版当在 1908 年 2 月初）

《河南》 第三期 光绪三十四年二月三日 西历 1908 年 3 月 5 日

《河南》 第四期 光绪三十四年四月五日 西历 1908 年 5 月 5 日

《河南》 第五期 光绪三十四年五月七日 西历 1908 年 6 月 5 日

《河南》 第六期 光绪三十四年六月七日 西历 1908 年 7 月 5 日

《河南》 第七期 光绪三十四年七月九日 西历1908年8月5日

《河南》 第八期 光绪三十四年十一月十二日 西历1908年12月5日

《河南》 第九期 光绪三十四年十一月二十七日 西历1908年12月20日

《河南》第一期出版日期用“中历”代替“光绪”的年号，说明河南留日革命派学生对清政府的愤恨。《河南》第三期至第九期用了“光绪”的年号，说明革命派学生为了让别人明白出版的时间，采取了实事求是的态度。

《河南》第一期出版的时间与《豫报》第五号的出版时间基本重合；《河南》第二、第三期出版之后，《河南》第四期与《豫报》第六号的出版时间基本重合，说明在河南留日学生中革命派与立宪派的不可调和性，也说明刘马青霞对革命派的留日学生支持之坚决，所起的作用之大。《河南》以其高昂的革命激情、鲜明的反帝反清的立场，受到了国内外的广泛关注。

陈伯昂先生在《辛亥革命运动若干史实》一文附表《我所知道的同盟会史实》中说：

> 本会（同盟会）经费多由南洋华侨募集，因孙中山先生之兄在檀香山经营商业，知交甚多，孙先生奔走活动，多赖其兄资助，但只能供给个人活动需要。会内经费全是募集的。河南省尉氏县师古堂刘青霞女士捐助二万元，这是一笔较大的捐款，用以创办《河南》杂志社，该社能聘浙江周树人撰论文，都是尉氏刘家之力。①

刘马青霞作为同盟会的会员，接受同盟会的指令，对《河南》杂志巨款资助，为《河南》杂志的创办做出了巨大的贡献。

二、“首屈一指”的《河南》杂志

辛亥时期的革命家冯自由在其所著的《革命逸史》中谈到《河南》杂志的影响时说：

---

① 陈伯昂．辛亥革命运动若干史实．协商论坛，2011，(04)：49-51.

此报鼓吹民族、民权二主义，鸿文伟论足与《民报》相伯仲。时湖北《学生界》、《浙江潮》、《江苏》、湖南《游学译编》等月刊停刊已久，留学界以自省名义发行杂志而大放异彩者，是报实为首屈一指。出版未久，即已风行海内外，每期销流数千份。①

《河南》在当时留日学生后期创办的杂志中影响巨大，与同盟会创办的《民报》相伯仲。

翻开《河南》杂志，一股强烈的革命激情迎面而来，反映了辛亥革命前期河南留日学生反对帝国主义列强对中国的瓜分，反对专制的清政府，争取民主自由、天赋人权的爱国热情和革命坚定性。《“河南”杂志广告》说：

登嵩峰而四顾……各国从旁垂涎而冀分杯羹者，复联袂而来……同人忧焉，为组斯报，月出一册，排脱依赖性质，激发爱国天良，做酣梦之警钟，为文明之导线。②

《河南》杂志发出了“救亡”的呼声，是同盟会宣传革命的阵地。《河南》创刊第一期在开篇发表朱宣的文章《发刊之旨趣》，开篇第一句说：

今何时乎？幢幢华裔，将即于奴；寂寂江山，日变其色。人亿其身，身亿其手，遑遑焉奔走于拯民救国之途，犹恐不能返其魂而延其命；乃復蹲踞海外，歌哭天涯，掷有用之光阴，耗无限之心血，而从事于报章，得无欲以数纸文章，抵御列强耶？曰：否，不然。为全国计，数年来发行报章，无虑百种，都凡千余册。崇论宏议，为国民指示方针，殆已确定，则此报尽可以休刊。为河南计，则此报万万不可不出。当此危机一发之际，犹不可不速出，故吾于初脱版时为一言明白宣示曰：吾党之《河南》杂志为吾河南同胞确定进行之方针也。

…………

各省志士茹辛含苦，措救残局，夜阑不能寝，日哺未及食。已誓以此大好头颅与美丽江山俱碎矣。其有效，中国之福也；其无效，宁战而死，誓不奴而生……此政府一日不倒，我国民之在

① 冯自由．革命逸史．第三集．北京：中华书局，1981：272.

② 见《夏声》第1期、《晋乘》第2期和《豫报》第6期所刊登《“河南”杂志广告》。

> 中国即无日不如蝮蛇遍地儳焉，将被其毒螫也……政府之建设，非由政府，实由于国民。政府之不良，国民应有改造职责。明知其外不适于国，竞内不合于民，而乃坐视其亡，我中国不起而改弦更张之，是即我国民自亡之也。

《河南》杂志是同盟会河南支部“为河南同胞确定进行之方针”，指出当时的危机形势，并为自己“蹲踞海外，歌哭天涯”，不能亲到祖国战场去斗争，只能发行报刊而难过。但是这个报刊却不能不发行，因它是革命的纲领。《河南》第一期的首篇其实是对清政府宣战的战书，表现了河南留日学生革命的决心和意志。

《河南》杂志对清政府的卖国、反人民的本质进行了揭露，表现出推翻清政府的决心。

后来在河南辛亥起义担任总司令而且牺牲的张钟端在《河南》第四、第五期用“鸿飞”之笔名发表文章《对于要求开设国会者之感谓》。该文开头就说：

> 呜呼！我同胞置身于今日之中国，岌岌乎殆哉！有不可终日之势矣，跼蹐于异族钤制之下，圈圄于暴政梏桎之中屈苦莫能言，惨状莫能绘，为奴、为隶、为马牛，听其俎脔封割而无计无辞……故时至今日之政府，与平民既成绝对不相容之势。政府所据之利，即平民所蒙之损害；政府蒙被之损害，即平民所争之利益。故政府自为计以酷虐平民，为无上之长策。若平民自为计，又以脱离政府为最完之远谋盖其利益相反，得失相敌，而其不能调和；亦可断言，不待龟筮。由是言之，则我平民之在今日，既思所以自全，则当以绝对不能与此恶劣政府两立为第一要义。

张钟端在文章中指明了中国被列强俎脔封割、人民被圈圄于暴政梏桎之中的危机形势，指出这一切是反动的清政府造成的。清政府与人民“利益相反，得失相敌，而其不能调和”，因此人民要想保护自己的安全，必须与清政府势不两立，推翻清政府才是“第一要义”。

《河南》认为中国之国情是无法实行立宪的。《河南》痛批了立宪派的言论，认为清政府已经堕落成洋人的傀儡、卖国的政府，是与人民为敌的政府。人民对于清政府的野蛮残酷统治，只有推翻，而没有调和的可能，更无立宪的可能。

周仲良在《河南》第五期用“明民”为笔名发表文章《中国变法之回顾》，指出清政府的反动，是不可用变法来挽回的。该文曰：

因故政府之于吾民不欲其智，而欲其愚；不欲其明，而欲其闇；不欲其强，而欲其弱；不欲其刚，而欲其柔。然后彼可高卧于九重，偃然肆于吾民之上，而坐收指挥奠定之功，脱使吾国能长此终古绝客闭关，亦未始不可。永享升平，维持专制。

该文还指出：“某亲王说：‘我国练兵，不过为防家贼计耳！’”“明民”的文章通过对中国变法的回顾，指出通过变法是不可能实现富强的，只有推翻清政府推翻才有出路。

《河南》第五期沈竹白用笔名“不白”发表文章《警告同胞勿受要求立宪者之毒论》，对立宪者言论进行了犀利的鞭打和批判：

中国政府非同胞之政府，乃列强假设之政府也。如越南，法之总督；满洲，日之总裁。不过支那地大物博，非设一总机关不足以宰割行省，北京政府所由设也。中国政府夙以吾同胞制吾同胞，今列强犹以中国政府制吾同胞也。是有中国政府，吾同胞即无余命，矧犹有列强之总政府以盾其后也，欲不死焉可得哉?!际是时也，必群策众力，推倒今日之政府，犹惧国运已亡，莫教丧乱于末路，使復伣伣伈伈，忍奴隶牛马之辱，不唯亡国灭种之祸莫挽，纵死于九泉，何以见列祖列宗于地下。

《河南》认为喊叫“立宪”是一种丧心病狂的举动。《河南》第三期发表“明民”之文章《预备立宪者之矛盾》：

国民普通之自由，彼不能于立宪时代保护之，乃反于立宪时代剥夺之。国民政治之权利，彼不能于立宪时代促进之，乃反于立宪时代限制。非丧心病狂奚为?

同盟会的报纸《民报》被查封之后，《河南》杂志成为同盟会的喉舌和舆论阵地。《河南》杂志以其鲜明的革命性，对清政府的卖国反动本质进行了揭露，为辛亥革命的爆发、为推翻满清王朝、为推翻千年帝制作了声势浩大的舆论准备。《河南》杂志在各省留日学生所办的杂志中影响最大，如冯自由在其所著的《革命逸史》中说的“留学界以自省名义发行杂志而大放异彩者，是报实为首屈一指”。

三、《河南》杂志与鲁迅

刘马青霞对《河南》杂志的捐助为河南留日的革命派学生提供了雄厚的资金，使河南革命派的声音响遍全中国、全世界，使一些青年革命作家的本因经费问题无法出版的文章在《河南》杂志得以发表。《河南》杂志为培养鲁迅这样的著名作家做出了贡献。

鲁迅这个时候正在东京。他原在日本仙台乡间的一个医学学校学习。他在《呐喊序》中说道：

> 医学并非一件紧要的事，凡是愚弱的国民，即使体格如何健全，如何茁壮，也只能做毫无意义的示众的材料和看客，病死多少是不必以为不幸的。所以我们的第一要者，是要改变他们的精神，而善于改变精神的是我那时以为当然要推文艺，于是很想提倡文艺运动了……第一步当然是出杂志，名目是取《新的生命》的意思，因为我们那时大抵带些复古的倾向，所以只谓之《新生》。《新生》的出版之期接近了，但最先就隐去了若干担当文字的人，接着又逃走了资本，结果只剩下不名一钱的三个人。创始的时候已背时，失败的时候当然无可告语，而其后却连这三个人也都为各自的运命所驱策，不能在一处纵谈将来的好梦了，这就是我们的并未产生的《新生》的结局。①

由以上记载可以看出，鲁迅是非常苦闷寂寞的，所以他要呐喊。鲁迅所写的一些文章，因《新生》“逃走了资本，结果只剩下不名一钱的三个人”，“这就是我们的并未产生的《新生》的结局”。鲁迅苦心所写的文章，都没有发表出来，因资本逃走，没有到位，《新生》流产，没有出版。当然，鲁迅的唤起民众精神的初衷也没有实现。

鲁迅在《新生》杂志没有发表的文章，后来接连在《河南》上发表。

> 鲁迅先生早期的主要论著发表于《河南》杂志……我省流亡东京的革命党人，编辑出版了鼓吹革命的刊物《河南》。鲁迅先生和他的朋友打算提倡文艺运动而写就的论文，竟借《河南》这

① 鲁迅．呐喊序．北京：人民文学出版社，1973.

个刊物而逐一问世了。[①]

据周作人回忆：

> 说河南有一位富家寡妇，带着一个独生儿子过活，本家的人觊觎她的财产，阴谋侵占，她觉得不能安居，只能叫儿子来东京留学，自己也跟了出来。她把一笔款捐给同乡会，举办公益事情，一面也求点保护，这样便是《河南》月刊的缘由。[②]

周作人所说的只是部分符合事实。刘马青霞的儿子还很小，在日本上的是幼稚园，刘马青霞不是跟儿子到日本留学的。而且刘马青霞参加同盟会的事，是周作人不可能知晓的。

> 鲁迅他们所策划的《新生》则明显属于同人杂志，没有稳定可靠的资本，没有实力雄厚的发行机构，也没有联系广泛的社团组织。这都是现代市场形式中文学赖以生存发展的重要条件，只有激动人心的文艺理想，似乎还是不够的。新生，名目是取‘新的生命’的意思。据许寿裳回忆说，当时“有人就在背地取笑了，说这会是‘新进学的秀才呢’”。[③]
>
> 虽然是取笑，却也依然反映了鲁迅他们的寂寞与尴尬……而这《新生》，对绝大多数人而言都仿佛是一个陌生的名目，能够进入其认知范围的恐怕也就是“新进学的秀才”之类了！不仅知音寥寥，就是在参与者这里，现实生存与文学理想之间的对立也依然存在，于是，后来的流产也算不得有多么奇怪了。在现代复杂而广阔的生存环境中，个体的沉思冥想与自言自语毕竟影响有限，市场形式与出版媒介之于文学的发生发展是必不可少的。于是，新文化与新文学的产生也的确需要我们文学家们的适当形式的推动、传播与组织，《新生》的失败似乎告诉我们，在不能直接满足世俗需要的时候，现代中国知识分子推行自己的文学新理想还需要一定的经验积累，而历史的现实运动也不仅仅就是个别人“深度”体验的结果，更广泛的“深度”认同仍然需要时间的

---

① 任访秋．鲁迅与河南·鲁迅与河南序．郑州：河南人民出版社，1981.
② 周作人．知堂回忆录．上册．石家庄：河北教育出版社，2002：220.
③ 许寿裳．亡友鲁迅印象记．北京：人民文学出版社，1977：21.

耐性……1908 年里给《河南》写了几篇文章，这些意思原来也就是想在《新生》上发表的。[1]

周作人说："《新生》没有诞生，但是它的生命却是存在的。因为想在《新生》上说的话，都在《河南》上说了。"[2] 鲁迅原想赋予中国新文学"新生"的意愿，在《河南》杂志上得以实现。

1907 年 12 月至 1908 年 12 月，鲁迅用"令飞"、"迅行"的笔名先后为《河南》杂志撰写和翻译的稿子有七篇：

《人间之历史》　令飞　1907 年第一期
《摩罗诗力说》　令飞　1907 年第二、第三期
《科学史教篇》　令飞　1907 年第五期
《文化偏至论》　迅行　1907 年第七期
《裴彖飞诗论》　（匈牙利赖息作）令飞　1908 年第七期
《裴彖飞诗论前记》令飞　1908 年第七期
《破恶声论》迅行　1908 年第八期（未载完）

除鲁迅外，与鲁迅一起筹办《新生》的许寿裳写有《兴国精神之史耀》（笔名旒其，载第四、第七期），周作人写有《论文章之意义暨其使命及中国近来论文之失》（笔名独应，载第四、第五期）[3]。《河南》杂志在东京牛込区西五轩町 52 番地创刊，刘马青霞女士捐资两万元，以谋发展。

鲁迅以"令飞"的笔名在《河南》第二、第三期发表文章《摩罗诗力说》及其续篇，号召人民群众要奋起，接受新的思想。该文云："今且置古事，别求新声于异邦……今举一切诗人中，凡立意在抗，指归在动，为世人所不甚愉悦者，悉入之……大者不为顺世和乐之音，动吭一呼，闻诸兴起，争天据俗，迄于死亡，而精神复感于后世之人，绵延于无已。"

如果鲁迅是在成名之后为《河南》杂志写文章的，那当然是《河南》杂志邀请了鲁迅这样的大文豪来支持捧场的，但是当时的鲁迅刚刚从医学转变为文学，刚走上文学的道路，而且由于《新生》这个"新进学的秀才"，又"逃走了资本"，没有钱而不得不流产，那么鲁迅的文章也只有放

---

① 李怡．1907：周作人"协和"体验及与鲁迅的异同——论 1907 年的鲁迅兄弟与现代中国文学之生成．贵州社会科学，2005，(4)：96，97.

② 周作人．鲁迅的青年时代．石家庄：河北教育出版社，2002：57.

③ 刘增杰．鲁迅与河南·漫话鲁迅与"河南"杂志．郑州：河南人民出版社，1981.

在箱底，而这时《河南》的创刊无疑为鲁迅文章的发表提供了平台。《河南》滋养了鲁迅这样的大文豪，为鲁迅走上文学道路进行了最早的铺垫，为我国早期新文学提供了阵地和滋养的土壤。刘马青霞的热诚催生了《河南》杂志的创刊。她对《河南》杂志的热心，表现了她对清政府专制统治的不满、对资产阶级革命事业的热诚和对自由民主的追求。刘马青霞为《河南》杂志、为中国早期资产阶级革命做出了巨大的贡献。

四、《河南》停刊原因

《河南》杂志自创办起就表现出坚定的革命性和战斗性，也因此遭到清政府的愤恨。《河南》篇篇文章都对清政府进行了无情的鞭打和揭露。例如，张钟端用“鸿飞”的笔名在《河南》第五期《对于要求开设国会者之感谓》（续篇）中揭露清政府乃专制之国：

> 彼其严刑峻法以侵害其民，苟有稍碍政府之词，即不惜出极端之压制以为处办。故凡近于公理之论，皆蕴于中而不得发。其能发者，必于政府碻有利益之事。如近日各报载西后游颐园，一日之间，靡费已至百万之数。而中国各报有一敢言及此乎？更其下者，即各省之报，若天津、汉口皆于督抚，稍加指摘，即招封固……是彼要求之舆论，非真理的舆论，乃虚伪的私论耳。要求如斯，尚何言乎？

该文揭露了慈禧太后游颐和园，一日靡费百万的荒淫奢侈，而国内各报刊皆不敢作声披露此事，而只能在外国的报刊上报道。在这里张钟端把矛头直指清王朝的最高头目和核心人物——慈禧太后，对清政府进行了淋漓尽致的揭露，指出在清政府的专制统治之下，是不会有公理的，只有“虚伪的私论”。

《河南》的篇篇文章像战斗的檄文直刺清政府的心脏。“鸿飞”另一篇文章中还说：“故时至今日之政府，与平民既成绝对不相容之势。政府所据之利，即平民所蒙之损害；政府蒙被之损害，即平民所争之利益。故政府自为计以酷虐平民，为无上之长策。”①

《河南》对清政府的无情揭露，引起了清政府的愤恨和不满。邹鲁在

① 鸿飞（张钟端）．对于要求开设国会者之感谓．河南，1908，(4)．

《中国近代史资料丛刊——辛亥革命（七）》的《河南举义》中写道：

> 河南杂志出版至第十期，日本警署受清廷驻日公使之请求，勒令停刊，并将所存报章尽行押收。总经理被拘留数日，使馆据此，电请学部停止张之官费。①

《河南》第九期发行后，“驻日清公使以其言论过分激烈，特请日政府代为禁止。日警厅遂禁止该杂志出版，并拘禁发行人张钟端，数日始释出，而张之留日官费学籍，即因此事被清使馆借口革除矣”②。清政府的驻日公使请日本警厅出面禁止《河南》出版，逮捕了总经理张钟端，并取消了张钟端官费留学的资格。《河南》出版了九期而被停刊，但是《河南》以其战斗的姿态向腐朽无能的清王朝发起了猛烈的进攻，为唤起民众、推翻清政府、辛亥革命的爆发作了声势浩大的舆论准备，起了巨大的推波助澜的作用，在中国近代史和辛亥革命史上留下了光辉的一页。

《河南》杂志的领导人被逮捕，《河南》也因之被停刊。《豫报》的第五、第六号与《河南》的第一、第二、第三、第四期基本同时。当《豫报》停刊之后，《河南》又办了第五、第六、第七、第八、第九期，至1908年12月20日停刊。也就是说《河南》比《豫报》多办了半年多。

《河南》杂志出版发行之后，以其坚定的革命性和爱国激情感染了国内外的华人民众和学子，产生了巨大的影响。

第三节　刘马青霞与《中国新女界杂志》

《中国新女界杂志》（图5-3）的创办是在1907年2月5日（光绪三十二年十二月二十三日），刘马青霞到日本的时间是1907年年初，在时间上是吻合的；而且冯自由在《革命逸史》第三集《河南志士与革命活动》中写道：“与《河南》杂志先后出版者，尚有河南女同盟会员燕斌、刘青霞所创办女界杂志。”那么刘马青霞与燕斌应同为创刊人。

---

① 柴德赓，荣孟源．河南举义//中国史学会．中国近代史资料丛刊——辛亥革命（七）．北京：人民出版社．

② 冯自由．革命逸史．第三集．北京：中华书局，1981：272.

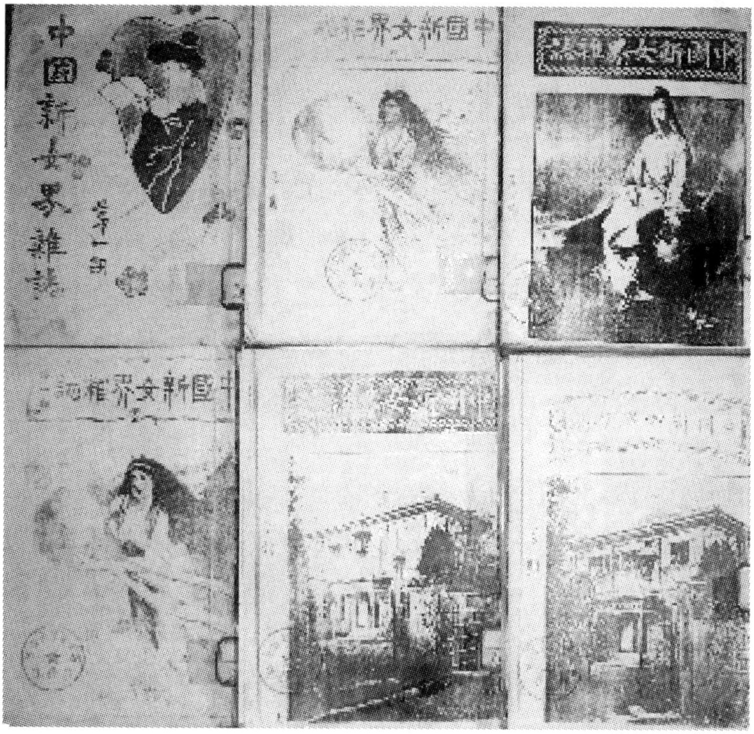

图 5-3　《中国新女界杂志》

笔者认为，刘马青霞是在《中国新女界杂志》创刊后的第四期，也是受中国同盟会的“议决”指令，“设言论机关，以传革命种子”，才开始赞助支持《中国新女界杂志》的。《中国新女界杂志》自刘马青霞赞助支持之后，其内容发生了很大的变化，“自第四期起，更求进步，特将体例大加改良”①。河南同志遂决定创办《河南》杂志及《中国新女界杂志》二种”，以宣传革命，而刘马青霞之所以为《河南》杂志及《中国新女界杂志》注入资本，也是响应同盟会的“议决”，为宣传革命而做出的决定。

《中国新女界杂志》自第四期开始，确实面貌大大改观，完全以战斗的姿态对腐朽的清政府发动猛烈的轰击。

一、刘马青霞参与《中国新女界杂志》的工作

邹鲁在《中国近代史资料丛刊——辛亥革命（七）》的《河南举义》

---

① 见《中国新女界杂志》第 4 期《本社特别广告》，光绪三十三年三月二十四日，西历 1907 年 5 月 5 日。

中介绍情况说："朱奋吾为《女界杂志》总经理，燕斌女士、刘青霞女士等分任编辑发行等事。"① 青霞到达日本后，就与燕斌、朱奋吾、唐群英等女士往来甚密，商议创办女界杂志诸事，参与了《中国新女界杂志》的创刊。

冯自由在《革命逸史》第三集《河南志士与革命活动》中写道：

> 与《河南》杂志先后出版者，尚有河南女同盟会员燕斌、刘青霞所创办女界杂志。燕、刘二女士及数同乡任撰述，朱炳麟任发行人，实为留学女界组织女报之先河。②

这段话的意思是，刘马青霞是《中国新女界杂志》创刊者之一。辛亥元老邹鲁与冯自由皆认为刘马青霞与燕斌共同创办了《中国新女界杂志》，分管《中国新女界杂志》的编辑发行等事务。

但笔者认为，凡是一个杂志的创刊肯定有相当长的酝酿过程，1907年年初，刘马青霞刚到日本，马上参加《中国新女界杂志》的创刊出版，是不可能的。

《中国新女界杂志》创刊的时间，应该与《豫报》差不多，或稍晚一个多月。《豫报》第一号，由于创办者无经验，没有注明出版日期。但根据《豫报》第一号《豫报公启并简章》所说的"月出一册"，《豫报》第二号在光绪三十二年十二月初六日（1907年1月19日）出版，那么《豫报》当在1906年下半年始办此刊。《中国新女界杂志》的创刊与发表情况如下：

《中国新女界杂志》　第一期　光绪三十二年十二月二十三日
西历1907年2月5日
《中国新女界杂志》　第二期　光绪三十三年正月二十一日
西历1907年3月5日
《中国新女界杂志》　第三期　光绪三十三年二月二十一日
西历1907年4月5日
《中国新女界杂志》　第四期　光绪三十三年三月二十四日
西历1907年5月5日

---

① 邹鲁．河南举义//中国史学会．中国近代史资料丛刊——辛亥革命（七）．北京：人民出版社，1957：354.

② 冯自由．革命逸史．第三集．北京：中华书局，1981：272.

《中国新女界杂志》　第五期　光绪三十三年四月二十三日

西历 1907 年 6 月 5 日

《中国新女界杂志》　第六期　光绪三十三年五月二十五日

西历 1907 年 7 月 5 日

在本书的第五章，笔者已经考证，刘马青霞东渡日本的时间当是 1907 年年初。而《中国新女界杂志》第一期是在 1907 年 2 月创刊的，从时间上看，刘马青霞东渡日本稍晚，没有赶上《中国新女界杂志》的创刊。

刘马青霞为《中国新女界杂志》注入资本是当同盟会机关刊物被勒令停刊，同盟会总部希望河南能有一份新的刊物充当革命之喉舌，而把《中国新女界杂志》作为革命宣传的阵地时，是在创办《河南》时才提出来的，是后来的事。刘马青霞并没有参与《中国新女界杂志》的创刊。这从《中国新女界杂志》第四期登载的《本社特别广告》可以看出。

《中国新女界杂志》第四期登载《本社特别广告》云：

> 本社杂志自炼石女士燕斌创办以来，颇蒙海内外学界欢迎，销路之广已及五千余册，非出料所能及。惟前因特别事故，以至未能如期出版，迟愆之咎，诚无所讳。兹得河南尉氏县刘女士之赞成，增助资本，以扩社务。现已增聘干事，一切大加改良。准于西历八、九月内，定将五、六、七、八，四期杂志相继发行，西历十月为始，以后每期按月出版，决不延误，以慰读者之望。特此预告。中国新女界杂志社谨启。

从《中国新女界杂志》第四期登载这篇《本社特别广告》来看，虽未明说，但是杂志“未能如期出版”的原因，当是经费不足。如果在该杂志创刊之始，刘马青霞就参与创刊，就不会有经费不足的问题。因刘马青霞没有参与杂志的创刊，以致《中国新女界杂志》在出版两期之后，而“得河南尉氏县刘女士之赞成，增助资本，以扩社务，现已增聘干事”。在这个时期，刘马青霞才被聘为干事。在刘马青霞聘为干事之后，“一切大加改良”；此报还承诺“西历八、九月内，定将五、六、七、八，四期杂志相继发行”，自 1907 年 5 月始“每期按月出版，决不延误”。

《中国新女界杂志》的第一、第二期根据出版日期，当时如期出版，而自《中国新女界杂志》自第三、第四期，因经费问题已经开始延误出版日期。刘马青霞之所以为《中国新女界杂志》注入资本，是因为有了同盟会的议决。当同盟会总部把《中国新女界杂志》与《河南》一起定为“以传革命种子”的言论机关之后，刘马青霞开始支持《中国新女界杂志》。

《中国新女界杂志》从第四期之后，其革命性大大加强。《中国新女界杂志》第三期登载的《本社特别广告》云：

> 本杂志自发行以来，销路日广，并蒙海内外男女同胞交函赞许，惶恐莫名。现定于自第四期起，更求进步，特将体例大加改良，务期言论并重，以副众意，特此预布。

《中国新女界杂志》第三期登载的《本社征文广告》云：

> 本社创办杂志，原以为开通风气，提倡教育，为最要之主旨。第恐本社少数人之意见，或未能洞达机要，为是仰男女同胞，各抒伟论，投寄敝社，必能择优代登，以示海内，想热心君子，必不坐视而缄默耳！

从以上第三、第四期所登载的两则广告《本社特别广告》和《本社征文广告》来看，从第四期《中国新女界杂志》始，刘马青霞按照同盟会总部的决定，开始注入资本，使杂志不仅能够“相继发行”，“按月出版，决不延误”；而且还有一个重要的改版，过去《中国新女界杂志》“原以为开通风气，提倡教育，为最要之主旨”，这是因为“未能洞达机要”，今后“自第四期起，更求进步，特将体例大加改良”。《中国新女界杂志》不仅要谈妇女解放问题，而且要把妇女解放与反清政府的斗争结合在一起。《中国新女界杂志》一共出版六期，前三期与后三期存在着重大的差别（下面将详述）。刘马青霞为《中国新女界杂志》的改版和转向“更求进步”，做出了重大的贡献。

刘马青霞为《中国新女界杂志》注入了大量的资本，但是捐银多少尚有不同说法。

《尉氏县志·人物三》记载青霞为“创办《女界》杂志出洋数千元”。这里只说是出洋数千元，没有说明具体数字。

民国六年（1917）11 月 17 日《自由报》上发表刘马青霞的《告四万万男女同胞书》云：“女杂志捐洋六千六百元。”此文当是较准确的数字。刘马青霞为《中国新女界杂志》捐助大洋 6600 元，以扩社务。

刘马青霞自到日本之后，就参加了同盟会，因此她有很多的活动是根据同盟会的决定而有意识去完成的。与《河南》杂志一样，刘马青霞支持《中国新女界杂志》，投入巨资是根据当时国内外的形势和同盟会的决定而进行的。

二、《中国新女界杂志》前三期的主旨

1907年2月创刊于日本东京的《中国新女界杂志》共发行六期，每期杂志以宣传妇女解放、男女平等为宗旨，在日本及国内的女界中影响很大。

《中国新女界杂志》第一期，燕斌女士用“炼石”的笔名发表的《发刊词》云：

> 我中国数千年来墨守古训，积重难返。处今日世界，交通竞争激烈之时，而男女不平等之习惯，痼塞智慧，残贼肢体之恶魔，依然盘踞于社会之上，根深蒂固，未易尽除。中国虽有多数女国民之形质，而无多数女国民之精神，则有民等于无民……然犹吾中国论之，不可谓非为吾女界开一新纪元也。但深望当事者勿徒尚物质的教育，必发挥其新思想，而活泼其新思想。斯教育一女子，即国家真得一女国民。

炼石女士就是燕斌，即该刊的创办者，也是主要的撰稿人。她的主导思想就是要让女子受教育，使男女平等，使国家得到更好的女国民，提高中国国民的素质。

《中国新女界杂志》第一期上发表的文章主要有兰坤的《英国妇人争竞争权》、娲魂的《请看俄罗斯二百年前之妇人界》、灵希的《美国大新闻家阿索里女士传》、转坤的《妇人待遇论》、转坤的《澳洲妇人之势力》、炼石的《如本妇人之政治运动》等。炼石的《美国女界之势力》云：“本报提倡女权，是要指望大家先从真实学问下手，然后从事各种事业，将来方如美国女界一样。”珮公的《男女平等的真理》云：“然而我们中国总是说男高女低，男尊女卑，女人必须受制于男人。这是真正不通的话。”炼石还发表《女界与国家之关系》云：“故论女子之时代，其与国家之密接关系者，就普通论之，当以教育为急惟在吾中国则尤以天足为先。”

从《中国新女界杂志》第一期发表的这些文章来看，多是让中国女性学习西方妇女，争取女权，多受教育，反对缠足等。

炼石在《中国新女界杂志》第二期上倡导《五大主义演说》，其内容是：

发明关于女界最新学法。
输入各国女界新文明。
提倡道德，鼓吹教育。
破旧沉迷，开新社会。
结合感情，表彰幽遗。

炼石在“五大主义”提出之后，接着说：“以上五条就是本报所抱持的主义了。以后本报无论论辩多少年，做多少的文字，皆是这五条主义的正面、反面、侧面、旁面、对面、前面、后面发生出来的。”又说：“本社最崇拜的就是‘女子国民’四个大字，本社创办杂志的宗旨虽有五条，其实也只是这四个大字。本社新女界杂志从第一期以后无论出多少期，办多少年，做多少文字，也只是翻覆解说这四个大字。”

《中国新女界杂志》所表现出来的思想，相对于清政府对妇女的压迫无疑是进步的，她们争取妇女受教育的权力，反对男女的不平等，反对社会对妇女的迫害等。但似乎整个杂志的口气十分温和，只是为了“教育一女子，即国家真得一女国民”而已。《中国新女界杂志》所提出倡导“五大主义”以及各种思想，皆没有涉及妇女受压迫的社会本质，更没有提出反帝反封的主旨。当然，《中国新女界杂志》还算是一个进步杂志，但在当时的社会背景下，是远远不够的。

《中国新女界杂志》当时就遭到女革命家秋瑾的质疑，光绪三十三年丁未二月二十一日（1907年4月3日），秋瑾31岁。秋瑾自绍兴寄函《女子世界》记者陈志群的信中谈及当时妇女报刊的情况时说：

近日女界之报，已寥寥如晨星，□□之杂志，直可谓之无意识之出版，在东尚不敢放言耶！文明之界中乃出此奴隶卑劣之报，不足以进化中国女界，实足以闭塞中国女界耳，可胜叹息哉！①

“□□之杂志”指的就是《中国新女界杂志》②。秋瑾说《中国新女界

---

① 郭延礼．秋瑾研究资料．济南：山东教育出版社，1987：44.

② 刘人锋．改造旧女界，建设新女界——“中国新女界杂志”的妇女解放思想探析．宜宾学院学报，2008（8）：8.

杂志》是“奴隶卑劣之报”，当然是偏激之词，但是这份杂志在当时跟不上形势，确是事实。

自第三期《中国新女界杂志》已经稍有改进，如佛群的《兴女学论》云：

> 吾人躬当文明进化之潮流，苟不愿放弃天赋之权利自由，则应尽义务责任，为所当为，以济时艰而新俗态。我中国今日之所不得不急急挽救者，果何事耶？我同胞今日之所不得不汲汲于行者，果何事耶？吾人宜详审之而锐行之，慎勿自抛天赋。今识时务者，述心浩劫，为中国筹划自强之策，莫不曰非兴教育不可。

《中国新女界杂志》第三期还登载白话体的《女子无才便是德驳》："女子无才便是德这句话……真是一犬吠影，百犬吠声，就把我们女同胞，害得从没有知识，没有学问。"这一期发表有炼石的续第二期的《本报五大主义演说》："把西洋各国以及美洲、日本，凡系女界的新鲜学术、奇巧技艺，都尽其所知，译记出来，输入祖国。"

《中国新女界杂志》第三期登载了《中国婚俗五大弊说》，指出中国婚俗的父母包办婚姻、迷信术数（婚前要合二人的生辰八字是否相合）、媒妁之言、嫁妆奁赠、男尊女卑等皆为婚俗弊端，只有革除，才能使女子得到自由解放。

《中国新女界杂志》的撰稿人大多是留日女学生，她们在杂志上探索中国妇女解放之路，批判男尊女卑与封建三从四德，发表了《女权平议》、《男女平等的真理》、《女德论》、《论女学》、《中国婚俗五大弊说》等文章。《中国新女界杂志》绝不是秋瑾所说的是一份“奴隶卑劣之报”，而是一份争取妇女自由解放的进步刊物，但该刊物态度温和，斗争性不强，没有揭露女性受压迫的本质，也没有把争取女权与反对清政府结合起来，是该刊物的缺陷之处。

三、《中国新女界杂志》后三期之主旨

从《中国新女界杂志》第四期开始，青霞开始向该刊注入资本。《中国新女界杂志》第四期登载《本社特别广告》承诺本杂志“自第四期起，更求进步，特将体例大加改良”，要向进步方向挺进。

笔者认为，《中国新女界杂志》的改良与同盟会“议决留日各省同盟

会各部筹设言论机关，以传革命种子，于是河南同志遂决定创办《河南》杂志及《女界杂志》二种”，以宣传革命有关，而青霞之所以为《河南》杂志及《中国新女界杂志》注入资本，也是响应同盟会的“议决”，为宣传革命而做出的决定。

《中国新女界杂志》自第四期开始，确实面貌大大改观，完全以战斗的姿态向着腐朽的清政府发动猛烈的轰击。

《中国新女界杂志》第四期发表《劝女界节费购铁路股票小启》云：

今日何日乎？瓜分之议，腾于地球。亡国之忧，迫于眉睫。谁实为之，至于此极。堂堂自命国民之男子固咎无可辞，而我奄奄一息之女子亦负有二百兆分子之重大责任也。我国交通以还着着失败，铁路一端，流弊滋甚。非包工外人，即借款他国，以至我铁轨所及之区，即外人势力所至之地。我之铁路愈广，彼之权力愈张。假我国无处而非铁路，而直无处而非外人之势力范围矣。问我诸姑遂及伯姊，睹此浩劫，曷任伤心？若乃坐视沦亡，手不援溺，漠视他人，独不自为计乎？今日热心志士集资自办股票一出，响应日多。然我国女界素生活于钗环脂粉中，无独立思想，无权力思想，无政治思想，无国家思想，沉沉郁郁抑制于男权之下，潜焉不敢相较，自生育、修饰而外无所谓职任也。今也饱吸公理，皆知自存，好比好此利权，谁不如我。慧剑不才，用敢大声疾呼，以告于我最亲、最爱、最尊、最敬之女同胞，日节小费，购路股，补漏卮，弭外患，今日多一人之赞成，他日多一分之幸福。因果相续，瓜豆相环。吾国幸甚！吾同胞幸甚！吾女界幸甚！

这篇《劝女界节费购铁路股票小启》充满了爱国的激情，充满了对列强对中国铁路权力掠夺的愤恨。如果我们把这篇《劝女界节费购铁路股票小启》与该刊第二期发表的《本报对于女子国民捐之演说》相比，就会发现其中重大的差别。第二期《本报对于女子国民捐之演说》云：

凡在这奴隶社会中生活，遇着过不去的地方，惟有拿出钱来，万事都消。这是我几千年那害人的旧学说都推到，撞起自由的钟儿，竖起独立的旗儿，轰轰烈烈，将这中国，造成一个极文明的所在，好叫欧美女界来看看，也见到我们中国女界是一种最高贵的人物了，难道不是赖着发明学说的力量吗？

第二期的《本报对于女子国民捐之演说》表现出来的是竖起女界的自尊心，是中国妇女自立于世界之林的渴望，没有表现出对清朝政权的强烈不满和仇恨。

《中国新女界杂志》第四期的《劝女界节费购铁路股票小启》把劝女界节费购铁路股票上升到反帝、反封的高度，使这捐购铁路股票成为一个爱国的行为，与第二期的关于女子国民捐款的启示有非常大的区别。

《中国新女界杂志》第四期发表的文论《男女并尊论》云："国家之弱也，政治不良，军事不振，教育不兴，财政不理。夫不良不振，不兴不理，所得之果也。"这里表现出对国家、对民族的忧患意识。

该刊第五期以"醉白词人"笔名发表的《幽兰怨传奇》是一篇文艺作品，文中说苏州有一个名胡仿兰的女子因放足，而被其公婆虐死。该篇对此表现出极大的愤恨：

> 这些禽兽和那一班东西，活活地把'天赋人权'玩了。这一班老东西生生是众香国里的魔王，锦绣丛中的恶鬼，昏天黑地，偏言人老见多，梦生醉死，哪管优胜劣败。但是造成黑暗的原子，还有一班禽兽呢！……愿持十万横磨剑，誓扫妖雾净碧天，凉血物真堪贱！……怕只怕，美雨欧风如剪，到那时焚琴煮鹤，便为个才子红颜。冠裳相幻夜叉妍，河山春破泥犁变，枪林电闪，墨突无烟，刀光匹练，血海生莲，看劫尽灰残，方晓得亡灭由天演。

《幽兰怨传奇》把那些逼迫妇女致死的人视为禽兽，是对"天赋人权"的玩弄，其结果就是"刀光匹练，血海生莲"，充满着对当时社会的极端愤恨。作者"愿持十万横磨剑，誓扫妖雾净碧天"。

该刊第五期有笔名"雌剑"写的一首诗《女国民》。诗很长，其中一段写道：

> 潜潜潜，江表正气，终于三百年。天南地北靖烽烟，神州碎一拳。暮气弥大千，祖国前途担我肩。志吞海岳，整理山河，只手势擎天。

此诗表现出中国女性对祖国命运前途强烈的责任心，以及愿一拳把旧中国打碎，“天南地北靖烽烟”的豪情壮志，这在前三期的各篇文论作品中是很难看到的。

冯自由《革命逸史》第三集《河南志士与革命活动》记载：

> 与《河南》杂志先后出版者，尚有河南女同盟会员燕斌、刘青霞所创办女界杂志。燕、刘二女士及数同乡任撰述，朱炳麟任发行人，实为留学女界组织女报之先河。发刊至第六号，因论文有‘妇女实行革命应以暗杀为手段’等标题，为日警厅禁止出版。①

冯自由所说的“发刊至第六号，因论文有‘妇女实行革命应以暗杀为手段’等标题，为日警厅禁止出版”。笔者在《中国新女界杂志》第六号上根本找不到“妇女实行革命应以暗杀为手段”为标题的论文，但是在该刊所载的小说《铁毒箱》中找到了暗杀情节。

《铁毒箱》是说在一个秘密的组织团体中，有一个人向官方告密。这个秘密的组织团体开会准备将这个告密者处死。后来由于材料不足，暂时不行刑。但是该秘密的组织团体要求被怀疑告密的人去杀死一个“黑眼镜”(大约指的是官方警署)。这个小说未完，准备在下一期继续刊登。该刊第六期被“日警厅禁止出版”，所以也无从知晓这篇小说的结果。笔者认为如果说该刊有宣传“妇女实行革命应以暗杀为手段”内容的文章，当指的是这篇小说的内容。

邹鲁先生说：“《女界杂志》因著论鼓吹妇女革命应以暗杀为手段，出版至第六期，亦被日警勒令停刊。”在这里，邹鲁先生认为“《女界杂志》因著论鼓吹妇女革命应以暗杀为手段”，并没有说该刊“因论文有‘妇女实行革命应以暗杀为手段’等标题”。邹鲁先生说得比较准确。

从以上《中国新女界杂志》前三期、后三期思想风格的变化，可以看出青霞支持和参与的是后三期《中国新女界杂志》，也就是在同盟会“议决”和“设言论机关，以传革命种子”②，而决定创办革命刊物《河南》与《中国新女界杂志》之后，才开始支持《中国新女界杂

---

① 冯自由．革命逸史．第三集．北京：中华书局，1981：272.

② 邹鲁．河南举义//中国史学会．国近代史资料丛刊——辛亥革命（七）．北京：人民出版社，1957：354.

志》的。刘马青霞的介入对《中国新女界杂志》的发展有重大意义，使《中国新女界杂志》真正成为传播革命种子的土壤和阵地，这才引起了清政府的愤怒，请求日本警署封禁了《河南》和《中国新女界杂志》，这也更说明刘马青霞资助《河南》和《中国新女界杂志》具有革命意义。

第六章　河南新学教育的先驱

如果提到河南早期的新学教育、女学教育，那么刘马青霞的名字就会赫然出现，她是河南新学教育和女学教育的重要先驱人物之一。

刘马青霞到日本考察学务，结识了辛亥革命党人，参加了同盟会，从此成为一个革命志士。在这期间，刘马青霞的思想得到了进一步的升华。她认为，要想唤醒民众，必须办教育。当时中国女子受到封建社会严重的压迫和摧残，刘马青霞在参加革命和创办杂志的过程中更清楚地认识到，中国人要想富国强兵，不受列强的瓜分和屈辱，从封建的桎梏下解放，必须兴办新学，使四万万同胞掌握新的知识和本领。刘马青霞作为一个女性，也深切地认识到女性解放的重要性；而女性解放，必须兴办女学。

民国元年 11 月 20 日《自由报》中《刘女士关心桑梓》一文载：

> 刘女士青霞，开封人。现充北京女子法政学校校长，北京女子学务维持会会长、北京女子参政同盟会会长、北京女子《白话报》发起人。因吾豫女界虽稍有起色，尚未大放光明，心焉恶之。闻不日来汴，组织女子学务维持会支部，以期昌明。此真吾豫女界中之伟大人，将来之女学讵可量哉！

从日本归国的刘马青霞对河南的新学教育和女学教育开始投入巨大的热情，她在河南的省城开封、家乡尉氏创办和参与创办多所学校，建立了河南第一所私立女校——华英女校。刘马青霞对河南的新学教育和女学教育做出了重大贡献。

第一节　清末河南的新学教育

1901～1905 年，慈禧太后先后颁布 30 多道上谕，推行新政，史称“清末新政”。光绪二十八年（1902 年）清廷宣布可以在各省建立小学堂。清末时期，河南当然遵从清政府的命令，在河南创办各种新式学堂。河南的新学堂多是从书院发展起来的，清末河南的新学教育还处于起步时期，非常薄弱。

一、清末河南新学教育的起步

清末时期，河南开始遵从清政府的命令，在河南创办各种新式学堂，主要是新式的小学堂和中学堂。

首先河南创办的是新式的小学堂。当时小学堂分为高等小学堂和初等小学堂，如果两者兼办称为两等小学堂。当时在河南虽然也建立起一些小学堂，但是还非常不普遍，而且规模相当小，是由一些私塾改变成小学堂的，这些小学堂多集中在城市和县城。

“光绪三十一年（1905 年），清廷宣布，废科举，兴新学。河南第一所正规的官办小学堂——河南官立北仓高等小学堂创办。同年，河南官立满营两等小学堂创办。”① 河南官立北仓高等小学堂的校址在今开封市北门大街省府仓库处，是由开封市的 10 所小学堂合并而成的。北仓高等小学堂初招新生时，共招学员 120 名，以后每年招生 200 名。14 岁以下可入初等班，17 岁以上可入高等班。河南官立满营两等小学堂，是开封旗人官兵为了方便其子弟上学而创建的，地址在今开封龙亭后满城营地。建学之初，只招收满人，1908 年之后开始招收汉人子弟。学额 100 名，主要学习四书五经。光绪三十一年（1905 年），开封回族人民为了其子弟上学，在今清平南北街东大寺前院，创办养正初等小学堂。1907 年之前，开封市只此三所小学堂。

清朝自光绪二十四年（1898 年），命各省创办学堂，河南创办较晚，这个时期的中学堂大部分是由书院改成的，如光绪二十六年（1900 年），豫北的昼锦书院改为昼锦学堂。光绪二十九年（1903 年）后，始建学堂。

这些学校主要如下：

怀庆府覃怀中学堂	光绪二十八年（1902 年）建立	学生 2 班 100 名
河北道河朔中学堂	光绪二十八年（1902 年）建立	学生 87 名
舞阳县中学堂	光绪二十九年（1903 年）建立	学生 20 名
许州中学堂	光绪三十年（1904 年）建立	学生 60 名
开封府中学堂	光绪三十年（1904 年）建立	学生 5 班 200 名

① 河南省地方史志编纂委员会．河南省志・教育志．郑州：河南人民出版社，1993：74.

陈州府中学堂	光绪三十年（1904年）建立	学生57名
陕州中学堂	光绪三十年（1904年）建立	学生3班64名
彰德府中学堂	光绪三十年（1904年）建立	学生49名
永城县官立中学堂	光绪三十年（1904年）建立	学生2班35名
淅川厅官立中学堂	光绪三十年（1904年）建立	学生24名
河南府中学堂	光绪三十年（1904年）建立	学生40名
汝州中学堂	光绪三十年（1904年）建立	学生2班30名
光州中学堂	光绪三十年（1904年）建立	学生60名
汝宁府中学堂	光绪三十一年（1905年）建立	学生78名
南阳府宛南中学堂	光绪三十一年（1905年）建立	学生3班26名
归德府中学堂	光绪三十一年（1905年）建立	学生41名
南阳府中学堂	光绪三十二年（1906年）建立	学生2班120名
郑州中学堂	光绪三十二年（1906年）建立	学生2班70名
新野县中学堂	光绪三十二年（1906年）建立	学生51名（师范生10名）
卫辉府中学堂	光绪三十二年（1906年）建立	学生145名①

虽然光绪三十一年（1905年）以后学堂逐渐增多，但在1907年之前也只不过有20所中学堂，学生加起来也仅仅有1300余名。而且有的县城，如商城、伊阳、登封、新安、孟县、汤阴、沈丘、项城等，只有一所高等小学堂，初等小学堂连一所也没有②。河南的新学教育是非常薄弱的，处于刚刚起步阶段。

二、河南第一所女子小学堂——“兰仪官立女子小学堂”的夭折

几千年来封建社会的压迫，中国女子根本没有受教育的机会，河南女子当然与全国女子一样在缠足、无文化、专制婚姻的压迫之下，民风不开，只能在深闺绣户中生活，毫无自立之能力。近代以来随着妇女解放运动的发展，要求女学教育的呼声也越来越高。河南兰仪出现了女子小学校

① 河南省地方史志编纂委员会．河南省志·教育志．郑州：河南人民出版社，1993：153，154.

② 河南省地方史志编纂委员会．河南省志·教育志．郑州：河南人民出版社，1993：72.

(今河南兰考县是兰仪县与考城县和并以后的县名。今兰考县城就在当年兰仪县城的旧址。)。

当时兰仪有两个留日女生归国后，在县长沈福源的支持下于家乡兰仪办了一所官费的女子小学校。1906 年，《豫报》杂志第一号载了河南创办女学的消息：

> 家庭教育之根本，贤母胜于贤父。欲图普及教育者，非留心女学不可。我省风气闭塞，鲜有虑及此者。兰仪县（现已并入兰考县—笔者）留日学生岳君秀华，傅君铭，有慨于斯，于去冬旋里时，同县尊沈大令福源，并办一官立女子小学校。一切书籍等件均系沈大令捐廉购置，教习岳某也热心异常，力图进步。据最近调查，该校放足者十之四五，改装者十之六七。学生皆彬彬雅雅，有条不紊，亦河南之一线光明也。

《豫报》第二号的《河南学堂一览表》上也赫然写着“兰仪官立女子小学堂”。这所小学校于光绪三十二（1907 年）年春，设于（兰仪）北街观音堂。舒树基任总理，岳伯春任教习，学额 20 名。这所女学当是现今见于史载的河南最早的，即第一所官立女子小学佼。

但这所兰仪县官立女子小学堂存在三四个月就夭折了。《豫报》杂志第四号《调查》的一项《七月份中外大事表》记载：

> 七月初五日，侍读周爰诹奏请将留日学生尽行撤回，以前毕业回国者，一律废业不用，并停止女学堂。

《豫报》杂志第五号《调查》的一项《八月份中外大事表》记载：

> 侍读周爰诹奏请撤还留学生停办学堂折中，有今日之学生，不如昔日之义和团，能扶清灭洋；及革命之风炽，满洲之命绝等语。张相国特命取该折阅之，亦为之大笑。张相国请将上奏，排斥学堂，请復科举，诸人一并严加申斥。

《豫报》杂志第六号《调查》的一项《九月份中外大事表》记载：九月十六日，“考验毕业留学生，政府赏给进士七人，余赏给举人”。

以上记载说明侍读周爰诹的奏请折子已经批准、生效。在《豫报》杂志第五、第六号中，再也见不到“兰仪官立女子小学堂”的任何记载和情况了。

笔者认为，清政府当时已经将该女子小学堂取消了。“兰仪官立女子小学堂”存在三四个月就夭折了。在文献上记载的，只有《豫报》第二号的《河南学堂一览表》，其他资料都没有见到关于“兰仪官立女子小学堂”的记载。

在清廷的保守派看来，新学教育的学生“不如昔日之义和团，能扶清灭洋；及革命之风炽，满洲之命绝”。他们已经看到新学教育对清王朝的威胁。当然女学教育更是清政府不能忍受的。这所女学可能很快就夭折了，也由此可以看出我国女学教育起步的艰难。

笔者曾到兰考考察过这所女子小学堂的情况。当年女子小学堂的校址经过岁月的变迁，当然已不复存在了。但 1990 年出版的《兰考县志》上写着：“光绪三十二年（1906 年）创办兰仪县女子小学堂，为河南最早开办的女子小学堂。”① “光绪三十二年（1906 年）兰仪县留日学生岳秀华等商同县令沈福源在兰仪县城内观音堂创办省内第一所官立女子学堂，学额 30 名……民国四年（1915 年），张月玲、岳玉环创办兰封女学堂。”②

笔者认为，这所女子小学堂确实存在过。但也如本书所说，清政府政策的改变，对女学堂进行封杀。兰仪女子小学堂由于是官立，当然更不敢越清政府政策之雷池一步，所以仅创办几个月就夭折了。民国 4 年（1915 年），创办女子学堂的“岳玉环”，当是光绪三十二年（1906 年）兰仪留日学生岳秀华。1906 年兰仪县女子小学堂夭折，那么直至 1915 年才又开办。

兰考县志办公室主任李瑞军先生告诉我，已故的兰考县小学校长艾庆芝先生，原来就与办女子学堂岳玉环女士认识。艾庆芝先生有三个女学生，就是兰封女学堂毕业之后，又在艾庆芝先生的学校里读书的。那三个女生，一在武汉，一在洛阳，一在开封，皆为教师。兰考创办女子小学堂的材料，就是艾庆芝先生向兰考县志办公室提供的。

第二节　尉氏新学教育的开创者

刘马青霞游学东瀛，思想得到全面的升华。如刘马青霞自己所说的从一个“家族主义一变而为社会主义”③。刘马青霞这里所说的“社会主义”，

① 《兰考县志》编纂委员会兰考县志·教育·郑州：中州古籍出版社，1990：605.

② 《兰考县志》编纂委员会兰考县志·大事记·郑州：中州古籍出版社，1990：25.

③ 刘马青霞．豫人刘马青霞披露．自由报，1917-11-17.

还不是我们今天所说的“社会主义”，而其意义则是着眼于全社会。刘马青霞所努力奋斗的目标不仅仅是为刘氏宗族，而是为全社会。刘马青霞从日本留学归国之后，在秘密参加同盟会活动的同时，兴教办学，以此为掩护，为尉氏县的新学教育做出了极大的贡献，是尉氏新学教育的创始者和先驱。

一、刘马青霞捐建尉氏县最早的四所新学堂

晚清时期，尉氏县最早建立的四所新学皆为刘马青霞所捐建。民国二十二年《尉氏县志·教育》“尉氏县立各学校概况表”记载：

> 光绪三十一年（1905 年）八月成立为县立第一完全小学校；
> 宣统元年（1908 年）建华英女校；
> 宣统二年（1909 年）建乙种蚕桑学校；
> 刘氏代用完全小学校是青霞原来所建刘氏义学所改建。

以上四所学校是尉氏最早的新学，皆为刘马青霞所建。民国二十二年《尉氏县志·教育》共列尉氏 10 所学校。除去刘马青霞所建的 4 所学校，尉氏其他的学校，皆是 1923 年以后所建。如下所记：

尉氏县立师范学校	民国十二年（1923 年 ）建
初级中学校	民国二十一年（1932 年）建
尉氏县二小	民国十二年（1923 年）建
尉氏县三小	民国十七年（1928 年）建
尉氏县四小	民国二十一年（1932 年）建
尉氏县五小	民国二十年（1931 年）建

这些学校皆为民国十二年（1923 年）之后所建，即 1923 年青霞即将去世时或去世之后所建。刘马青霞所建的 4 所学校是尉氏县最早的新学，因此可以说刘马青霞是尉氏县新学教育的开创者。

二、新学堂的创立

刘马青霞归国后捐款 10 200 多两银子（即土地 400 多亩，折价 7200 多两，加上现银 3000 两，合计 10 200 余两），扩充尉氏县原有的蓬池书院，改建为新学堂。

尉氏县原有蓬池书院。道光三年（1823 年），尉氏一个姓徐的县令主持修建蓬池书院；道光六年（1826 年），又一个姓刘的县令在任时才修成。当年刘耀德的伯父刘鸿恩就是在蓬池书院读书，于道光二十七年（1847 年）考中丁未科二甲第二十名进士的。

蓬池是一个名胜之地。战国时期，从安邑搬迁到大梁，以大梁为国都的魏惠王为了争霸在这里召开“蓬泽之会”。《尉氏县志·古迹志》记载，蓬池就是蓬泽。民国二十二年（1933 年）《尉氏县志·古迹志》云：

> 蓬池，一名蓬泽，下有温泉，在县城东北里许，故井尚在。《述征记》云：“大梁西南有蓬池，下有温泉，即此……《竹书纪年》作蓬泽，斯其处也。《唐志》蓬泽亦为蓬池。天宝六年改为福源地，池禁渔採。晋阮嗣宗诗有：‘徘徊蓬池上，回首望大梁’之句。阮为尉人，而蓬池之在尉地无疑。

因此蓬池书院以蓬池命名，是尉氏的一个名胜之地，又是一个文人荟萃之地。

刘马青霞首先以儿子刘鼎元的名义捐款，将蓬池书院改建为新学堂。光绪三十二年（1906 年）《河南教育官报》报道：

> 尉氏县请县绅资兴学恳乞奏奖以昭激劝禀
>
> 敬禀者，窃据卑县职员同知衔候选县丞刘棋德禀称，窃维尉氏县旧有蓬池书院，历经职祖父捐助膏、奖建筑文场各在案。今既遵旨改为高等小学堂，诚为培养人才之基础，改良校舍，添聘教员，恢宏堂宇之规模，推广学生乏名额，需款既巨而经费无多，必须常年经费。确有的款方能日期有功。兹特仰承先志愿将祖遗地四百亩零三分零六毫三丝，按时价值银七千二百零五两五钱一分三厘四毫，现银三千两，内有堂侄刘鼎元捐助学堂经费。请旌建坊案内移拨余银二千两，共银一万零二百零五两五钱一分三厘四毫一并捐入学堂，作为常年经费。恳请转详立案，实为德便等情。
>
> 据此伏思卑县扩充高等小学堂，并附设初级师范传习所。自开校以来，用款浩繁，而常年经费所短甚钜，屡经劝令绅富量力捐助。去后，兹据该绅报效巨款，并将该地四百余亩、文契六十一张开明四至，连同现银三千两，并声明内有职员刘鼎元名下移拨银二千两，一并呈缴前来。查奏定学堂章程，内开一人捐资较巨者，禀请奏明给奖

> 等语。又信阳州绅士五品衔湖北补周府经历高明远，捐助学堂经费银一万二百余两。已蒙抚宪奏请将高明远免补本班以知县仍留原省遇缺先补用。钦奏俞允在案。
>
> 今卑县职员刘䜣德笃念梓桑，热心兴学，慨捐银地并拨移巨款至一万两以上，核与高明远请奖成案相符合，无仰恳宪恩，俯念卑县学堂筹款维艰，转请将刘䜣德由同知衔候选县丞，奏奖免选本班以知县遇缺先选用，俾昭激劝，之处出自逾格鸿施。除将地契银两逐一验收归入学堂报销外，所有邑绅捐助学堂经费缘由，理合禀请查核赐转，实为公便。
>
> 肃此具禀恭请勋安，伏乞垂鉴。

光绪三十二年（1906 年）《河南教育官报》关于县将蓬池书院改建为新学堂的报道，比实际刘马青霞“捐助学堂经费”要晚。民国二十二年（1933 年）《尉氏县志・教育》“尉氏县立各学校概况表”记载“光绪三十一年（1905 年）八月成立为县立第一完全小学校”，刘马青霞的捐款当在光绪三十一年（1905 年）前后。从这里可以看出如下问题。

（1）将蓬池书院改建为新学堂的捐款者是刘马青霞的儿子刘鼎元。然而是时，刘鼎元才是 3 岁儿童，捐款者当然是青霞，共捐助四百亩零三分零六毫三丝，按时价值银七千二百零五两五钱一分三厘四毫，现银 3000 两。

（2）刘氏宗族的同知衔候选县丞刘䜣德乘刘马青霞捐款之机会，要求将自己的同知衔候选县丞，“奏奖免选本班，以知县遇缺先选用”，即不要根据提升的次序，如遇有知县的缺位，“逾格”选用。看来刘氏宗族之人是不放过一切机会的。

（3）刘䜣德要求“逾格”选用的根据是，在此之前，“信阳州绅士五品衔湖北补周府经历高明远，捐助学堂经费银 10 200 余两。已蒙抚宪奏请将高明远免补本班以知县仍留原省遇缺先补用”，所以刘䜣德要求“逾格”选用。

（4）刘氏祖先曾经对蓬池书院捐过款，“尉氏县旧有蓬池书院，历经职祖父捐助膏奖建筑文场各在案”。

（5）《尉氏县请县绅资兴学恳乞奏奖以昭激劝禀》中提到：利用蓬池书院旧址改建为“高等小学堂，并附设初级师范传习所”。

民国二十二年（1933 年）《尉氏县志・古迹志》云：

> 蓬池书院立碑在斋廊下。蓬池书院斋舍又经邑绅刘晋三捐资添筑十余间，至光绪三十年知县程锡骐于院之东侧又添筑斋舍三十余间，连大王庙大殿及两厢合书院创办为第一小学校址。

《尉氏县志·古迹志》所说的“光绪三十年知县程锡骐于院之东侧又添筑斋舍三十余间，连大王庙大殿及两厢合书院创办为第一小学校址”，即光绪三十二年（1906 年）《河南教育官报》报道的刘马青霞捐助蓬池书院的“院之东侧又添筑斋舍三十余间”。因《河南教育官报》报道稍微滞后，又加上是为了让同知衔候选县丞刘𬍛德“逾格”选用知县而上奏的“劝禀书”。

民国二十二年（1933 年）《尉氏县志·教育》记载“县立第一完全小学校”“光绪三十一年（1905 年）八月成立为高等小学校，地址在小东门内路北蓬池书院暨大王庙故址。经知县程锡祺创设，并于书院东侧建砖楼五间，东西排房共十二间。原定三年毕业，旋改为四年；至民国十四年复遵四二学制，改为第一完全小学校。常年经费共洋二千八百七十四元，由教育局支取”。

民国时期的尉氏县立第一完全小学校是由青霞所捐助而建成的。县志所说的该校“经知县程锡祺创设”，也只不过是在程锡祺任知县时，青霞捐款，由知县主持修筑的。而后面所说的经费“由教育局支取”，当是民国二十二年左右的事，而这个时候，青霞已经去世了。

今尉氏县第一中学即在此校的基础上扩建而来。

三、刘氏代用完全小学校的创办

刘马青霞在尉氏办教育始于丈夫刘耀德去世后，在捐四万两白银建刘氏宗祠的同时，又捐地 15 顷附建义学一处。但这所义学仅供刘氏宗族的孩子读书。刘氏宗祠在民国以后就成为一个小学校——刘氏代用完全小学校。该校被称为“刘氏代用完全小学校”，是因这所学校是刘氏所办，而且是为刘氏世代儿童读书所用；称为“完全小学校”是说该校拥有初级小学和高级小学。

民国二十二年（1933 年）《尉氏县志·教育》记载：

> （刘氏代用完全小学校）设邑西八里大桥寨东门内刘氏祠堂故址。民国六年（一九一七年）创办初级小学两班，二十年九月（一九三一年）扩增高级一班。教室十五间，职教员住室十一间，书报室三间，游艺室三间，学生寝室二十四间，勤务室三间，传

达室二间，厨房四间，敞棚一十五间。校舍占地面一千零二十方丈，操场占地面四百五十八方丈。常年经费共洋一千四百一十元，除教育局每年津贴洋□元外，余系刘氏义田划拨。

刘氏代用完全小学校设在大桥寨刘氏祠堂内，其创立时间当在光绪二十八年（1902年），由刘马青霞所建。民国时期这所学校改为公立学校，但仍称为“刘氏代用完全小学校”，每年需要经费大洋1410元。虽然是公立的学校，但《尉氏县志·教育》云：“除教育局每年津贴洋□元外，余系刘氏义田划拨”，可是在“教育局每年津贴洋□元”的“元”之前，没有数字，也就是说教育局可能没有给该校津贴，完全由“刘氏义田划拨”。

这所学校是尉氏县最早的新式学校之一，民国之前，即这所学校改为公立学校之前的经费完全由刘马青霞负担；当然即使改为公立学校之后，其经费也是由“刘氏义田划拨”的。

这所刘氏代用完全小学校，而今已经不存在了。今刘氏祠堂旧址是尉氏大桥乡的乡政府所在地。

四、乙种蚕桑学校的创办

尉氏县乙种蚕桑学校是由青霞所创办。民国二十二年（1933年）《尉氏县志·人物·义输》记载刘马青霞“创设桑园，购植湖桑万株，占地三十余亩”。在这篇《尉氏县志·人物·义输》中记得很明显，刘马青霞“购植湖桑万株”是一种“义输”行为，是无偿的捐献行为。

民国二十二年《尉氏县志·教育》又记载尉氏县有“乙种蚕桑学校”，该校“清宣统二年（1910年），呈准设立”，地点在小东门内路北蓬池书院旧址，因尉氏县第一小学校址也设在蓬池书院旧址，说明刘马青霞在同一地域创办两个学校，即尉氏县第一完全小学校和乙种蚕桑学校。

乙种蚕桑学校以养蚕栽桑为主要课目；经费似高等小学校，由官费改半官费，以节省用款，至民国十二年（1923）停办。

尉氏县立第一完全小学校系刘马青霞所创办，这在光绪三十二年（1906年）《河南教育官报》已经报道过，民国二十二年（1933年）《尉氏县志·教育》却说该校是“经知县程锡祺创设”。民国二十二年《尉氏县志·教育》所说的尉氏县乙种蚕桑学校也是由刘马青霞所创办的。

刘马青霞创办尉氏县乙种蚕桑学校养蚕栽桑，对尉氏的实业发展有重大的意义。

第三节　华英女校开河南私立女学之先河

刘马青霞创办的尉氏华英女校是河南的第一所私立女校，这所女校创办四年后停办，对河南和我国妇女的教育和解放起到了重大的推动作用，因而刘马青霞也是河南妇女解放和教育的先行者。刘马青霞把校址选定在自己家的南花园内，亲自请教师，定课目，付出了大量的心血。华英女校开河南私立女学教育之先河。

一、河南第一所私立女校——华英女校

华英女校（图 6-1）是刘马青霞亲自创办的一所女子小学校，建于清宣统元年（1908 年）二月。1908 年 3 月 31 日《江汉日报》载：

> 尉氏刘青霞女士去冬曾议在县城创设女学，已志前报。旋以效仿无从著手，因亲赴北京并东洋调查一切章程，刻已于正月回尉。女学已定基址在西门外，即日修建堂舍，一俟竣工，即可开课。

图 6-1　华英女校仅存的三间旧房子，今在尉氏县实验小学院内

刘马青霞本意是欲新建校所，后来又将西门内的一处营业房改建为女子初等小学堂，华英女校就设在尉氏的西门内。1908 年 3 月 31 日《江汉

日报》报道之后不久，青霞的女子初等小学堂就已建成。

《河南教育官报》第五十一期宣统元年四月十四日报道的《抚院吴附奏尉氏县命妇刘马氏捐助女学经费请建坊片》云：

> 再据尉氏县知县马骏声禀；该县一品命妇刘马氏，以邑中女学堂尚属阙如，愿将西门内管业房屋一所改建女子初等小学堂。额定学生五十名，延聘女教员二人，四年毕业。于本年二月间开学，一切遵照定章办理。共计开办费合银一千五百两，每岁额支需银二千五百两，计四年已需银一万两，均经筹备。另储禀请立案等情，经臣饬由提学使查核，详请奏奖前来，臣查士民捐地方善举，银至千两以上，例得请旨建坊，给予“乐善好施”字样。今该命妇刘马氏创设女学，需费逾万，核与建坊之例相符合，仰恳天恩俯准给予尉氏县一品命妇刘马氏“乐善好施”字祥，于本籍自行建坊，以昭激劝。出自鸿慈，除分咨外。谨附片具陈，伏乞圣鉴训示，谨奏章。
>
> 硃批允行，该部知道钦此。

这是尉氏为刘马青霞办女学而上书请求宣统皇帝给刘马氏建“乐善好施”牌坊的奏折，而且宣统皇帝已经“硃批允行，该部知道钦此”了。其实这个时期的刘马青霞已经是一个坚定的同盟会员、反清志士了，但同时她还以一个教育家、慈善家的身份出现。这是革命的需要。清政府已经多次颁发给刘马青霞“乐善好施”字样的匾额或者牌坊。

华英女校虽然创办在尉氏，但是无论从其聘请的教师或者入学学生的来源看，都没有局限在一个县城里面，而具有全国，甚至具有国际的意义。

华英女校的名誉校长虽然是刘马青霞的儿子刘鼎元，但刘鼎元此时才6岁，刘马青霞实际是自任校长，亲自管理学校的所有事务，后又为该校聘请了四女一男五位教师，一位管文书的先生。一位男教师刘恒泰，是尉氏的留日学生，青霞的婆家侄孙。四名女教师有青霞在日本考察时期的挚友，也是留日的女学生朱珍吾（湖北人），日本女教师高山爱子（日本清森县人）。还有两位分别是来自无锡的于女士和来自苏州的华女士。刘马青霞每个月花50两银子的高薪聘请高山爱子，希望她能将日本的先进文明文化传进中国。高山爱子是学校里最受学生爱戴的教师。

学校初开学时，招收学生50名，大多数是河南各地开明士绅的女儿。

学生全部免费入学，并且免费供给膳食；学生的书籍、文具、制服，也全部由学校供给。但是有一个条件，那就是学生入学必须放足。

华英女校1908年开始创办，首次招收50名女学生。宣统二年（1910年），为了开拓风气，推动女子教育事业的发展，刘马青霞又设一师范班，招收学生40名。

学生来自河南省和全国各地。由于多年封建习俗，很多学生的家长不愿意把女儿送到学校里，说是恐怕女儿学坏了，学“野”了。

但是刘马青霞办女学，得到了同盟会同志的热情支持。刘马青霞游学日本时，结识了许多留日学生，即同盟会的同志和朋友，和他们一起办报纸、宣传革命、宣传妇女解放。同盟会的同志们多是革命的先行者。他们为了支持青霞办学，纷纷把自己家中的女儿、妹妹等女孩子送到华英女校。

留日女生、同盟会员朱珍吾是刘马青霞在日本的挚友，也是华英女校聘请的女教师，她首先从湖北把侄孙女朱景班带到学校。李锦公是商水人、留日学生、同盟会员，曾和刘马青霞一起回国创办大河书社。他也把自己的妹妹李淡如送到学校。任芝铭是河南新蔡人、留日学生、同盟会员，他把自己的两个女儿，即大女儿任馥坤和二女儿任锐从新蔡一起送到尉氏华英女校学习。另外华英女校的学生还有商超群、丁敏霞等。这些同盟会的同志和朋友都把自己的女儿、侄女、侄孙女送到刘马青霞的学校里，让刘马青霞培养，表现出他们对刘马青霞的信任。刘马青霞也不负重托，为革命、为祖国培养了人才，为中国的女学教育做出了杰出的贡献。

刘菊英在《我的祖母刘青霞》一文中记载：

> 祖母为办华英女校，可真花费不少心血。特意从日本聘请来一位青年女教师，名叫高山爱子，还为这位日本老师带来两个下女（类似中国的家庭保姆）。其中一个到上海后，没有来河南，大概是怕到尉氏受苦。还从无锡、苏州等地请来两位女教师，一个姓于，一个姓华，直到学校停办才回家。管文书的李老先生是从新乡请来的，是进步人士。校址是在西大街祖母的家宅花园内，花庭是课堂，校内还设有食堂。校长是父亲刘鼎元，当时父亲年小，也在该校读书。所有学生都免赞供应衣、食、书具等。①

① 刘菊英．我的祖母刘青霞//政协尉氏县委员会文史资料研究委员会，尉氏文史资料（第二辑）・刘青霞女士专辑．1987：118. 内刊．

但此时刘马青霞还仍然恪守中国妇女的传统，尽管当时儿子还很小，她还是让儿子刘鼎元做华英女校的校长。刘马青霞在北京投资建的豫学堂校长也是儿子刘鼎元的名字。刘菊英在《我的祖母刘青霞》一文中记载："在北京，祖母和其兄马吉樟等人出款创办了'河南豫学堂'。校内建有石碑，上刻校长刘鼎元——是我父亲的名豫（誉）。"

在学校刚刚建成时，刘马青霞作七绝一首，以志咏此盛事。

莫怜旧时花枝败，但求自由花常开。
愿君不辞劳素手，育得群芳天下栽。

从这首诗中可以看出，刘马青霞是怀着多么愉快的心情创建这所女子学校的。刘马青霞自幼就有办学的情结，她的娘家就办有义学、义庄。而她在丈夫刚刚去世时就开始办义学、义庄；游学日本之后，刘马青霞目睹了日本新学教育的先进和女学教育的普遍，痛感中国教育的落后，回国以后，以创办新学教育为己任，更把女子教育当成义不容辞的责任。

二、华英女校的办学情况

华英女校就设在刘家的南花园内，据说是鲜花异草、亭榭园林、景色如画。学校建教室九间，整洁明亮，是可以折叠的玻璃窗扇。华英女校初办小学部，以后又分为简易师范和小学两部。

学生的年龄基本都在 10 岁以上。在这个学校里，为了避免社会的舆论，也为了保护学生的安全，学生的膳食、住宿全都在学校里，如同现在所流行的全日制学生。

在学校里，做饭的是男厨师。为了让女学生不见男厨师就可以吃到饭菜，刘马青霞让工人在东面校园的墙上挖孔，专门修一个转桶。转桶高 2 尺 5 寸，直径 2 尺。桶壁用竖板分成半面，一半放上饭菜，另外一半可以放碗盘。这样男厨师可以把饭菜放进转桶，转动转桶，把饭菜送入。她为了办好女学，真是煞费苦心。

刘马青霞把自己的时间都投入学校的工作中，她精心地选取教材，制定课程，亲自抓学校的各项工作。为了办好这所学校，刘马青霞又聘请了刘建章做学校的监督，增聘教员，每年支银 3000 余两。该校一共办四年，刘马青霞自己说：从日本"归国后，在尉氏自办女学堂四年，约费银一万数千两”[1]。尉氏女学堂，又称华英女校。刘马青霞为这个学校投入了大量的银两和心血。

刘马青霞要求：入校学生首先放足，锻炼身体，增强体质。

华英女校开设的课程有国文、算术、修身、史地等，另外还有体操、编织、刺绣、桑蚕等，并于校园内培植桑树，建筑养蚕房舍，提倡学生养蚕。

华英女校使用的课本为女子专用本。这些课本皆是从开封大河书社所进的适合女孩子学习的革命教材。这是河南的第一所私立女子学校。

青霞亦常到学校与教师、学生一起用餐，还经常与教师、学生谈心等。

当年的《开封简报》报道说：

> 尉氏县一品命妇刘马氏前曾独力创设华英女校，先办初等一班，颇著成效也。欲开浚知识，养成家庭教育习惯起见，遵章在该校附近设师范一班，招考学生四十名，定为二年毕业，刻已开堂授课。

自光绪三十四年（1908 年）创办，至宣统三年（1911 年），青霞从南京回到尉氏，将学校结束。华英女校共办四年，前后两届，共招收学生 90 名，为国家、为社会培养了大批杰出的妇女人才，如 1932 年前后开封省立第六小学的校长王修长、开封省立女中的校长高秀英，都是华英女校的学生。

任锐是华英女校培养出来的杰出代表。任锐，河南新蔡人，父亲任芝铭是留日的同盟会员，她被父亲送入华英女校读书，受到华英女校革命思想的熏陶。学习期满之后，任锐于 1911 年参加同盟会，参加孙炳文组织的暗杀团。1913 年任锐在北京与孙炳文结婚，之后与丈夫一起从事革命活动。

华英女校为中国教育和中国革命培养出了杰出的妇女人才和妇女干部，为中国的妇女解放事业做出了重要的贡献。

刘马青霞孙女刘菊英说：

> （祖母）在尉氏县创办了河南省第一个新式女学——华英女

[1] 刘马青霞．豫人刘马青霞披露．自由报，1917-11-17.

校，为河南培养了许多有志有能力的妇女。如学生高超群曾在北京、开封学校任教多年，家住开封徐府坑街，与父母常往来，我还见过几次，印象较深。瘦瘦的身材，精神饱满，口才好，声音响亮，言谈非常生动有趣。①

华英女校停办之后，其旧址仍然是一个教育的场所，当地政府将其易名为“南花园学校”，现在尉氏县将这所学校命名为实验小学。

现在学校仍然有三间华英女校时期的旧房，据说那是当年工友的住房。这所清末民初的老房子，向参观的游人诉说着该校百年的风雨，也诉说着刘马青霞当年为了实现国家和民族复兴的理想，而苦心办学、坚韧不拔、令人感动的意志衷肠。

第四节　刘马青霞与河南早期新学教育

刘马青霞从日本考察归国之后，把大量的精力投入中国的早期新学教育，特别是女学教育。是时，河南省风气闭塞，新学并不发达，特别是河南省的女学教育更是落后。河南省的新学教育正处于起步阶段。刘马青霞把自己的精力和财产都投入了河南省的新学教育之中。刘马青霞热心桑梓教育，对家乡投资，创办新学，尤其对创办女学更是热心。当时河南的省城开封是她创办新学的基地。刘马青霞是河南新学教育的先驱。

一、刘马青霞参与创办中州公学

光绪三十二年（1906 年），河南教育总会会长李时灿在原明道书院旧址（今开封南关繁塔寺）创办中州公学。中州公学先开法政速成一个班，学制两年（预科一学期，正科 3 个学期）。预科课程学习伦理、世界历史、法学通论、政治地理、东文、体操等；正科课程学习本国律例、政治学、行政法各论、民法刑法各论、刑法总则、警察学、监狱学、东文东语等。招生资格“以身家清白，中文明通，肢体健全，素无嗜好，年龄在 23 岁至 40 岁者为合格”。学费每人每学期 14 银元，膳费每人每月 4 银元。学

① 刘菊英．我的祖母刘青霞//政协尉氏县委员会文史资料研究委员会．尉氏文史资料（第二辑）·刘青霞女士专辑．1987．内刊．

校还有校董四人、监督（校长）一人、教务长一人、监学两人、教习若干人，会计一人。

同盟会河南支部就设在这所中州公学校内。中州公学的监督（校长）杨源懋（1886～1912年），字勉斋，偃师县官庄人，亦是同盟会员。杨勉斋所延聘的教习也有不少同盟会员。中州公学在教育学生学习新知识的同时，向学生宣传反帝反封建的思想，对学生进行反对清政府的教育，使中州公学的大多数学生参加了同盟会。中州公学的学生后来在河南辛亥革命的起义中做出了巨大的贡献。1913年，中州公学的学生参加了孙中山先生反对袁世凯的“二次革命”而惨遭镇压。校长率师生撤走，北洋政府勒令解散，剩下的学生合并到省立二中（今开封市北道门开封市二中）①。

由此可见，中州公学不仅是一个教授新学的学校，更重要的是策划辛亥革命起义的一个秘密阵地。著名的哲学家冯友兰，当时就是这所学堂的学生。他在《冯友兰自述》中回忆：“中州公学的监督是杨源懋（杨勉斋），他的官衔是翰林院编修，在开封以绅士资格办中州公学。所请的教员都是有比较进步思想的人，据说有些人还是同盟会的人。当时我感觉，这个中州公学好像是同盟会在河南的一个机关，因此学生对他都很佩服。”著名的历史学家、原河南大学校长姚从吾也是中州公学的学生。

中州公学是河南省最早的新学堂，不仅培养出了大批的专家学者，而且为推翻清政府、为辛亥革命的爆发做出了巨大的贡献（后面将详述）。

刘马青霞不断地向中州公学捐款。清光绪三十三年（1907年）十一月十五日汉口《公论新报》报道：

> 尉氏县刘青霞女士，富而不甘为守财虏者也。留学东洋，素多热心桑梓，日前以汴绅筹办中州公学、中州女学，经费竭蹶，特来函各捐一千两，以资应用。若刘女士者，诚加人一等矣。

清宣统元年正月十八日（1909年2月8日）《开封简报》报道：

> 尉氏县一品命妇刘马氏，捐一千两充省垣中州公学经费，由司详院奏奖。于上年十二月三十日奉旨准给‘乐善好施’字样，自行制匾悬挂，以昭激劝。

汉口《公论新报》报道，尉氏青霞在清光绪三十三年（1907年）十

① 开封市教育志编辑室．开封市教育志．郑州：中州古籍出版社，1991：235，236.

一月，“以汴绅筹办中州公学、中州女学，经费竭蹶，特来函各捐一千两，以资应用”；清宣统元年1908年正月十八日（1909年2月8日）《开封简报》又报道“刘马氏，捐一千两充省垣中州公学经费”。这说明青霞分别于1907年11月、1909年2月，两次捐赠给中州中学及中州女学堂的银两。由此可见，刘马青霞不止一次捐款给学校，支持河南的新学教育。

刘马青霞支持中州公学，因为这是一所新式的学校，所进行的是新式教育，更重要的是中州公学是同盟会的秘密阵地，是培养革命生力军的摇篮。支持中州公学是作为同盟会员的刘马青霞义不容辞的责任，也是她的工作。

二、刘马青霞与公立中州女学堂

刘马青霞归国后，办教育特别是办女子教育是她最热爱的事业。她认为，国民的教育自其母开始。如果母亲没有文化，那么孩子就不能得到很好的教养。女学之兴衰关系着一个国家的兴衰，也关系着国之存亡。例如，《中国新女界杂志》第一期《论女学》云：“种族何以有胜败，胜败于优劣而已。处竞争激烈之场，而无真实能力以与之角，断未可侥幸以苟全。一女不学，则一家之母无教；一家之母无教，则一家之子失教。集人成家，集家成国；有学无新学，有教失教，优劣相形，胜败立判矣。”在这种思想的指导下，刘马青霞把兴办教育当成她终生的事业。

光绪三十四年（1908年），南阳人张嘉谋被清政府委以内阁中书，并出任河南学务公所议绅，协助李时灿议长掌管河南省教育行政。1908年，他和李时灿一起，在开封旗纛街租民房创办了河南省第一所女子中等学堂——中州女学堂。由于办学经费短缺，学校无法起建，于是刘马青霞立即拿出三千两银子，作为办学的经费，从而促成了公立中州女学堂的创立。

公立中州女学堂属师范性质，还附设了供教育实习用的女子小学。学校定于1908年4月5日开学，学额74名。

《试办简章》规定，师范部额定学生60名，小学部40名，学制均为四年。师范学科有师范、修身、教育、国文、历史、地理、算学、格致、国画、家事、裁缝、手艺、音乐、体操。小学部科目是修身、国文、算术、女红、体操、音乐、国画。这是当时河南省培养女子教育师资的最高学府，对河南女子教育事业的发展影响极大。

1910年，公立中州女学堂易名为官立女子师范学堂附属小学，经费由国库拨出，学生上学完全免费。

学校刚开始设在开封旗纛街，1912年民国成立之后，女师与附属小学一起迁往信陵书院旧址（今开封老师专），并改名为河南省立女师附属小学。1925年又改名为省立第一女子师范附属小学，1927年该校与省立一中附属小学合并，校名为省立一中附属小学。1928年又恢复为省立第一女子师范附属小学。1929年8月，第一女子师范附属小学从女师院中搬到对面的旧军械库，即今开封市第二师范附小（今开封市中山路北段路东），设校至今。

《公论新报》报道刘马青霞女士当时对中州公学、中州女学各捐赠一千两银子。青霞在《告四万万同胞书》中说："省城女学堂，捐银三千两。"①在这里，青霞自报对"省城女学堂，捐银三千两"当是有事实根据的。或许青霞第一次捐银一千两，以后又有所捐赠，共捐银三千两。刘马青霞对新学教育、女学教育是情有独钟、非常热心的。

三、刘马青霞与河南女子教育会的成立

刘马青霞在北京与其兄马吉樟创办了豫学堂和另外几所学校。另外，刘菊英说："北京的京师女子师范学校、北京女子法政学校，都有祖母的捐款。在开封，祖母曾出资捐助开封女子师范学校，还曾帮助中州公学、中州女学堂解决过经济困难。"②

刘马青霞对教育的热情，得到了全省各界人士的敬仰。民国元年6月5日《民约报》报道：

> 女士久有新学之思想，当前清时代曾留学日本某学校毕业及归国屡次提倡新学种种，难以枚举。而在本县倡办女子学校，其内容规约严肃，学科认真，其目的在为我豫省开通风气，推广女学，使我女同胞各有自立之能力，久为豫省人民所钦仰。

民国元年7月1日《自由报》云：

---

① 刘马青霞．豫人刘马青霞披露．自由报，1917-11-17.

② 刘菊英．我的祖母刘马青霞//政协尉氏县委员会文史资料研究委员会．尉氏文史资料（第二辑）·刘青霞女士专辑．1987：118. 内刊．

> 自刘青霞女士被举为国民捐总理以来，一般热心女同胞成思奋勉。日前段（段）指南女史拟联合全省女界组织——女子教育会，以开通女界，扩张女权，普及家庭教育为宗旨，已禀请学司立案。其一切进行之手续刻已研究就绪，不久当即发表并择日开女界全体大会云。

刘马青霞热心办学、创办新学教育、热心公益的事迹在全省各界特别是在妇女界引起了极大的感奋。在刘马青霞精神的鼓舞下，河南省欲成立“女子教育会，以开通女界，扩张女权，普及家庭教育为宗旨”。这对河南省的妇女教育和妇女运动都是一个开创性的举措。

河南女子教育会后因南北的分裂、社会的动荡不安以及其他原因而展开活动不多，但这是河南妇女运动的前奏，使那些热心的女同胞“成思奋勉”，不再甘心在男权的控制之下生活。她们希望有自己的事业，希望在社会活动中大显身手，对河南甚至全国都具有革命先行者的意义。青霞也因此而声名鹊起。刘菊英说：

> 在开封，祖母出巨资开办大河书社，传播革命思想，也是同盟会员秘密通讯和议事的地点。还有河南革命军总司令张钟端等所策划的河南大起义前后，祖母都有经济援助。在开封还对其他进步书店和报社都有大量的经济的捐助，开封书店的老年人都知道，解放初期在开封博物馆内，一进门对面就有一幅祖母的画像。①

刘马青霞对河南的革命运动、妇女运动、妇女教育、慈善事业都起了先行的表率作用。她的热诚，以及对河南省革命和教育所作的贡献，得到了河南人民的赞赏和敬仰。

① 刘菊英．我的祖母刘青霞//政协尉氏县委员会文史资料研究委员会．尉氏文史资料（第二辑）·刘青霞女士专辑．1987：119. 内刊．

第七章　刘马青霞与辛亥革命

刘马青霞自 1907 年在日本参加同盟会之后，进行了同盟会的誓言“驱除鞑虏，恢复中华，平均地权，建立民国”的宣誓。她的一切行动皆履行自己的誓言，服从同盟会的一切决议和命令。如前所述，她按照同盟会的“议决”，为创办《河南》杂志和《中国新女界杂志》，为“传播革命的种子”做出了巨大的努力和贡献。也可以说，如果没有刘马青霞的努力，这两份杂志就不会问世。刘马青霞担任着掩护同盟会同志的任务，提供各种方便支持辛亥革命。1907 年，刘马青霞回国后，利用办学、办书社为掩护，建立辛亥革命起义的秘密联络点，投巨款支持辛亥起义。刘马青霞是辛亥革命杰出的革命家。

第一节　河南辛亥革命的前奏

刘马青霞从日本回国之后，就投入国内的革命斗争中。为了更好地支持革命，她在南京购买一处住所，以支持革命。当同盟会员张钟端从日本回国之后，先到南京与她接头。是时，刘马青霞的二兄长马吉樟任湖北省的臬台。刘马青霞利用其二兄长马吉樟的关系，介绍张钟端到武昌为马吉樟的幕僚，以为掩护，从事武昌辛亥革命起义和开封辛亥革命起义的工作。当然，这些工作是瞒着马吉樟的。

一、刘马青霞与大河书社

《河南》与《中国新女界杂志》在日本东京创刊发行之时，同盟会总部又决定在国内设立发行机构。冯自由说：“先是河南同盟分会派同志李絅斋、罗殿卿、刘醒吾等返国，在开封设立大河书社，转为代理《河南》杂志及各种革命书报之机关。豫省各地风气之进步，该书社大有力焉。”①

---

① 冯自由．河南志士与革命活动//冯自由．革命逸史．第三集．北京：中华书局，1981：272.

邹鲁说同盟会总部“派人往河南省设立书局以便售报及代销新书之用。书局名大河书社，总局设开封”。“李絅斋为大河书社总经理，刘醒吾、罗殿卿副之。”①

大河书社是同盟会主持建立的销售革命书籍和革命刊物的机构，刘马青霞作为一个同盟会员完全按照同盟会的决定办事。为了建立大河书社，刘马青霞“出洋数千元，在开封设大河书社”①。大河书社专以销售《河南》、《中国新女界杂志》等革命刊物为务，并在开封、许州、郑州、荥阳、巩县、修武、尉氏、光州、信阳、彰德等地设立代办处，如冯自由说《河南》杂志“每期销流数千份，以输入本省者占半数”。而邹鲁说《河南》杂志“内地销行亦广，每期售至万份以上”。也就是说，河南省每期所销售的杂志至少数千份以上，甚至上万份，可见《河南》杂志在国内、省内有多么大的影响，为河南开启民智、宣传革命起到了振聋发聩的作用。

大河书社不仅是一个专售革命杂志的书局机关，而且还是一个联络革命的秘密机关。民国二十二年《尉氏县志·人物三》云：刘马青霞“出洋数千元，在开封设大河书社，为河南革命运动机关；辛亥起义、河南运动独立，以促革命成功，捐金万余等项，义动遐迩”。由此可见，开封大河书社是一个革命运动的机关，是为了“辛亥起义、河南运动独立，以促革命成功”而进行联络的机关。刘马青霞为辛亥革命做出了重要贡献。

大河书社是为推动辛亥革命起义而设立的机关，与反动的清政府势不两立，当然遭到了清王朝当局的查封。冯自由说：“至是亦为清吏所查封，并通缉任事人，李絅斋事前闻警得免。”李絅斋虽然得免，但是清政府通缉了副经理刘醒吾等，“大河书社未几，被当道查封，并通缉副经理刘醒吾等”②。

清政府对河南省的革命报刊和革命志士非常愤恨，于是又派人到日本东京前去逮捕辛亥革命志士。

> 乙酉年（1909年）冬，豫省当局特派委员，赴日侦察留学界行动，为同盟会员程克（字仲渔）所知，乃诱至东京郊外暗杀

---

① 见《尉氏县志·人物三》，民国二十二年（1933年）。

② 邹鲁．河南举义//中国史学会．中国近代史资料丛刊——辛亥革命（七）．北京：人民出版社，1957.

> 之。事后，程逃至香港，访中国日报冯自由，冯乃匿之于湾仔东海旁街七十六号四楼自宅，居港年余始他适。时河南同志已由宣传工作而渐进与实行工作矣。[1]

清政府派到东京的河南特派委员到东京后，为同盟会员程克所知，把清政府官员骗到东京的郊外将其杀之。程克其后逃往香港地区，在冯自由处潜藏多年。杀死满清官吏，也是大快人心之举。

刘马青霞所做的各种事情皆是对清政府致命的猛烈攻击，《河南》、《中国新女界杂志》被勒令停刊，大河书社被查封，其革命性是不言而喻的。

二、掩护支持革命志士张钟端

刘马青霞游学日本时，河南留日学生所创办的《河南》杂志以其激烈的反清言辞，高扬的战斗精神，引起了清政府的愤恨和不满。《河南》第九期发行后，“驻日清公使以其言论过分激烈，特请日政府代为禁止。日警厅遂禁止该杂志出版，并拘禁发行人张钟端，数日始释出，而张之留日官费学籍，即因此事被清使馆借口革除矣”[1]。清政府的驻日公使请日本警厅出面禁止《河南》出版，逮捕了总经理张钟端，并取消了张钟端官费留学的资格。

张钟端因参加革命而被日警厅拘禁，清政府也取消了张钟端官费留学的资格。刘马青霞与留日的革命同志经过多方努力，才使张钟端得以释放。但是张钟端已经不能再享受官费留学的待遇。在这种情况下，刘马青霞慷慨解囊，以巨金支持张钟端完成了学业。张钟端的儿子张梦梅和张兆梅说：

> 先父于1905年以公费留学日本东京中央大学，专攻法律，时即加入孙中山领导的同盟会，致力于革命活动。1907年与河南留日革命同志创办《河南》杂志任总经理，撰写文章宣传革命。……（《河南》杂志）出版至第十期，为清廷所忌，由清驻日公使蔡钧请求日本警署勒令停刊。先父因此事被拘留数天，并

---

① 冯自由．河南志士与革命运动//冯自由．革命逸史．第三集．北京：中华书局，1981.272.

> 被停止官费，赖当时旅日之女革命志士刘青霞及豫籍留日同学多方资助，始完成学业。[1]

当张钟端在日本留学期满之后，国内的革命起义正在风起云涌。张钟端受同盟会总部的派遣，于1911年八九月期间，回国参加辛亥起义。张钟端即将回国之时，其日本妻子千装伦子已经怀孕，很快临产。张钟端不顾即将临产的妻子，毅然回国，走上革命起义的最前线。正是在武昌辛亥革命起义的那一天，张钟端的妻子千装伦子在日本东京生下了一对双胞胎儿子。接到妻子的电报后，张钟端在回电中为儿子起名：梦梅、兆梅。之后张钟端起义牺牲，永远也没有见到自己的双胞胎儿子。电报中为儿子起名字，就是张钟端与妻子和儿子梦梅、兆梅的永诀（这是后话）。

是时，中国革命思想在南方迅速传播，南方是革命党人活动的中心。黄兴等人皆在南京；以后孙中山就任临时大总统时也在南京。刘马青霞作为同盟会会员，为了更好地支持革命事业，在南京又买了一处房产。刘马青霞曾说："南京新置住宅一所，预备组织实业，移治家之精神，以经营之。"[2] 时刘马青霞以组织实业、经营治家为名，在南京居住，联系支持革命同志，从事革命活动。张钟端回国之后，由于他是清政府通缉追捕的对象，所以他首先到南京与刘马青霞秘密接头。此时刘马青霞的二兄长马吉樟已经从朝廷起居注官调任湖北为臬台，即任湖北布政使，居住在武昌。

张钟端由刘马青霞介绍，到武昌去找马吉樟。马吉樟在武昌为张钟端安排一幕僚之职，使张钟端往来于武昌、南京、上海之间，联络革命同志，传递革命消息，发动起义，从事起义的组织工作。

笔者认为，前面第二章所引用的关于河南辛亥革命七烈士之一——中国同盟会河南支部的领导人张钟端——的儿子张梦梅先生回忆，早年曾听他的奶奶说过："张钟端15岁那年，从许昌骑驴到省城开封考举人，因禁不住风寒，病倒在尉氏刘家门前，被刘青霞相救，并为其请医治病。等张钟端病愈，考期已过。刘青霞十分惋惜，她要写书信一封，劝张钟端到北京找她二哥谋求一官半职，张钟端摇头不答，她又要赠送张钟端十两黄

---

① 张梦梅，张兆梅．怀念双亲//河南政协文史资料研究委员会．河南文史资料．第六辑．1981.

② 刘马青霞．豫人刘马青霞披露．自由报，1917-11-17.

金，作为苦读求进之资，张钟端拒而不收。”①

笔者认为，张梦梅先生所回忆的关于刘马青霞赠送张钟端“十两黄金，作为苦读求进之资”；又“劝张钟端到北京找她二哥谋求一官半职”，这当是张梦梅先生的祖母记忆的错误，首先如第二章所说，张钟端前往开封赶考时，途经尉氏，刘马青霞还是一个刚刚结婚的新娘子，在那所深深如许的大院中，一个侯门之女、巨室之妇，是不可能随意地站在大门之外的，也不可能赠给张钟端“十两黄金”，即使赠，也是青霞的丈夫或者婆婆。但是笔者认为，真正向张钟端资助，使之“完成学业”的，当是在这一次。张钟端在日本被取消了官费留学的资格之后，刘马青霞对他的支持；当张钟端从日本回国参加武昌起义时，刘马青霞介绍张钟端去找他的兄长马吉樟也是在这一次。

张钟端先生参加了武昌起义，并被武昌起义军政府任命为参谋长，为辛亥革命武昌起义做出了重要的贡献。在张钟端的革命活动中，刘马青霞给予了巨大的支持。

第二节　刘马青霞与河南辛亥革命起义

1911 年 10 月 10 日，同盟会河南支部参加了具有划时代意义的武昌起义。武昌起义之后，同盟会河南支部，受孙中山的命令，到上海集中，参加攻打清王朝的武器制造局的战争。河南同盟会员陈伯昂说：“武昌起义后，我河南留日同盟会员奉孙中山电调全体回上海集中；十月间回沪后，住招待所，参加攻打制造局。”② 而张钟端先生则在参加了武昌起义之后，奉黎元洪之令，回河南开封领导河南的起义，由此奏响了河南辛亥起义“夺转自由魂”的悲壮凯歌。刘马青霞倾力支持这次伟大的起义。

一、辛亥革命河南起义准备与“讨满檄文”

辛亥革命武昌起义爆发之后，黎元洪被革命党人推为都督。河南同盟会员张钟端奉黎元洪之令，带着黎元洪写给劝河南协统应龙翔（黎元洪的亲家）起义的密函，回到开封。然而，开封的形势发生了巨大的

---

① 屈春山，张欣山．“血洒东京”的创作过程．开封教育学院学报，1992，(4)：11.

② 陈伯昂．辛亥革命运动若干史实．协商论坛，2011．(04)：49～51.

变化。

当武昌起义的消息传到河南，河南巡抚宝棻（满族旗人）探知应龙翔是黎元洪的亲戚，于是预先把应龙翔禁闭起来，不使其问军中事，并下令撤职；应龙翔被释放之后，离开河南。宝棻又让标统张锡元带领第 58 标清兵南下堵截、布防险要之地，以防武昌革命军北上。

当张钟端回河南之时，河南开封正处于群龙无首之际。张钟端回到开封之后，重新组织发动河南的起义。

1911 年 10 月武昌起义传檄河南。留日学生刘积学撰写“讨满檄文”（刘积学撰文，宋庆鼎追述）。刘积学原是《河南》杂志的总编辑。刘积学追随孙中山革命，是同盟会的第一代元老。

“讨满檄文”像匕首、投标直刺清王朝的心脏。《讨满清政府檄文》云：

溯自

满清入关，二百六十。非我族类，其心必异。心似豺狼，行同鬼蜮。入主中国，自皇太极。视我汉族，如同仇敌。大权在握，杀戮由己。嘉定三屠，扬州十日，任意诛戮，尸满沟渠。尤其惨者，江阴一役。城内十万，靡有孑遗。康熙雍正，暴虐更施，兴文字狱，不一而足。择其大者，仅述一二：如庄廷珑，如戴名世，如胡中藻，如查廷嗣。文人学士，被杀靡遗。或枭其首，或戮其尸，家灭九族，罪及三世。剃发之令，更演惨剧，如愿留头，须把发剃，若愿留发，身首两移。为此剃发，人多毁弃，或隐山林，或逃海隅，或做和尚，或装道士。杀人如麻，如同割鸡。迨其后世，更属奢侈，民脂民膏，任其吮吸。荒淫无度，穷奢极欲。国势愈弱，屡被人欺。西败于英，东败于日。八国联军，入京相继，割地赔款，接踵而至，丧权辱国，所向披靡。已非一日，昏愦腐败，至于斯极。全国同胞，愤恨不已。爰举义旗，打倒满清，推翻专制。建立民国，欢乐无极。爰布斯檄，希众周知。其各奋起，莫再迟疑。

这道讨伐清政府的檄文写尽了满族入关以来残杀汉人的罪恶，特别是清政府贵族的“荒淫无度，穷奢极欲”，对西方列强的屡战屡败、割地赔款，这是中国人民和知识分子最不能忍受的。因此檄文号召大家起来打倒清政府，推翻专制统治，建立民国政权。一道檄文深入人心，革命的炮声打响了。

1932年12月21日《河南民报》上《赤血、黑铁、炸弹!》一文介绍了辛亥革命河南起义的进程。

一、杨源懋、杨铭西及刘雪亚，赴洛阳联合陆军及王天纵、憨玉琨等并联络陕西革命军张钫，拟出师潼关。

二、李心梅赴河北联络彰卫怀、简志壬、韩警亚等，拟断京汉铁路，阻止清军。

三、王从周、刘岁青赴豫东联络仁义会党，拟挡陇海路线。

四、孙振淼、张四箴赴汝、宛等县秘密活动。

五、姚黄、郑砚农赴许、郾等县秘密活动。

六、张钟端由日返汴，公推为首领，指挥一切。

七、周维屏、郑培之办理文书。

八、刘泗芳、李福遐联络巡警。

九、李乾公联络开封仁义会党。

十、张照发联络巡防士兵。

十一、吴古岳联络陆军小学学生。

十二、王庚先联络南关陆军。

十三、高书范、李锦公等赴湖北作革命军向导。

十四、何伯龙、黄复东报告军情。

十五、刘青霞女士捐银三千金，以助经费。

刘马青霞之所以没有直接参加起义和攻打河南巡抚衙门，其中的原因当如下。

从当时辛亥革命河南起义的进程安排来看，刘马青霞处于一个非常重要的地位，在起义中具有举足轻重的地位。她的手中掌握着，也可以说是为辛亥革命党人所掌握的刘家的大量财富。她负责筹备起义经费，这是起义的非常关键的一环，是起义的命脉，也是进行革命斗争和起义的可靠经济来源；在日本创办《河南》杂志和《中国新女界杂志》已经显示出刘马青霞的巨大作用。如果把刘马青霞推上前台，万一情况有变，那么刘氏宗族就会蜂拥而上抢夺这笔财产。如果没有经费为基础，起义的诸事务将很难进行，对革命是重大的损失。不让青霞直接参加起义，是当时的革命志士对刘马青霞实行保护的基本措施。

河南举义经过周密的策划，“当举义的分配一定，他们便开始举义。

在清政府严厉防范之下举义了。刊河南军政府印颗，发响应革命、推翻清清政府檄文一通。其余的便是‘赤的血、黑的铁，炸弹’”①！一场轰轰烈烈的辛亥起义在河南省城开封爆发了。

二、辛亥革命河南起义因叛徒告密而失败

张钟端是辛亥革命河南起义的总司令。1911年10月10日，张钟端参加了武昌起义，被武昌起义军政府任命为参谋长。关于这件事，张钟端的孙子张一桂说：“关于祖父参加武昌起义和曾经担任武昌军政府参谋长一事，在过去河南出版的一些资料中很少提及，而大多数只谈到他领导河南辛亥起义的经过。1981年，我陪父亲张梦梅赴北京参加民盟中央召开的纪念辛亥革命70周年座谈会，从大会的组织者及其发言中才了解到这一事实。当时《人民日报》及各大报纸对此都有刊载。”②

张钟端回到开封后，以中州公学（开封繁塔处）、优级师范（原开封医专、今为河南大学医学院处）、法政学堂（开封市老博物馆内）、大河书社（开封西大街）为基地，联络会员，进行秘密活动，策划起义事项。经过多次酝酿，革命党人公推张钟端为起义总司令，周凌卓为参谋长，并拟定了起义的进程和方案，准备于1911年12月21日发动起义。

河南地处中原，是南北交通要塞之地，也是清政府死守加强防御之地。是时，河南巡抚宝棻调离，齐耀琳任巡抚，倪嗣冲任藩台，反动阵容加强。齐耀琳利用巡防营统领柴得贵，派出奸细江玉山、张建周混入革命队伍，骗取革命党人的信任。

12月5日，张钟端在优级师范校园内召集会议，决定次日凌晨两点举义。当张钟端把起义所需的枪支弹药当场分配，又分配了起义所需的布告、檄文、通告书，印发数千份，准备分头行事的时候，由于奸细江玉山、张建周的告密，巡防营统领柴得贵带领巡防队包围了学堂，逮捕了张钟端等21名革命党人，并搜去了所有的布告、檄文、通告书等；又在中州公学、法政学堂逮捕数十人，解送法庭。开封起义失败。

---

① 《辛亥革命河南起义纪念·县党部召开纪念会赤血、黑铁、炸弹!》，《河南民报》，1932年12月21日.

② 张一桂口述，吴凯整理，《我的祖父张钟端》，载《开封文史资料》，第18期，2001年.

三、“共和之魂”——张钟端及辛亥革命的十一烈士

在辛亥革命河南起义准备之初，起义总司令张钟端就抱着誓死的决心。他对起义者说：

人心思汉，胡运将终。武汉振臂，全国景从。我豫绾毂南北，举足轻重……此间同志谋居省垣，共图大举。成则促鞑虏之命，败则为共和之魂！①

当张钟端等人被逮捕之后，敌人对其进行诬蔑和严刑拷掠，问他是什么人，张钟端烈士毫无惧容，大声说：

“汝以我为何如人，即何如人。日后是非，自有公论，何必多问？”

复讯何职，张钟端曰：

“河南军政府总司令兼参谋长。”

又问其同党共有几人？曰：

“除满奴汉奸外，皆是同党！”

敌人瞠目结舌，惊慌失措，无言答对。

张钟端等烈士就义之前高呼：

“革命万岁！”“共和万岁！”

1911年12月24日（旧历十一月初五），张钟端、王天杰、李乾公、张兆发、刘凤楼、张得成、崔德聚、李鸿绪、王梦兰、徐振泉、单鹏彦等11位同志分别在开封的南关和西关英勇就义。张钟端烈士牺牲的时候才32岁，他的孪生儿子才刚刚两个半月。张钟端等11位同志被敌人暴尸城外，后由同盟会员沈竹白以慈善名义收敛尸骨，葬于开封南关义地。张钟端自为一墓；其他尸骨不可辨认，共葬一墓。

辛亥革命党人的血没有白流，清王朝被推翻，终于结束了统治中国

---

① 张济民．张钟端生平//河南省政协文史资料研究委员会．河南文史资料．第六辑．1981.

2000年之久的封建帝制。1922年，冯玉祥主豫时，建“辛亥革命河南十一烈士纪念塔”。1933年，将十一烈士迁为一墓，墓地原在纪念塔附近；如今又迁至开封禹王台公园内，建烈士墓，供后人瞻仰。

辛亥革命中，撰写《讨满清政府檄》的刘积学负责新郑、密县、叶县、南阳一路联络工作；嗣以袁世凯调兵防阻，功不易成。11月下旬，刘积学向上海军政都督陈其美求援。在陈等人的支持下，遂募兵300余名组成河南北伐队，刻日北进，及至光山县境。得知南北议和的消息，罢兵。

1912年2月，刘积学当选民国临时参议院议员，翌年3月放选为正式国会参议员；1914年7月加入孙中山领导的中华革命党；1917年7月，参加孙中山在广州召开的非常国会，参与护法活动；1921年返上海休养。以后刘积学倾向于中国共产党，1948年5月，中国共产党决定策动担任华中剿匪总司令部副总司令的张轸起义。刘积学受托多次为起义与张轸进行面谈规劝，其于1949年4月在武昌率部起义。刘积学于是年12月31日在信阳单独发出迫蒋下野的通电。1949年以国民党革命委员会身份担任政协委员，参加了中华人民共和国开国大典；先后担任中南军政委员会委员、河南省政府委员、省政协副主席、省政治学校校长、省文史馆副馆长、国民党革命委员会河南省筹备委员会召集人、河南省民革副主委等职。1957年刘积学被错划为“右派”，后平反。1960年病逝于开封①。

四、刘马青霞掩护革命同志

辛亥革命河南起义时期，刘马青霞一直为革命奔波，掩护同志、传递消息。刘马青霞的孙女刘菊英说她的祖母刘马青霞曾“南去参加革命活动受阻，一次父亲随同祖母往南京、上海方面去，坐的是二等客车。达至半路火车上突然上来一些人，截住祖母不准往南去，强迫下车返回，祖母只好折回改往北京”。是时，孙中山等革命志士皆在南方，南方的革命运动蓬蓬勃勃，迅猛发展，所以到南方去的路也是不能畅通的。很明显，刘马青霞到南方是为了革命。刘菊英说革命志士张钟端“曾在南京马台街祖母

① 参见《刘积学》，载《中州统战》，1994年4月。

家中给父亲上过课。父亲常说张老师人很好，是在开封牺牲的。当时被抓的人很多，牺牲的也很多，其中还有很多南方人”①。刘马青霞让张钟端在她的家里给自己的儿子上课，很明显是为了掩护张钟端。

辛亥革命起义时，刘马青霞捐助钱财、筹办起义经费，更重要的是，辛亥革命起义失败以后，她曾掩护过起义的革命同志。

刘马青霞的孙女刘仲英在《回忆祖母》一文中说：“祖母是个很有本事的人，辛亥革命河南起义时，家里曾住过两个穿‘囚衣’的革命党人。”②

刘菊英说：

> 祖母将受清廷缉捕的张钟端秘密地安置在哥哥马吉樟幕下，从而营救了一批革命党人。父亲曾多次讲过，在他小时，有两个穿着囚衣的革命党人，一天来到尉氏自己家中避难，祖母将他们留在客房屋旁边的一个小屋内住了好几天才走。孙中山曾赠给祖母一幅横匾，题词‘巾帼英雄’。

辛亥革命河南起义时，刘马青霞家里曾住过的两个穿“囚衣”的革命党人，这两人是谁现已无从知晓，也不知这两个穿“囚衣”的革命党人是从狱中逃出来的，还是刘马青霞营救出来的。但他们是参加辛亥革命起义的人，而且是曾经入狱的人，这是无疑的。

刘马青霞在当时辛亥起义被镇压的白色恐怖之下，冒着被杀头的危险，把革命同志掩藏在自己的家中，这是何等磊落的胸怀，何等高贵的品质和精神！孙中山赠给刘马青霞“巾帼英雄”的题词横匾，她是无愧于这个光荣称号的。

第三节　刘马青霞与女子参政运动

民国初年，中国发生了一场声势很大的女子参政运动，刘马青霞满怀热情地投入这场运动中去，并且担任了“神州女子共和协济社”名誉社长、北京女子参政同盟会会长等职，创办《女子白话旬报》等，表现了当

---

① 刘菊英．我的祖母刘青霞//政协尉氏县委员会文史资料研究委员会．尉氏文史资料（第二辑）·刘青霞女士专辑．1987：119．内刊．

② 刘仲英．寄语“刘青霞女士专辑”出版之际//政协尉氏县委员会文史资料研究委员会．尉氏文史资料（第二辑）·刘青霞女士专辑．1987：121．

时刘马青霞在国内的影响和威信。民国初年的女子参政运动表现了中国女子的觉醒，刘马青霞起了非常重要的作用。

一、民国初年女子参政运动的起因

1911年12月，当辛亥革命之后，南京临时政府刚刚成立，在1912年二三月间公布了《临时约法》。但是同盟会为了赢得社会上保守势力的支持，把同盟会原来关于男女平等的条文去掉了。《临时约法》第二章《人民》第五条有“中华民国人民，无种族、阶级、宗教之区别，法律上均为平等”的条文，而唯独没有男女平等之条目，更无女子参政之条目。这引起了长期从事妇女解放事业工作的女界人士的不满。

自同盟会在日本建立以后，一些革命女性为了祖国、为了民族、为了争取民主自由，不怕抛头颅、洒热血，如秋瑾等人献出了自己宝贵的生命；然而在胜利之后，却把女同胞置之度外，这当然是极不应该的。当时进步的女界领袖，如唐群英、蔡惠、林宗素等开始找临时大总统孙中山以询问此事。孙中山表示：“男女原应一例平等参政。”林宗素等大受鼓舞，将孙中山的话公布于报纸，从而引起舆论大哗。章太炎就此写信质问孙中山，其大意是：女子参政问题，应有众人的讨论，大总统有什么资格随便答应让女子参政呢？孙中山只好说那只不过是“闲谈”时随便说的话。

林宗素马上在报纸上发表言论，痛斥章太炎反对女权的言论，并且声明和孙大总统的谈话，绝不是闲谈，而是就此问题专门访问大总统，大总统就此问题所发表的专论①。

1912年初，中国女界团体共有五个：林宗素为会长的“女子参政同志会”，唐群英、张汉英发起的“女子后援会”，沈佩贞发起的“女子尚武会”，吴木兰发起的“女子同盟会”，王昌国发起的“女国民会”。

1912年2月20日，这五个女子团体为了更好地发挥力量，联合起来在上海组织“中华民国女子参政同盟会”。但这个组织在当时来说还是比较松散的，以唐群英为首的女界人士集聚数十名代表，一连三日到南京临时参议院要求在临时约法中加上“男女平等”之条文，但是仍然毫无结果。

女子参政问题曾引起社会上广泛的讨论，如《民立报》1912年2月

① 经盛鸿．辛亥革命后的女子参政运动．文史杂志，1998（2）：60，61.

28 日发表署名为“空海”的文章《对女子参政之怀疑》，文章提出“第一不得不考察男女之程度，第二不得不研究男女之特性，第三不得不计及社会之秩序”，公开反对女子参政。

但是女子参政也得到许多人的支持，如《民立报》1912 年 2 月 29 日第六页发表“旅英女界赞同女子参政权电”，电文云：

上海静安寺路念九号章夫人①转支那女子参政团鉴：全英女子急进参政团对支那妇人之苦战奋斗，敬申祝意；并愿彼辈防止男子垄断政治权力，速见成功，使妇女政治上之平等，首为支那妇人所得，开世界女子参政之新纪元，作全球文明各国之模范。伦敦女子政治与社会联合会发自伦敦电。

女子参政的议题一时间在社会上议论纷纷，赞成者、反对者各持己见，几千年社会对女子的歧视和压迫，使中国社会不能接受女子走上政坛。

二、刘马青霞被选任“神州女子共和协济社”名誉社长

1912 年 3 月初，唐群英、刘马青霞等人成立“神州女子共和协济社”。刘马青霞积极地参加中国女子参政运动，与孙中山夫人同被选任“神州女子共和协济社”的名誉社长，并出任北京女子参政同盟会会长。

民国元年（1912 年）3 月 20 日上海《民立报》第 10 页对 3 月 16 日成立的“神州女子共和协济社”的消息进行补充报道，“神州女子共和协济社”的领导组织机构如下：

名誉社长：孙中山夫人、伍廷芳夫人、吴芝瑛、刘青侠
社 长：张昭汉、杨季威
教育部长：钱新才、程颖
实业部长：陈鸿壁、周铸青
编辑部长：唐群英、汤国梨
法政部长：陈汉英、仁宝航
财政部长：唐金玲、梁卿
在成立大会上，吴稚辉发表演说词。

① 文中的“章夫人”，即名为“章吴弱男”的女子.

这里所说的名誉社长“刘青侠”，就是刘马青霞。由于当时通信工具的落后，很多人名在报道中失误。例如，民国元年 3 月 20 日上海《民立报》报道的是“唐群英”，而民国元年 3 月 23 日上海《民立报》报道的名字却成为“王群英”，之后民国元年 3 月 26 日上海《民立报》报道的名字又成为“张群英”。

在神州女子共和协济社成立大会上，出任名誉社长、社长及各部的部长者，皆为当时国内、国际的知名人士。

孙中山夫人是中华民国临时大总统之夫人，其名气自不必说。但这个“孙中山夫人”指的是谁？是宋庆龄还是卢慕贞？笔者认为当是卢慕贞。卢慕贞是孙中山的原配夫人，虽与孙中山离多聚少，但民国元年 3 月 20 日卢慕贞却在上海。当中华民国成立后，1912 年“2 月下旬，南洋革命党人护送卢慕贞和其子女回国与孙中山相聚。孙中山辞临时大总统职后，卢慕贞返香山翠亨村，后陪孙中山赴北京与袁世凯会谈，一度抛头露面于世”。“民国成立后，一些热心的女子企图将她拉出家门。神州女子共和协济社成立，张默君（即张昭汉）等曾聘卢慕贞担任名誉社长。”① 而宋庆龄是 1913 年才担任孙中山秘书的，因此民国元年 3 月 20 日出任神州女子共和协济社名誉社长的是孙中山的原配夫人卢慕贞。

伍廷芳夫人，首先我们了解一下伍廷芳。伍廷芳出生在新加坡，是中国创办日报第一人、中国自费留学第一人。1882 年，伍廷芳接受清政府直隶总督、北洋大臣李鸿章的邀请，入其幕府，担任法律顾问，按照西法为清政府修订法律。辛亥革命之后，伍廷芳坚决支持孙中山，1911 年，中华民国成立后，伍廷芳被任命为外交总长，代表中华民国与袁世凯的代表唐绍仪进行了历史上著名的南北议和，酝酿成立中华民国政府；后又担任司法总长。伍廷芳夫人当然也是众望所归。

吴芝瑛，是秋瑾跟王廷钧从湖南刚到北京时所认识的密友，资助秋瑾赴日留学。当秋瑾牺牲后，吴芝瑛与盟妹徐寄尘营葬秋瑾于杭州西冷桥畔，又撰《秋女士传》、《秋女士遗事》。书中详记秋瑾平日行事、报国壮心及视死如归之大义，为后人研究秋瑾留下史料。吴芝瑛在当时社会有很高的威信，是一个著名的女性。

刘马青霞能被选为神州女子共和协济社的名誉社长，与孙中山的夫人

---

① 马庚存．中国近代妇女史．青岛：青岛出版社，1995：252.

卢慕贞、伍廷芳夫人、吴芝瑛等社会名流并列，可见当时她在国内的影响和作用。

神州女子共和协济社的社长、部长在当时的社会中皆有很高的声誉。

唐群英是民国初年女子参政运动的代表人物。唐群英，字希陶，1871年12月8日生于湖南衡山，长青霞6岁。唐群英的父亲唐少恒，青年时期参加湘军，因战功，被封为振威将军。唐少恒在衡山筑屋三间，取名“是吾家”。唐群英是唐少恒三子四女中的第三女，自幼在“是吾家”攻读。唐群英聪明好学，自幼有豪侠之风。19岁时奉父母之命嫁给湖南的曾家，丈夫是曾国藩的一个堂弟。在丈夫家中，唐群英结识了秋瑾（秋瑾的丈夫是曾国藩的外甥）。几年后唐群英的丈夫死去，唐群英蔑视封建礼教，回到娘家，每日读书，“尝以不能易髻而冠为恨”。1904年，秋瑾冲破阻力，东渡日本留学，唐群英闻讯随之而到日本，由于学习成绩优异，湖南当局将其改为官费留学生。1905年8月20日，唐群英作为华兴会唯一的女会员转入同盟会，成为同盟会中第一个女会员。武昌起义后，唐群英回国报效革命事业，与湘籍女同盟会员张汉英发起建立“女子后援会”、“女子北伐队”，被推为队长，荣获总统府“二等嘉禾勋章”，被孙中山誉为“巾帼英雄”。

汤国梨是章太炎先生的夫人，至于张昭汉、杨季威、陈鸿璧、周铸青等，当也是国内女界名流。

神州女子共和协济社要求女子参政权，以养成共和国高尚女国民为宗旨，提出普及教育，研究法政，提倡实业。社内设立法政部、教育部、实业部、编辑部、财政部；提出创设女子完全法政学堂，为参政作准备。

神州女子共和协济社成立后上书孙大总统，要求参政权。上海《民立报》1912年3月23日第7页发表《女子参政会上孙总统书》云：“凡在民国，人民一律平等，固无所庸其疑虑；顾理论之优美不如事实之光明……（《中华民国临时约法》）第二章‘人民’第五条云‘中华民国人民一律平等’，而其下复曰：‘无种族、阶级、宗教之区别。’就其条文寻释之，既曰中华民国人民一律平等，则凡为中华民国人民均须平等，已了无疑义，何必复为解释之语曰‘无种族、阶级、宗教之区别’，以狭小条文之意耶……吾女子之要求参政也，既已一再上书参议院，求其将女子共男子权利一律平等，明白规定于临时约法之中。因而提议对于约法第五条，或请删去‘无种族、阶级、宗教之区别’，或者于‘无种族、阶级、宗教’之间，添入‘男女’二字，以昭平允；二者惟择其一……查《临时约法》第五十五条规定约法增修之事，有临时大总统之提议云云等因，理合呈请大总统据情提议，以重法律，以申女权。”

孙大总统在收到女界协济社请愿书后，立即予以复书。《民立报》1912年3月11日第六页《总统扶植女权》云：

> 神州女子共和协济社代表员张昭汉、陈鸿璧、唐群英、章颖四女士（按：四女士即女界协济会代表赴宁交捐款者）于十三日赴宁，翌晨，偕见孙总统，请愿女子将来政权，并商量协济会办法。孙公阅该会全体致书及章程，并闻四代表言论，极为嘉许；特由临时政府拨给五千元，如开办女子教育总会及扩充公益之用；可谓热心女学，善于培植国本矣。协济社诸君学识宏通，志行卓越，联合全国女界力谋进行，他日必于神州女界大放异彩，且拭目俟之。

从这些民国时期报纸的报道中可以看出孙中山对神州女子共和协济社的支持，以及神州女子共和协济社的宗旨和在当时所起的作用。

三、女子参政同盟会的成立及北上

1912年4月8日，各女子团体组织在南京召开“女子参政同盟会”正式成立大会，推举唐群英为会长。“女子参政同盟会”成立大会通过了11条政纲：

一、实行男女权利平等。

二、实行普及女子教育。

三、改良家庭习惯。

四、禁止买卖奴婢。

五、实行一夫一妇制度。

六、禁止无故离婚者（以后自由结婚者）。

七、提倡女子实业。

八、实行慈善事业。

九、实行强迫放脚。

十、改良女子装饰。

十一、禁止强迫卖娼。①

大会选举张汉英、林复、唐群英、王昌国、沈佩贞、徐素贞、蔡蕙、

① 《女子参政同盟会纪事》，载《神州日报》，1912年4月11日.

李芝分管总务、交际、政事、实业、教育、财政、审查、文事等八部事务。她们又派人到全国各地，成立分会，准备把妇女参政运动推向全国。

“女子参政同盟会”成立之后，通电全国：

南京参议院派充之议员，规定《临时约法》，剥夺女权。群英等迭次上书要求改附条件，诸议员纯以专制手段欺我同胞，意欲将二万万之聪颖黄裔永远沉沦于黑暗世界，忍心害理，一至于此。所有南京参议院所布之《临时约法》，我女界绝不承认。①

4 月 10 日又发表《宣言书》宣布：

吾党今日冲决网罗，扫除障碍，其第一步之事业，即在争取公民之地位……当挟雷霆万钧之力以趋之，苟有障碍吾党之进行者，即吾党之公敌，吾党当共图之。②

而这个时候，袁世凯窃取了辛亥革命党人和全国人民的斗争成果，逼孙中山把大总统的位置让出，爬上了中华民国大总统的宝座。中华民国政府也从南京迁到北京。唐群英、王昌国等不顾袁世凯的阻挠，带领众女子北上，积极联络北方女界，在北京继续向参议院抗议，要求女子参政权。

同盟会也由几个组织联合组成了国民党。在新的纲领中还是没有“男女平等”的条文。女子参政同盟会也随之从南京迁到北京，乘国民党成立大会之机，赶到会场。唐群英等众女士找到了时任国民党代理事长的宋教仁。宋教仁是唐群英的湖南籍老乡，又是多年的战友。宋教仁对女子参政也持敷衍的态度。唐群英一气之下，掴了宋教仁一个耳光。众女士一哄而上，把会场内外办公室的用品文具乱扔一地。众女士大闹会场。

此时孙中山也到北京，对女子进行劝谏：

党纲删去男女平权之条，乃多数男人之公意，非少数可能挽回。君等专一、二理事人为难，无益也。文之意，今日女界宜专由女子发起女子之团体，提倡教育，使女界知识普及，力量乃宏，然后始可与男子争权，则必能得胜也。未知诸君以为然否。③

---

① 《女子参政同盟会致各省都督等电》，载《民声日报》，1912 年 4 月 12 日 .

② 《女子参政同盟会宣言书》，载《时报》，1912 年 4 月 10 日 .

③ 《孙中山致同盟会女同志函》原件藏于中国革命博物馆；转引自徐辉琪 . 唐群英与女子参政同盟会——简论民初妇女参政运动 . 贵州社会科学，1981，(4)：35.

孙中山说这是参议院的意见，不是个别人所能解决的，让女子们回去办学，提高思想，然后再与男子争权。唐群英回到家乡湖南，欲把湖南办成争取女权的基地，进行办女学等事务。其他女子也各回家乡。

四、刘马青霞被选任北京女子参政同盟会会长

在“中华民国女子参政同盟会”成立的同时，各省同盟会纷纷建立。如湖北成立“湖北女子参政同盟会”，黎元洪的夫人为会长。湖南、江苏皆成立女子参政同盟会，并建立女子法政学堂，创办报纸，宣传妇女解放，提高思想水平，为将来的参政做准备。

1912 年 10 月 2 日，北京成立“北京女子参政同盟会”，刘马青霞为会长。

民国元年（1912）11 月 20 日《自由报》《刘女士关心桑梓》一文写道：

> 刘女士青霞，开封人，现充北京女子法政学校校长，北京女子学务维持会会长、北京女子参政同盟会会长、北京女子《白话报》发起人。

刘马青霞在日本游学的时候，唐群英就与她往来甚密。“留日学生朱珍吾、唐群英经常到她的住所拜访。”① 刘马青霞与唐群英在日本时是有过很多交往的。

唐群英是刘马青霞在日本游学时的好友，因此在民国初年，刘马青霞与唐群英成立“神州女子共和协济社”，领导女界争取女权的斗争。女权运动从南京发展到北京。在北京，刘马青霞又当选为北京女子参政同盟会会长。

民国元年（1912 年）11 月 20 日《自由报》所报道的消息，当时是中国国内最新的消息。1912 年 4 月 8 日，各妇女团体组织“妇女参政同盟会”在南京召开正式成立大会。8 月 25 日，在北京国民党成立大会上，唐群英打了宋教仁。

1912 年 9 月，刘马青霞与唐群英一起创办了《女子白话旬报》，后改

---

① 于中华．刘青霞传//政协尉氏县委员会文史资料研究委员会．尉氏文史资料（第二辑）·刘青霞女士专辑．1987：6．内刊．

称《女子白话报》。刘马青霞曾经创办过《河南》杂志和《中国新女界杂志》，可以说对创办杂志情有独钟。10月22日“女子参政同盟会”在北京正式成立的同时，又创办了《女子白话旬报》，后改称《女子白话报》，以宣传推行女权的发展。

刘马青霞向来就积极主张女权，又担任了“北京女子参政同盟会会长”，又是“北京女子《白话报》发起人”，而且是积极的组织者和发起人之一。1912年9月，《女子白话报》的《简章》说：“本报专为普及女界知识起见，故以至浅之言，引申至真之理，务求达到男女平权的目的。”①

经孙中山劝说，唐群英、刘马青霞等女界人士相继从北京返回故里，遵从孙中山的指示，以办女学，增长知识，再争女权。

1912年12月中旬，唐群英回到湖南。长沙妇女界于12月14日和湖南省教育会召开盛大的欢迎会，欢迎唐群英女士。到会约5000人，极一时之盛。唐群英于12月18日，在长沙成立了女子参政同盟会湖南支部，会员800多人，由唐群英兼任支部长。会址设在南门外天妃宫②。

刘马青霞回河南的时间亦当是1912年12月中旬以后，而且刘马青霞返豫与唐群英回湖南同样受到欢迎。民国元年（1912年）11月20日《自由报》发表的《刘女士关心桑梓》一文在报道了刘马青霞被推为北京女子参政同盟会会长的消息之后说：“因吾豫女界虽稍有起色，尚未大放光明，心焉恶之。闻不日来汴，组织女子学务维持会支部，以期昌明。此真吾豫女界中之伟大人，将来之女学讵可量哉！”刘马青霞认为河南省女界情况虽然已经有所起色，但“尚未大放光明，心焉恶之”，就此一句，就可以完全看出刘马青霞对民国初年剥夺女权的气愤和不满。刘马青霞在南京和北京是女子参政运动的主要参与者和领导者，而在当时这个行动虽然没有为民国初年的革命党人所采纳，但还是受到了社会各界的支持。

五、女子参政运动的意义

女子们虽然在辛亥革命时期与男子共奋斗，但在中国几千年的封建势力之下，连共同革命的同志、战友也不承认女子的参政权。

女子参政运动绝不是如某些人所理解的争权夺利，而是为女性争取与

---

① 《女子白话旬报简章》，载《女子白话旬报》，第二期。

② 蒋薛，唐存正．唐群英评传．长沙：湖南出版社，1995：146.

男子平等的权力。当中国同盟会在日本成立之时，一些先进的革命女性挣脱家庭的束缚，来到日本，如秋瑾、唐群英、何香凝等。她们学习成绩优异，使清政府不得不佩服，给以官费留学的资格。她们为了争取女权，以各种形式参加了革命，如创办报纸杂志，兴办女学，为革命建立秘密联络点，甚至倾家荡产地去实现“天下为公”的理想。

在武昌辛亥革命起义之时，她们响应起义，积极参战。例如，唐群英在湖南组织“女子北伐队”，自任队长，率队配合江浙联军，参加攻打南京两江总督衙门的战斗。上海一日之内组织25个军团，其中有女子北伐光复军、女民国军、女子敢死队、女子军事团、女子尚武会、同盟女子经武练习队等，这些女子们响应起义，支援南京的争夺战。在革命党人的每次战斗中都有女子的身影。

近代革命女子以救国、救民、救种族为己任，她们不惜从事暗杀活动，以除掉穷凶极恶分子。她们大义凌然、百折不回，表现出中国女性的韧性和英雄气概，为革命做出杰出的贡献。孙中山先生说：“女界多才，其入同盟会奔走国事百折不回者，已与各省志士媲美。”①

然而，当革命胜利之时，由于中国几千年来的封建势力的强大，女界却不能享受胜利的成果。中国女界在《女子参政同盟会参政请愿书》中大声疾呼中国女子“当此国家多难，危急存亡，厄在眉睫之秋，与男子奋袂争先，公担义务，同尽天职”。“义务者，权利之对待也。女子之义务，既不稍逊于男子，则权利何得独不与男子同享？”②

有人说，女子的能力不及男子，水平低下，故不能与男子一样参政。唐群英说：“男子不以其程度不齐，谓尽无公民参政之资格，独于女子悉夺其权而不与，是参政与否，只分男女，而不真系于程度之差异也明矣！”③ 唐群英认为男子的程度和水平也不完全相同，为什么不取消低水平男子的参政资格呢？女子参政运动争取的是生存权。

1912年4月25日《民立报》第六页报道：“中华女子同盟会现由金锷

---

① 孙中山．复女界共和协济会函//孙中山．孙中山全集．第二卷．北京：中华书局，1982：52.

② 女子参政同盟会．女子参政同盟会参政请愿书//中华全国妇女联合会妇女运动研究室．中国近代妇女运动历史资料1840～1918. 北京：中国妇女出版社，1991：605.

③ 女子参政同盟会．女子参政同盟会代表唐群英宣言书//中华全国妇女联合会妇女运动研究室．中国近代妇女运动历史资料1840～1918. 北京：中国妇女出版社，1991：599.

河沿崇文女学校校长部金明卿女士发起组织苏支部，业已粗具规模，闻该会拟添女子法政专科，以备将来女子参政地步云。”许多女子回到家乡组织女子参政或女子教育等事宜。

1913年，袁世凯下令取消“女子参政同盟会”，女子参政运动失败。一些女子，如唐群英、刘马青霞等回到故乡创办学堂、报纸杂志等；有些成为官太太，但女界人士遁入空门者有之，沦为娼妓者有之，自杀者有之……妇女运动陷入低潮。

女子参政运动虽然失败了，但这在中国历史上有其重要的意义。女子参政同盟会是中国历史上第一个女子团体，中国女子为争取女子的权力、争取男女平等，尽到了自己最大的努力，标志着女性的觉醒和强烈要求解放自己的渴望。妇女们在中国历史上第一次喊出了要求参政的呼声，表现出了中国女子的觉悟和信念。

刘马青霞勇敢地投入这场女子参政运动，表现出她对争取妇女解放的热诚，对自由的渴望。刘马青霞彻底背叛了自己的阶级，从光绪皇帝册封的“一品诰命夫人”到封建社会的“逆子贰臣”，再到坚强的革命战士，她一步步走来，显示了中国女性的革命坚定性，发出和耀眼的光芒。

第八章 “天下为公”

民国初年，刘马青霞遵从孙中山先生的教导，把精力积极投入新学教育、女子教育中去；对下层人民表现出深切的同情和热爱，使她对河南省的慈善事业也倾注了巨大的热情。她创建贫民工厂，捐助难民收养所，积极从事河南省的慈善事业。民国元年（1912年），刘马青霞被选为国民捐总理，受到了全省人民的认可和钦仰。民国二年（1913年），刘马青霞曾经带着地契文书、携子刘鼎元到南京拜谒孙中山先生，希望把家产全部捐献给民国政府，表现出她“天下为公”的情怀。

刘马青霞是一位实业家。她在丈夫去世后，经营着偌大的财产，“有赢无绌”，而且其长兄马吉森也是河南省民族工业的创始者之一。刘马青霞到日本去考察的工作不仅有学务，重要的是还有实业，即现代工业。例如，清光绪三十二年（1806年）四月二十《河南官报》第一期报道：“一品命妇刘马氏……热心学务，考求实业。兹拟携子候选主事刘鼎元前赴东洋调查女学堂及各项实业、学堂规则。”

刘马青霞全力支持在艰难创始的道路上蹒跚前进的河南省民族工业，独立创办公益性的民族工业。她全力支持了河南省的民族工业和开封市的慈善事业，做出了重要的贡献和成绩。

第一节 刘马青霞与河南近代民族工业

民国以后，刘马青霞积极参与河南民族工业的创办。她以明晰的眼光支持河南民族工业，支持其兄长马吉森从英国人的手中夺得对六河沟煤矿的开采权，这是一种爱国的行为。另外，刘马青霞所办的民族工业有很多是公益性质和慈善性质的，所以说刘马青霞是河南近代有远见的优秀实业家。

一、河南近代民族工业的产生

清末民初时期，河南的经济处于非常落后的状态。在中国封建社会

2000 多年的统治下，自给自足的自然经济占据主要地位。河南又是一个内陆省，因此河南的民族工业非常落后，处于尚未起步的状态。但是河南是一个土地肥沃、物产丰富的地区，南面险峻的大别山，西面巍峨的伏牛山，西北陡峭的太行山，皆是高大的连绵起伏的山脉，有丰富的矿产资源；中部与东部是宽广的平原。河南地处中原，物产丰富，是一个粮棉大省。河南的原料、能源、人力都比较丰富。例如，北部的安阳、鹤壁、孟县，东部的商丘、周口、通许、商水，西部的洛阳等地皆是我国产棉的重要地区，每年所产棉花各值银约 700 万两。另外，油料、烟草、蛋类、蚕丝、煤炭等，产量也很大。河南的人口资源也非常丰富，可以提供巨大的劳动力市场。

在这种情况下，我国民族资本主义工商业也希望利用河南这种得天独厚的资源而发展。例如，河南安阳的棉花价钱只有上海的四分之一。河南不仅有巨大的劳动力市场，也有巨大的商品市场。河南每年都需要消费数百万匹的“洋布”，这就给我国早期的民族工业提供了巨大的商机。

清末河南的近代民族工业还非常薄弱，全省大约有 20 余家。

光绪二十七年（1901 年），马吉森与安徽人孙家鼐（咸丰状元，曾在清政府的工部、礼部、吏部等任职）集资创立了广益纱厂（今安阳豫北纱厂的前身），开河南民族工业之先河。广益纱厂资金近 70 万元，纱锭 2.1 万枚，工人达 1300 人，是当时河南最大的纺织企业。

1904 年，禹州创办钧窑瓷厂，资本额 6.9 万元；1905 年，开封创办耀华火柴厂，资本额 2 万元；1904 年，道口创办继兴面粉公司，资本额 5 万元；1906 年，开封创办自来水厂，资本额 20.4 万元；1907 年，周口创办启新榨油厂，资本额 1.4 万元；1910 年，开封创办普临电灯公司，资本额 25 万元；1910 年，卫辉创办华盛面粉公司，资本额 20 万元；1910 年，彰德创办广恒汽面公司，资本额 15 万元；1907 年，洛阳创办石桥面粉厂；1907 年，罗山创办造纸公司；1908 年，内乡创办织绸公司；1908 年，商城创办绢业公司商城；1910 年，开封创办鸿昌火柴公司；1910 年，开封创办合丰汽面公司。

以上这些轻工业的创办，商家的资本额都不大，规模也很小，处于起步发展时期。

河南省还创办六家煤矿：1903 年，马吉森与谭士桢合资开办六河沟煤矿（今属河北邯郸矿务局），资金 8.4 万元；1902 年，王槐三、樊逢仙在禹州的三峰煤矿，资本额 5.4 万元；1906 年，靳法慧在怀庆（今河南泌阳）的凭心煤矿，资本额 23.8 万元；1907 年，马吉森在武安（今河北武安）的信成煤矿，资本额 3.2 万元；1907 年，荥阳煤矿，资本额 1 万两；1908 年，河内丰豫厚煤公司，资本额 5 万元；1910 年，修武凤凰岭铁矿，资本额 20 万元①。

以上就是河南的早期民族工业，也是河南民族工业的前身。刘马青霞的大哥马吉森是河南民族工业的创始者之一。马吉森认为只有实业才能救国，不发展企业就不能救中国，并且将救国的热情付诸实践，为河南的早期民族工业的发展做出了重要的贡献。

然而随着西方列强的入侵，各种“洋行”、“洋商”、“洋公司”侵入中国，侵入河南。正如《河南》杂志广告所说：“登嵩峰而四顾，……各国从旁垂涎而冀分杯羹者，复联袂而来。”由于外国列强的资本输入，各种“洋行”、“洋货”抢夺市场，河南的民族工业面临着资金困难，商品市场狭小的窘境。

我国稚嫩的民族工业在强大的外国资本的压制下很难发展起来。在这样的形势下，河南的一批企业家开始为保护发展民族实业而做出努力。

二、支持兄长马吉森夺得六河沟煤矿开办权

刘马青霞的长兄马吉森最早创立六河沟煤矿、广益纱厂，并与帝国主义列强争夺河南六河沟煤矿的开办权，为中国人长了志气，是河南近代民族工业的先驱。在马吉森创办河南近代民族工业的过程中，特别是在马吉森与英国、日本争夺六河沟煤矿开办权的竞标中，刘马青霞给予了哥哥有力的支持。

六河沟煤矿经过六七年的发展，生意十分红火。清政府见到六河沟煤矿办得不错，于是就想集中民间财富，扩大规模，以补清政府财政。河南省府代表清政府向商界发出告示，要求竞标六河沟煤矿。由于政府要求竞标者必须是中国人，于是外国列强纷纷在中国寻找代理人。英国“福公司”、日本“太阳株式会社”都曾经找了马吉森，希望马吉森做他们的代理人。但是马吉森是一个爱国商人，不愿受外国列强所左右，断然拒绝了

① 王天奖．清末河南的民族资本主义．中州学刊，1984（1）：100，101.

英国、日本的公司和商行。最后英国“福公司”找到了彰德（今河南安阳市区）永昌公司的老板周益，日本“太阳株式会社”找到了彰德永昌公司的老板赵大发。

豫北河南士绅与英国“福公司”争夺矿权的斗争引起了全国和河南人民的关注。1907年3月，河南留日学生同乡会又在上海《时报》上发表《警告河南同胞速办矿务书》，大声疾呼：

> 我父老兄弟呀，我们河南将成了南非洲了……大家都没看见那英商福公司已在河北修武县下白作村开采了多时么？

省城开封各界人士组织了保矿公会，卫辉、许州等地相继成立保矿分会，团结河南人民，反抗福公司的掠夺。郑州中学堂师生也发表争矿檄文，严正指出：

> 福公司能盗我矿权，盗我商权，而不能盗我豫人之心。福公司能运动我交涉局，能运动我外务部，而不能运动我豫人坚忍不拔之志！①

7月，河南各州县到开封应考的科举士子3000余人群情激昂，力求抵制英国福公司。7月24日，科举士子定于7月28日在曹门大街火神庙内召开大会，印发《传单》，转达各界，大声疾呼：

> 矿争回，沐民生；矿难争，民必死；凡有知识，无不知之。独杨贼、严贼，串通抚藩及部害我汴民，此仇不报，何以生存，此事不争，同胞必死。吾辈固为求功名而来，倘汴地难存，得功名何益，所以保矿一事，犹重于求功名万亿倍之重也。

并定于7月28日，在曹门大街火神庙开会决议此事，“以救我同胞，以卫我祖宗坟墓，子孙基产”。火神庙大会坚决表示“誓不承认福公司在内开矿，何况违约卖煤，有伤国权”。②

河南士绅与英国争夺煤矿权的事件也引起了海外留学生的高度关注。1907年1月，河南留日学生同乡会在《豫报》上发表《矿说》一文，号召河南人民抵抗福公司的侵略，指出：“河南之一砂一粒，皆河南人享其利益，河南之一得一失，皆河南人担其责任。”③

---

①② 薛世孝，清末河南人民收回福公司矿权的斗争．焦作矿业学院学报，1989，(3)：22.

③ 《矿说》，载《豫报》，第2号，1907年1月。

民国时期编写的《封丘县续志·杜扶东传》云：

> 英商福公司光绪二十一年在豫北焦作开矿采煤，豫当局竟划河以北、怀庆左右诸山为矿区。留日学生认为丧权辱国，即推杜及王印川回豫争矿。孙中山命杜兼组织豫同盟会河南支部，即以为支部长。到汴，介绍新蔡刘粹轩、阎子固、巩县刘雪亚、汲县赵伯阶入党，成立支部，此为河南革命之始。①

是时，河南士绅所办的煤矿有所增多，如河南禹州、密县、汤阴、林县、武安、新乡、河内、修武、洛阳、巩县、宜阳、新安、泥池、登封、汝州、宝丰等16个县，就建立煤矿30个，其中河内、修武两县，就建立了8个煤矿②。马吉森为了夺得六河沟煤矿开办权，与谭士桢、孙家鼐等召开五家企业的股东会，表示一定夺下此标，绝不能让洋人夺走六河沟煤矿开办权。但是马吉森得到的消息是，此次六河沟煤矿开办权标的是100万元。如前所述，六河沟煤矿与广益纱厂的资金是远远不够的。

在这种情况下，马吉森得到了刘马青霞的支持。据安阳文化局的邓叶君局长说，他曾经为此访问过马吉樟的孙女马艾庆。在六河沟煤矿的竞标时，他的姑太刘马青霞拿出100万元支持马吉森夺得六河沟煤矿开办权。

刘马青霞在马吉森与英、日争夺六河沟煤矿开办权的竞标中所拿出的100万元的支持，在刘马青霞对外所公布的捐赠清单中从未见到，这是可以理解的。

刘马青霞支持马吉森的竞标，在我们今天看来，是支持、扶植河南近代民族工业的爱国举动，但因为这是刘马青霞支持哥哥马吉森开办企业的举动，在当时人们看来似乎是他们的家事。特别是刘氏家族虎视眈眈地盯着刘马青霞手中的财产，如果刘马青霞拿银子支持哥哥办矿产，当然会受到刘氏宗族的质疑问难。所以虽然我们没有找到报纸上公布的材料，刘马青霞自己所公布的材料也没有做出说明；但就安阳文化局的邓叶君局长调查所了解的和马吉樟的孙女马艾庆所说的，关于刘马青霞拿出100万元支持竞标六河沟煤矿开办权的事情也是可信的。

---

① 周源．同盟会河南支部成立时间考．中州学刊，1985，(4)：115.

② 薛世孝．清末河南人民收回福公司矿权的斗争．焦作矿业学院学报，1989，(3)：19，20.

三、在尉氏创办公益性的民族工业

刘马青霞在北京从事妇女参政风潮之后，听从了孙中山先生的教导，回到家乡开发平民教育，从事民族工业的建设，希望以此振兴民族工业，自强于世界民族之林。刘马青霞是一个有魄力的企业家，有过人的经营能力和管理才能。她创办的平民工厂、工艺厂、难民收养所，皆不是为了赚钱，而是为穷苦百姓创造一个自食其力的生活的出路和环境。她在家乡尉氏和省城开封创办的民族工业皆带有公益的性质。

民国六年（1917）二月二十七日《天中日报》以《刘青霞女士创办工艺厂》的题目报道：

> 尉氏刘青霞女士创办一女子工厂，名曰‘平民工艺厂’。资本暂定三万元，厂设尉氏西门内。日前赴沪调查，经中华新布厂王文典、赵镜清二君引入该厂观览一切。刘女士极欲仿该厂办法，闻日内已运棉纱布机等物回尉，不日即行开办。

这里所记载的青霞女士所办的工厂是“平民工艺厂”，工人皆为女子。该厂的性质很明显是纱厂。因此，青霞到上海中华新布厂参观学习，并希望按照该厂办法进行“平民工艺厂”的管理和生产。

民国六年四月二十四日《大梁日报》以《刘女士热心公益》的题目报道：

> 尉氏县女士刘青霞，家道素殷，乐善不倦，声名早达于乡里。目前，该县贫民工厂无款开办，该女士捐洋五万元作为该厂开办经费。如是者，女界中诚所罕见也，兹闻该县长备文呈报该女士教子义方，急公好义，捐资兴办工厂，实属贤德可嘉，义善勇为。当轴准此，核阅所呈，实与褒扬条例相符。当即咨部立案，从优褒协，以昭激劝云。

民国六年四月二十四日《大梁日报》所报道的刘马青霞捐资兴办“贫民工厂”，与民国六年二月二十七日《天中日报》所报道的刘马青霞创办一女子“平民工艺厂”，当不是同一个工厂。“平民工艺厂”是一女工为主的纱厂，由刘马青霞主办。“贫民工厂”是刘马青霞捐资兴办的。根据“贫民工厂”之名称可以看出，这是一个男子为主的工厂。

笔者曾查阅了民国时期的《尉氏县志》，县志上提到了刘马青霞在尉氏办学的事情，也特别提到她在尉氏办工厂的事情。

民国二十二年《尉氏县志》记载：

> 平民工厂，在县党部西邻，亦刘耀德宅房共三十余间，自十七年开办，除当筹营业资本千元外，每月额支经费二百九十六元。

这里所说的“民国十七年”，即1928年，此时刘马青霞已经谢世，但从其名称来看，这个工厂是当时她在世时所创办的。

是时，河南省的民族工业非常落后，在尉氏办工厂的难度就可想而知了。又加上在此期间，刘氏宗族的财产案已经发生（下节将详述），刘马青霞可能也没有那么大的精力去经营工厂了。

第二节　河南“国民捐总理”

民国初年，辛亥革命党人希望在清朝的废墟上建立起一个富强的中华民国，当然这个美好的愿望在袁世凯称帝之后破灭了。然而在民国初年，革命党人怀着美好的、百废俱兴的理想，热情地建设新的民主共和国家，但是这需要大量的财政支持才能达到目的。是时，刚建立的中华民国已经借了一些外债，于是民国政府号召广大国民捐资国家，以渡难关。民国元年七月六日《自由报》云：“政府借用外债，损失国权，黄留守（即黄兴——编者）有国民捐之倡议，吾豫爱国志士群起响应，组织国民捐事务所。”① 刘马青霞积极地响应民国政府的号召，要把自己的财产毫无保留地献给国家。

刘马青霞对公益事业极为热心，积极参与慈善事业和公益事业，为国民革命做出了重要的贡献。民国元年（1912年），刘马青霞被选为国民捐总理，她对公益事业所作的贡献受到了全省人民的认可和钦仰。民国3年（1913年），刘马青霞曾带着地契文书亲到南京拜访孙中山，希望把全部财产献给民国政府；后由于南北分裂，她这次捐献没有成功，但是表现出

① 刘马青霞．刘青霞辞职书．自由报，1912-07-06.

她“天下为公”的情怀。刘马青霞不愧为一个“巾帼女杰”。

一、被选为国民捐总理

刘马青霞一生以急公好义、兼济天下为宗旨。她在辛亥革命中掩护革命同志，为革命奔走四方；积极参与妇女参政运动。刘马青霞是久经考验的辛亥革命志士。民国以后，更激发了她报效国家的热情和决心。为了实现救国救民的理想，她兴新学、推广女学、办工厂、办难民所，竭尽全力地工作。刘马青霞为国为民的热诚感动了河南各界人士。民国元年，刘马青霞被河南各大团体推举为“国民捐总理”。青霞被推为国民捐总理，慨然以为己任，愿意为人民做出更大的贡献。

民国元年六月五日《民约报》以《女志士真爱国》的题目报道：

> 豫省国民捐，本各大团体所发起，开会数次，已志前报。日前又闻，选举大会已由各大团体公举定总理刘女士青霞（尉氏县人，资产颇丰）。女士久有新学之思想，当前清时代曾留学日本某学校毕业及归国屡次提倡新学种种，难以枚举。而在本县倡办女子学校，其内容规约严肃，学科认真；其目的在为我豫省开通风气，推广女学，使我女同胞各有自立之能力，久为豫省人民所钦仰。今以众人公举为国民捐总理，惟现未在汴，当有热心女士品（吕）伴竹（女工厂监督），竟不辞劳苦亲至尉邑往迓。适值刘女士因他事已赴彰郡（即安阳），而吕女士仍然奔走，赶赴彰德相晤，道及被举一切。而刘女士竟慨然以为己任云。昨日（三十号）得彰德来电云：国民捐总理刘女士于本日乘汽车莅汴。各大团体接电后，均至车站欢迎（计有三十余团）。是时，汽笛鸣鸣，刘女士至矣。遂皆肃然脱帽致礼，刘女士亦依次答还，颇极一时之盛。闻刻已任事，女士之热心，若此良可敬也。

以上报道是说刘马青霞在河南的重大影响。吕伴竹女士不辞劳苦亲至尉邑、彰德迎接青霞。当刘马青霞乘汽车到达开封之时，“各大团体接电后，均至车站欢迎（计有三十余团）。是时，汽笛鸣鸣，刘女士至矣。遂皆肃然脱帽致礼，刘女士亦依次答还，颇极一时之盛”。这则报道透露出开封市各界欢迎刘马青霞女士的盛况，也表现出开封市民众对刘马青霞所做公益事业的敬仰和感激。

二、中国“裸捐”第一人

民国三年（1914 年），刘马青霞曾带着地契文书亲到南京、上海，两次拜访孙中山，愿意把家中的所有财产交给国家，献给民国政府。此时的孙中山已经把中华民国临时大总统的职务让给了袁世凯，任全国铁路督办，正在筹办修铁路的款项。刘马青霞前来捐献家产无疑是雪中送炭。孙中山于是以铁路督署的名义行文河南开封并转交尉氏县，拟查清财产，予以接收。据安阳文化局的邓叶君局长说，当刘马青霞表示把财产全部捐给国家以为国家建设之用时，孙中山挥笔写下了“天下为公”的匾额，送给刘马青霞。有些研究者不相信孙中山“天下为公”的匾额是为刘马青霞写的，认为刘马青霞的资格不够。

笔者认为，青霞是在日本认识孙中山的，那时孙中山还不是临时大总统和国父，而是被清政府通缉的“罪犯”；他与刘马青霞相识之初，应该是一种同志式的交情。在日本时，很多留日学生满怀革命热情，但是办革命刊物的资金不够，而刘马青霞作为一个愿意出巨款支持革命的企业家和富豪，理应受到孙中山先生的礼遇。刘马青霞无论是对创办革命刊物、支持辛亥革命，还是对办新学、办女学，都是倾力支持，慷慨以为己任，而这次又把全部家产献给国家，难道不是“天下为公”的精神和情怀吗？

据说孙中山曾先后 16 次为革命同志写“天下为公”（图 8-1）的匾额，所以他为刘马青霞写“天下为公”的匾额是完全可能的。“天下为公”，正是刘马青霞女士一生革命风骨的写照和概括。

图 8-1　孙中山为刘马青霞所写“天下为公”匾额

刘马青霞养子刘鼎元的长子刘作之在《缅怀投身辛亥革命的祖母》一文中说：

> 父亲幼时所处的环境，是十分痛苦的，因而对我们不愿多谈往事，只是偶尔提到他曾随祖母去过日本，以及在家中曾见过孙中山先生和夫人宋庆龄女士等情况。①

刘鼎元的女儿刘菊英在《我的祖母刘青霞》一文中也说：

> 在上海，祖母为了将自家的全部财产捐献给革命事业，曾找孙中山，多次到其住宅。当时孙中山和宋庆龄尚未结婚，宋庆龄那时是孙先生的秘书。祖母交过房、地、财产请单，是孙中山亲自收下的，当时宋庆龄女士在场。每次去见孙中山，祖母都是带着父亲去的。宋庆龄女士还问过父亲："会唱什么歌?" 父亲提起此事，还说孙中山和宋庆龄人都很好，很稳重又和蔼可亲。那时孙中山往河南来过公文，因事变和家族的反对而未能实现。直到现在，我们全家还为此事感到非常遗憾……孙中山曾赠给祖母一幅横匾，题词"巾帼英雄"。②

刘马青霞到南京找孙中山捐献房产地契文书和财产清单，孙中山为刘马青霞写下"天下为公"、"巾帼英雄"的匾额，当不是空穴来风、向壁虚谈之辞。再说刘马青霞把全部财产献给国家，难道不是"天下为公"的情怀和品德吗?

孙中山接到刘马青霞的财产清单之后，立刻联系河南当局办理移交手续；但宋教仁被刺杀，袁世凯的窃国，致使南北分裂，孙中山发动二次革命，刘马青霞向民国政府捐献全部财产的举措没有成功。

刘马青霞向民国政府捐献全部财产的举措虽没有成功，却给刘氏宗族制造了借口。因刘马青霞所在的河南开封是在北方袁世凯的管辖之内，因此刘氏宗族借机向袁世凯政府告刘马青霞私通国民党，反对北方政府，欲置她于死地。

刘鼎元、贺升平在《辛亥革命时期的刘青霞》一文中说：

> 1913年间，到上海求见孙中山先生。当时孙任全国铁路督办，青霞晋见两次，愿将其家产捐献国家，作建设铁路之用。孙

---

① 刘作之．缅怀投身辛亥革命的祖母//政协尉氏县委员会．文史资料研究委员会．尉氏文史资料（第二辑）·刘青霞女士专辑．1987：115. 内刊．

② 刘菊英．我的祖母刘青霞//政协尉氏县委员会．文史资料研究委员会．尉氏文史资料（第二辑）·刘青霞女士专辑．1987：119. 内刊．

> 嘉纳其意见，即出铁路督署行文到汴转尉氏县，查明财产情况，办理捐献手续。行文辗转费时，在此期间，适逢南北分裂。刘姓族人闻此消息，又控告青霞为私通国民党，反对北方政府，由争产诉讼，加政治问题，情势颇为严重，幸得其兄马吉樟（当时任北京总统府秘书）力为庇护，未受牵连。①

刘氏族人却以刘马青霞曾带着地契文书亲到南京、上海拜访孙中山为由，向北方袁世凯当局控告青霞私通南方革命党，反对北方政府。幸亏刘马青霞的二兄长马吉樟在袁世凯的北洋政府为秘书，经马吉樟多方周旋庇护，才使她幸免牢狱之灾。

刘马青霞向民国政府捐献全部财产的举措虽然没有成功，但是后来当民国完全胜利，冯玉祥主管河南时期，刘马青霞还是把全部财产捐献给民国政府，表现了她“天下为公”的情怀。

三、刘马青霞在开封捐助难民收养所

1911年10月10日，武汉革命党人发动辛亥革命武昌起义，推翻清政府，建立了民国。然而辛亥革命的胜利果实却被袁世凯窃夺。袁世凯冒天下之大不韪，竟然取消民国，恢复帝制，宣布自己是“中华帝国”的“皇帝”，使得革命党人又开始了护国战争。蔡锷将军宣布云南独立，讨伐袁世凯，轰轰烈烈的护国运动开始了。护国战争的爆发使袁世凯政府陷入了瘫痪的境地，币值下跌，金融崩溃，哀鸿遍野。上海总商会向北京国务院发出通电，公开要求袁世凯退位说：

> 天祸中国，降此鞠凶，滇黔事起，兵连祸结，盗贼盈野，民不聊生，万商失业，奄奄待毙；又令中交银行纸币横不兑现，全国金融信用陡失。立国以信，古有明训，以此示民，何以善后？人民苦虐政久矣！……元首夙誓牺牲个人地位，救国救民，人神共鉴，务愿诸公以元首所愿牺牲者而敦促之。②

民国五年（1916年），袁世凯在全国人民的唾骂声中死去，袁世凯的

---

① 由贺升平、陈伯昂、宋甲山、刘逢一、刘鼎元、高超群（女）等六位老人口述，由尹文堂、路庭训记录整理，参见《辛亥革命时期的刘青霞》，载《河南文史资料》，第六辑，1981年。

② 河南总商会通电，《申报》，1916年5月22日．

皇帝梦成为泡影，黎元洪继任中华民国大总统。但是多灾多难的中国又开始了军阀混战的时期，中国人民在战争的深渊中痛苦地挣扎。

河南处于中原地区，是兵家必争之地。相对于其他省份的人民，河南人民承受着更大的苦难。是时，河南处在袁世凯亲信赵倜的统治之下。赵倜纳贿受贿，巧取豪夺，千方百计榨取人民的血汗。1922 年赵倜被抄家，仅他在开封地下室埋藏的鸦片烟、金条、银元宝等贵重物品就搬运了数日，汝南老家的私产用数十辆牛车往驻马店运了三天三夜才拉完。赵倜为了筹措庞大的军政费用和贪污中饱，不顾人民的死活公开掠夺，无休止地增加税率，名目繁多的苛捐杂税，使无数农民倾家荡产，如地丁银一项，原来每银一两纳钱 2200 文，到 1918 年便增加到 7180 文，已是原数的 3.59 倍。但他们仍不满足，另有公债票、车马捐、储蓄费等都要随粮银分摊，层层加码，使百姓怨声载道，民不聊生①。河南省府开封大街上，难民成群结队，衣衫褴褛，沿街乞讨，他们为债务和生活所迫，卖儿卖女、投环、投井自杀者日有所闻。

作为慈善家的刘马青霞面对这种惨景，愁肠百结，痛苦万分。泛爱乐善、兼济天下的情怀，使她对这些孤弱无靠的妇孺幼儿充满了同情和关心。就在青霞去世的前半年，即 1922 年 7 月 9 日的《新中州报》报道了这样一条消息：

> （开封难民所）所内留养妇孺五十余名，衣裤亦多破烂，除该所自行购各衫裤外，有桐茂典东刘青霞捐洋二千元，托赵惜时为所内小孩购备新制衣裤四十正件，分给服用（赵惜时，开封难民收养所的所长）。

刘马青霞自己说："凡属公益善举，宁节己襄助，莫当作守财之奴，此又对于社会者如此。青霞一妇人耳，屈指平日碌碌劳劳，淡食粗衣，自奉甚微，而对于家族、对于社会自觉可以告无罪矣。"② 青霞在其有生之年，她的心中无时不装着那些在饥寒之中的衣不蔽体、孤弱无靠的妇孺幼儿，而尽其所能、尽其所有地把温暖送给他们。

---

① 李光一，王全营．"五四"前夕的河南社会．河南大学学报（社会科学版），1979（3）：15.

② 刘马青霞．豫人刘马青霞披露．自由报，1917-11-17.

刘马青霞自在日本东京参加同盟会之后，把大笔的金钱投进革命事业之中，对中国的资产阶级革命做出了巨大的贡献。而此时的她已经不仅是为了实现一个封建社会知识分子兼济天下的理想，而是为了履行一个革命家的义务。

第九章　生命的丰碑

刘马青霞的一生是辉煌的。她为革命、为民族做出了重要的贡献，实现了她兼济天下的理想。南宋文天祥说过：“人生自古谁无死，留取丹心照汗青。”青霞用一颗忠于革命、忠于祖国的丹心为自己建立起一座生命的丰碑。这座丰碑放射着天下为公的光芒，永远闪耀在中华民族的史册之上。

第一节　刘马青霞的“精气神”

一、刘氏族人对刘耀德遗产的觊觎垂涎

刘耀德去世后，留下了偌大的产业，刘氏族人对耀德的财产垂涎觊觎，心怀叵测地打量把自己的孩子过继给刘马青霞，以继承刘耀德的财产。但刘氏婆媳却抱养了耀德胞姐的儿子。当时刘马青霞“诈称有遗子在腹，去开封分娩，在开封住了半年时间，抱养刘耀德姐丈雷培株之子，起名鼎元，称做己生，返回尉氏。但族人却不置信，议论纷纷，扬言鼎元非刘耀德亲生，无权继承刘家财产，并攻击青霞‘不守妇道’，将其视为仇敌，常年争讼不休”[①]。刘氏族人对此事皆恨之入骨，气愤不已。

而后来刘马青霞对下层民众的同情，其泛爱乐善、兼济天下的情怀，以及慷慨大方的丈夫胸襟，都使狭隘的贪图刘耀德遗产的刘氏宗族愤慨万分，他们对青霞进行了恶毒的攻击。

刘马青霞幼时的家庭熏陶和她自己开阔的胸怀，使她从不与族人计较。但在刘氏宗族之中，有许多人怀着侵吞刘马青霞财产的不可告人的目的。青霞抱养了耀德胞姐的儿子为己子，使刘氏族人绝了吞并耀德财产之望；她又用自己的钱财在故里大桥乡修建刘氏祠堂，办义学，建寡妇院，

---

① 于中华．刘青霞传//政协尉氏县委员会文史资料研究委员会尉氏文史资料（第二辑）·刘青霞女士专辑．1987．内刊．

赈济灾荒等，把财产投向了社会的慈善事业。青霞的土地虽然“具被族人霸种”①，但是在名义上刘氏族人是得不到这些财产的，因此这一切都使刘氏族人对刘马青霞恨之入骨。

刘氏族人对刘马青霞的不满主要是从财产而来的。刘氏族人原来多是纨绔子弟，看见刘耀德留下的偌大的财产，垂涎三尺。特别是刘氏族人在清政府时期，多用钱在外地捐了一个官职，但民国之后，这些人被逐回家，无官无权。而当刘马青霞把大批的财产捐给革命和慈善事业，用于办学堂、办工厂时，刘氏族人产生了极度的愤恨情绪。如刘马青霞所说：“族人染富家习气甚深，骄奢淫逸几成为第二性，或捐州县府道，或娶美妾骄（娇）妻。”“民国成立以后，族人候补外省者纷纷被逐回籍，挥霍习惯，囊底钱空。”① 他们为了霸占刘耀德的遗产，开始对刘马青霞进行恶毒的攻击和谩骂，造谣生非，无所不用其极。

刘氏族人对刘马青霞所使用的攻击手段主要如下。

1. 叫嚣谩骂、无理取闹

刘氏族人对刘马青霞恨之入骨，他们觊觎她手中掌握的财产。于是，他们“今日诈讹，明日狡赖”。“见青霞尚有一息之微，必欲置之死地而后已。豺狼无厌，握爪张拳，在家则令彼家泼妇喧嚷叫嚣，无理取闹；在外则造谣生谤，甚至串通商会，妄图取销成案。”①

刘氏族人为了财产欲置刘马青霞于死地，然后再去抢夺其财产。

2. 造谣生谤

刘马青霞捐助办革命报纸杂志、办学校教育，刘氏族人气急败坏。自刘耀德死后，刘氏宗族的某些人对刘马青霞的财产虎视眈眈，与刘马青霞的财产争讼就从未中断过。

中国对女子的攻击和诽谤，最有效的杀手锏就是攻击这个女人有男女关系，不守妇道，刘氏族人就以此对刘马青霞进行了攻击。刘马青霞在她经营的商业活动中、在她从事革命的活动中、在她所热衷参加的社会活动和慈善事业中，都需要大量的男子参加，于是刘氏族人趁机造谣生谤，如刘马青霞所云：“青霞处兹悲境，对于家族甚觉短气灰心，而对于社会事业尚不忍放弃天职。南京新置住宅一所，预备组织实业，移治家之精神，

① 刘马青霞．豫人刘马青霞披露．自由报，1917-11-17.

以经营之。然兹事体大，又不得不求社会上热心任事志同道合之人，而蜚语频兴。"[1] 当然这种攻击也是最恶劣的手段。

3. 强占青霞的财产

在中国农村，由于封建社会的长期统治，根本无法律可言，强者凌弱，特别是欺侮孤儿寡母或者无儿无女的老人是司空见惯之事。自从丈夫刘耀德死后，刘氏宗族一方面觊觎青霞的财产，另一方面更欺侮刘马青霞母弱子幼，对刘耀德的财产进行霸占。刘耀德在尉氏的土地，被族人霸种。刘马青霞"应分地二百顷，俱被族人霸种久假不归"，青霞不得已又置50顷地，以为必须之用，如办学堂、办实业、办贫民工厂等项活动。随着时间的流逝，青霞不仅勤俭持家、勤奋努力，而且她的经营才能日益凸显，所经营的产业井然有序、"有盈无绌"，而其刘氏族人却富家习气甚深，骄奢淫逸成性，不务正业，以致到了年年亏损，无法经营的地步。他们时刻不忘侵夺刘马青霞的财产。尽管刘马青霞屡屡退让，但他们却步步紧逼，"今日诈讹，明日狡赖"，更使刘马青霞恼怒的是需将原可以投入社会各项事业的有用之金钱，而去满足刘氏族人的骄奢淫逸之欲望。

二、"忍为高"与"精气神"

在刘马青霞的房间里挂着两幅长长的刺绣着文字的横幅：一幅绣有"忍为高"的字样，另一幅绣有"精气神"的字样。这两个横幅表现出刘马青霞内心的苦痛，也表现出她的不屈与倔强，是她追求自由、时刻提醒自己不要被封建家庭的恶魔击倒、鼓励自己的箴言。

刘马青霞是一个非常要强也非常独立的女子，但是面对族人的无理蛮缠，甚至以"在家则令彼家泼妇喧嚷叫嚣，无理取闹；在外则造谣生谤"，使得"青霞处兹悲境，对于家族甚觉短气灰心"[1]。但是刘马青霞仍然"对于社会事业尚不忍放弃天职"，不忍放弃她的追求与社会理想。刘马青霞出身名门，精于女红，善于刺绣，是一个典型的官宦家庭的淑女。她自绣"忍为高"的横幅来抑制自己的不平与愤怒，为此她的二兄长马吉樟为青霞的绣品"忍为高"题了一首诗，名曰《题刘妹绣"忍为高"》。诗云：

孔曰如之何，佛言不可说。六意静心蝯（猿），大巧乃若拙。

---

① 刘马青霞．豫人刘马青霞披露．自由报，1917-11-17.

必忍乃有济，不忍乱大谋。泰宇发天光，深虑生智慧。[1]

这首诗的意思：儒家孔子认为，凡做事都要问自己“如之何”的人，才是深谋远虑的人；佛家认为一切事情都“不可说”的人，就是智者。佛经还提倡六意，即广大意、长时意、欢喜意、有恩德意、大志意、善好意，六意皆具才能静心。“六意静心蝯”，“蝯”，当为“猿”字的谐音。古人认为心猿意马是不能静心的，即心意好像猴子跳、马奔跑一样控制不住，形容心里东想西想，安静不下来。如宋俞琰《周易参同契发挥》卷中云：“心猿不定，意马四驰，则神气散乱于外，欲望结成还丹，其可得乎？”马吉樟在这里要青霞用佛家的“六意”，安定自己的心态，不要生无聊之闲气。道家老子《道德经》说“大巧若拙”，一切事情必须能够“忍”，才能顺利地渡过一切难关。小不忍则乱大谋，这是中国人的俗语，但也是真理。文天祥《题颜景彝八窗玲珑》诗云：“吾闻开十牖，不及一户明。泰宇有天光，八荒尽夷庚。”其意是人们只要心里明白，什么事情都好办；深入思考才能有智慧，即深虑生智慧。最后两句是鼓励刘马青霞对一切事情都要看得开、心中明白就行。

这首诗糅和了儒、佛、道三家对智慧的见解，富于深刻的人生哲理。

诗的字里行间，表现出马吉樟对妹妹的同情关爱与深切的手足之情。马吉樟希望妹妹能够忍耐一切，不要与人计较，也表现了马氏兄妹的涵养与胸怀。

刘马青霞并不是一个消沉的人，她有强烈的济国济民的人生追求和社会理想，虽然有“专制家庭中之数十恶魔咄咄逼人，不惜以怨报德，匹妇何罪？言之痛心”[2]，但是她仍然鼓励自己千万不要在封建势力的重压之下，心灰意冷，放弃自己神圣的社会责任，表现出辛亥革命党人的精神和风骨。

刘马青霞在刘氏族人的步步紧逼之下，虽然忍让，但仍然保持自己刚强不屈的意志。她又绣一幅绣品，上写“精气神”三个大字来鼓励自己。这幅绣品是一条长长的横幅，刘马青霞将其挂在房中，以此激励自己的革命意志不要在封建势力的压力之下而衰减。马吉樟对刘马青霞的意志和精神也很欣赏，亦为她的绣品“精气神”题了一首诗，名曰《题刘妹彩绣“精气神”横幅》：

---

① 马吉樟诗稿《题刘妹绣“忍为高”》，见安阳县文化局原局长邓叶君先生提供的《马吉樟手稿》。

② 刘马青霞．豫人刘马青霞披露．自由报，1917-11-17.

唯斯三者，纯素真谛。明察金心，蟠天际地。
莫熸于志，莫邪失锐。金石为开，坚利之至。
四达并流，名为同帝。廿一世纪，哲学此系。

这首诗的意思：一个人必须“精、气、神”三者存在，才是真谛。人生在世，必须有坚强的金石一样的决心，才能够“蟠天际地”。蟠，周遍、遍及之意。《庄子·刻意》曰：“精神四达并流，无所不极，上际于天，下蟠于地。”不要丧失意志，不要失去锐气，精诚所至，金石为开。虽然人们的精神“四达并流”，各不相同，但“名为同帝”。“帝”者，天之主宰之神也，是主宰“四达并流”之精神的。这首诗是21世纪的哲学理论的真谛所在。这首诗也充满了人生的哲理。

马吉樟的这首诗也是对刘马青霞的鼓励，希望她有坚强的意志，金石一样的决心，不要畏惧。虽然人们在逆境中会产生各种畏难甚至厌世的思想，但是“四达并流，名为同帝”，即具备“精、气、神”三者，那么浩然之气就会因之而生。这就是现在所说的人生之哲理。马吉樟以此鼓励妹妹，其苦心可见一斑。

三、刘马青霞与刘氏族人成讼

刘马青霞对刘氏族人的无理一般是采取忍让的态度，如在刘耀德刚刚去世之初，刘马青霞就与婆婆杨氏一起用4万两银子修建了刘氏祠堂、刘氏义学，后来又办了刘氏义庄，以此报答族人。

但是刘氏族人并不满足，原属刘氏宗族的钱庄——公茂典，有刘马青霞的股份，然而刘氏族人为了满足骄奢淫逸的欲望，又不能节衣缩食、劳神焦思、兢兢业业地综理家务，经营商业，便私自从族中公茂典钱庄中支出银子50余万两。经营商业是要吃苦的，刘氏族人骄奢淫逸、挥金如土，仅知膏粱文绣，而且又无诚信，他们根本不可能经营好财产，故累累亏欠。

刘马青霞睹此情形，认为不能再与这些人合作，深恐众寡强弱之不敌。青霞于是忍痛让产，自愿将7万余串铜钱之基本金并房物一切全数让出，永与公茂典断绝关系。

刘氏族人仍然要求不已。刘马青霞不得已又在自己的桐茂典的私产之中拨银18.5万两，捐助公茂典。当着刘氏族亲的面，书立字据；又在尉氏县劝业道两处立案，声明以后无论公茂典亏赢，概与青霞无关。

刘马青霞自愿让出自己在族中公产中的股份资本，又捐助私产 18.5 万两银子，然后立下字据，这其实是一种非常忍让的行为。

刘氏族人觊觎青霞的财产，不仅对族中的财产滥支滥用，而且当他们因经营不善而亏欠时，还要求刘马青霞为他们赔付。刘马青霞真是气愤之极，故没有答应他们的无理要求。族人中一个名叫刘宪德的人，竟然不知羞耻地把刘马青霞告上了法庭，要求用刘马青霞的财产抵补他的亏欠。

民国六年（1917）三月二十七日《大梁日报》发表了日三的关于《刘氏讼案志闻》的报道文章，云：

> 尉氏刘宪德为汴省著名富户，开设之各典库赔累甚巨，互相推诿。迭经法厅判断，双方各执，互相推诿，以迄上诉大理院批令发还更审。刘宪德复要求高等厅将刘马氏之财产抵补。日昨批令，此案为大理院发还案件，以该院为标准，须俟刘马氏到案，始能决定。刘马氏个人财产有完全占有权，非他人所能干涉。请求扣押无此办法，未便准如所请云。

这一报道说明刘马青霞在与刘氏族人的诉讼案中是胜诉了的，但是也表现出刘宪德的无理取闹与蛮横霸道。刘宪德并不属于贫苦之家，而是属于“汴省著名富户”。他“开设之各典库赔累甚巨，互相推诿”，这样的经营者怎么能够赢利呢？然而刘宪德恃强凌弱，竟“求高等厅将刘马氏之财产抵补”。刘氏族人以欺侮刘马青霞母子为手段，以霸占侵吞其全部财产为目的，这在当时也是令人愤恨难平的。

但是从判决的结果来看，民国政府还算公正，在判决书上写道：“刘马氏个人财产有完全占有权，非他人所能干涉，请求扣押无此办法，未便准如所请云。”

刘马青霞虽然胜诉，但是刘氏族人没有得到刘马青霞的财产是绝不会罢休的，从后面论述中我们会看到，他们会使用另外一种更下流低级的手段去霸占侵吞刘马青霞的财产。

刘马青霞于 1913 年到南京拜访孙中山，要求把所有的财产捐给国民政府，但因南北分裂，此次捐助没有成功。刘氏族人竟然从政治上陷害青霞，告刘马青霞私通国民党，也表现出刘氏族人的无耻、堕落和反动。

四、《告四万万男女同胞书》

在刘氏族人步步紧逼的情况下，刘马青霞气愤之极，在民国6年(1917年)11月17日《自由报》上发表了她的《告四万万男女同胞书》(原题目为《豫人刘马青霞披露》)云：

四万万男女同胞公鉴：今日之中国非所谓法治国乎？法治云者人人受治于法律之中，虽以总统之尊不敢违法以欺人，虽以匹夫匹妇之微亦罔不得法律之保障。固与满清政府时代，强凌弱，暴凌寡，不可同日而语也。青霞何福托革命诸先烈之赐得为法治，国民自惟哀怜无告之人，从此生存于光天化日之下，永无冤抑不平之气。孰料积重难返，慢慢长夜黑暗如恒，孤苦伶仃，频遭蹂躏。举所谓财产自由，营业自由，居住自由，无不剥夺殆尽。河南风气闭塞，即无独立之审检，又乏辩护之律师，寡妇孤儿呼吁无路。继思共和初建，国会来开，法律虽未完全，是非讵无公论，况总统、总理以及河南都督均属豫人，其余为豫人者无论在何方面，当无强权之可言。以故青霞昔日所唾面自干者，今亦不忍安于默默，新仇旧恨，请为我男女同胞涕泣述之：

青霞自十八岁嫁于尉氏县刘姓；越七年而夫亡。遗子一，桐茂典一，小铺三四处。公茂典资本金十五万串，与桐茂同，青霞与族人各半。刘姓五门，共有地千顷，青霞占五门之一，应分地二百顷，俱被族人霸种久假不归，得业者准私置之五十顷耳。夫亡以后，母子二人相依为命，综理家务，寝食不遑。桐茂典及小铺三四处，既归青霞独立管理，执事者二三百人听指挥焉。公茂典则归族人管理，青霞坐分红利而已。

既自夫亡至今十年中，凡属青霞所管理者皆有盈无绌，宁非节衣缩食、劳神焦思之所致，而可以侥幸求之乎！青霞上无伯叔，下鲜兄弟，使稍有不慎荡尽无余久矣。然而青霞兢兢业业于综理家务，经营商业之外，益复手造住宅一所，费银八万金；独修刘氏祠堂一所，费银四万金；附设义学一处，捐地十五顷，其对于家族者如此。

北京豫学堂，捐银三万两；尉氏县高等学堂，捐银三千两；

孤贫院，捐地一顷零三十亩；桥工捐银七千两；省城女学堂，捐银三千两。丁未游学东瀛，创办《河南》杂志，捐洋一万六千元；女杂志（即《中国新女界》杂志——编者）捐洋六千六百元。归国后，在尉氏县自办女学校四年，约费银一万数千两。去冬，省城运动起义，捐银一千六百两，满拟竭力多捐，屡因失败而止。今年，省城办《自由报》，捐洋二千元。其余如赈捐工厂、报社等等，或捐一千、八百元，或捐三百、五百元不胜枚举。总之，凡属公益善举，宁节己襄助，未当作守财之奴，此又对于社会者如此。青霞一妇人耳，屈指平日碌碌劳劳，淡食粗衣，自奉甚微，而对于家族、对于社会自觉可以告无罪矣。

奈何专制家庭中之数十恶魔咄咄逼人，不惜以怨报德，匹妇何罪？言之痛心。族人染富家习气甚深，骄奢淫逸几成为第二性，或捐州县府道，或娶美妾骄（矫）妻，历在公茂典中滥用滥支，至去年竟被彼等支用五十余万两。青霞睹此情形深恐众寡强弱之不敌。于是忍痛让产，自愿将七万余串之基本金并房物一切全数让出，永与公茂断绝关系，族人哀鸣嗷嗷，要求不已。青霞又在桐茂私积项下拨银十八万五千两，捐助公茂，乃凭族亲．一面书立字据，一面在尉氏县劝业道两处立案，声明以后无论公茂亏赢，概与青霞无涉，应得一半之大宗当典，不但本利付之乌有，反断送私产十八万八千，似此亏上加亏，始换得此无聊之证据，脱非族人滥支五十余万两何以至此。谚云："欠债者还钱．"彼辈阡陌亘连，非无赔偿之代价，衹因满清末造公理混淆，可怜怀璧自危，遂至桃僵李代，斯真忍人之所不能忍。而以有用之金钱填彼无益之欲壑，亦青霞所饮恨无穷者也。

民国成立以后，族人候补外省者纷纷被逐回籍，挥霍习惯，囊底钱空。见青霞尚有一息之微，必欲置之死地而后已。豺狼无厌，握爪张拳，在家则令彼家泼妇喧嚷叫嚣，无理取闹；在外则造谣生谤，甚至串通商会，妄图取销成案。殊不知前清契约罔不继续有效，岂青霞独属化外人民。悲夫！悲夫！不自由毋宁死！有家不能归，是丧却居住之自由也。流离奔走，主持商会者无人，是丧却营业之自由也。今日诈讹，明日狡赖，是丧却财产之自由也。

青霞处兹悲境，对于家族甚觉短气灰心，而对于社会事业尚

> 不忍放弃天职。南京新置住宅一所，预备组织实业，移治家之精神，以经营之。然兹事体大，又不得不求社会上热心任事、志同道合之人，而蜚语频兴。一似男女共同办事，即犯现行律第几条者！吾见彼家妇女多矣，涂脂株粉，金屋藏娇，表面不见一人，学界不通名刺，究之日与仆役接近，恐有不可告人者。青霞自游学以来，当与学界接洽，其有出类拔萃之士，甚至引为同志，欢若平生，诚以男女之界限不除，坐养二万万死人，社会之活动无望也。窥族人造谣之意，不过欲青霞畏嫌引避，不散一钱，不办一事，蓄积多金以供彼无厌之要求而已。青霞岂漫无知识者，天赋人权，自由平等，共和肇建，应变方针。退让主义，一变而为竞争主义；家族主义，一变而为社会主义。青霞与族人固绝无财产上之轇（jiāo）轕（gé），可以断言：我不能欺人，人亦不能欺我，彼如悔过；自可维持和平；若怙恶不悛，堂堂民国，应许延律师以对付之。但青霞所不能已于言者，刘姓号称素封。'驷马高车'，声威赫濯，胡不能容一孀妇公益事业。一女子尚知稍尽义务，彼辈挥金如土，仅知膏粱文绣，何不肯于社会家公益上捐出一文之钱，而惟以欺人孤儿寡母为事，自问能无颜汗，良心不必汝容。须知中华民国与前清大有区别，弱之肉未必即为强之食也。青霞劳苦一生得此恶果，愁肠百结，聊作不平之鸣，略叙生平，非敢自扬其德，握毫濡墨，泣不成声，曲直是非究竟安在？深望我四万万同胞共讨论之。

刘马青霞在这些悲诉中，揭露了刘氏族人"挥金如土，仅知膏粱文绣，何不肯于社会家公益上捐出一文之钱，而惟以欺人孤儿寡母为事"的卑劣行径。他们造谣之目的也不过是要青霞把大量的金钱拿给他们，以供他们贪得无厌之享受，还如青霞所说："窥族人造谣之意，不过欲青霞畏嫌引避，不散一钱，不办一事，蓄积多金以供彼无厌之要求而已。"同时，我们也可以看到青霞不屈的性格和一颗对社会、对民族的强烈的责任心。在《告四万万男女同胞书》中刘马青霞呼唤："天赋人权，自由平等，共和肇建，应变方针。退让主义，一变而为竞争主义；家族主义，一变而为社会主义！"这里所说的"社会主义"，还不是今日我们所说的"社会主义"的含义，从字面上可以理解成为全社会努力奋斗的理想。刘马青霞在《告四万万同胞书》中呼唤着居住之自由、营业之自由、维护财产之自由，但是青霞得到的却是“悲夫！悲夫！不自由毋宁死”。这表现了民国初年的封建余孽是多么残酷凶狂，给刘马青霞这个辛亥女革命家造成了多么无奈的痛苦。

第二节　母子关系的恶化

刘马青霞是一个在封建官宦家庭中长大的女性，她的身上深深地打上了封建官宦家庭的烙印。虽然自参加同盟会以后，她把大量的精力和财富用在支持革命事业方面，但是儿子在她心中的地位却是举足轻重的。刘氏家族为争夺刘耀德的遗产而对刘马青霞发动了大规模的进攻，无所不用其极。他们无理取闹、蛮横霸道，恨不得把财产全部抢过来；当抢不到手的时候，就对刘马青霞进行残酷的精神折磨。他们挑拨刘鼎元与刘马青霞的关系，造出种种谣言，使刘鼎元终于屈服于压力，到法院声明与刘马青霞脱离母子关系。与儿子刘鼎元关系的恶化，对于刘马青霞来说简直是致命的一击。

一、母子相依为命的岁月

光绪二十七年（1901 年），刘马青霞的丈夫刘耀德不幸逝世，刘马青霞诈称有遗腹子，抱养了丈夫刘耀德胞姐的儿子，取名为刘鼎元。儿子刘鼎元于光绪二十八年（1902 年）出生。

刘马青霞出身于名门望族，在她的身上保留着中国女性传统的意识和美德。丈夫刘耀德死后，她与儿子相依为命，对刘鼎元视若己出，当成自己的生命和精神的寄托，如刘马青霞所说：“夫亡之后，母子二人相依为命。”

刘马青霞无论是到日本去游学、考察学务和实业，到南京、北京参加各种社会活动，还是到南京拜访孙中山等，皆带着自己的儿子刘鼎元。她捐重金参与创办的北京豫学堂、独力创办华英女校、捐助尉氏现代新学堂，皆以刘鼎元的名义捐助。

光绪三十二年（1904 年）《河南教育官报》报道尉氏县职员同知衔候选县丞刘𬤊德禀称：“自开校以来，用款浩繁，而常年经费所短甚巨，屡经劝令绅富量力捐助。去后，兹据该绅报效巨款，并将该地四百余亩、文契六十一张开明四至，连同现银三千两，并声明内有职员刘鼎元名下移拨银二千两，一并呈缴前来。”“内有堂侄刘鼎元捐助学堂经费。请旌建坊案内移拨余银二千两，共银一万零二百零五两五钱一分三厘四毫一并捐入学堂，作为常年经费。”

是时，刘鼎元才三岁，这些捐助当然是由刘马青霞所捐，但是却是以刘鼎元的名义捐助的。

不仅如此，刘马青霞捐助的许多学校的校长也是刘鼎元。例如，青霞的孙女、刘鼎元的女儿刘菊英在《我的祖母刘青霞》一文中说：“在北京，祖母和其兄马吉樟等人出款创办了‘河南豫学堂’。校内建有石碑，上刻校长刘鼎元——是我父亲的名豫（誉）。”

该文还说：“祖母为办华英女校……校长是父亲刘鼎元，当时父亲年小，也在该校读书。”[①]

刘马青霞以儿子的名义捐助，又让儿子做捐助学校的校长，表明她对儿子的爱护和重视，也说明刘鼎元是她生命中不可分割的一部分。图 9-1 为刘鼎元年轻时的照片。

图 9-1　刘鼎元年轻时的照片

刘鼎元逐渐长大，到了该结婚的年龄。结婚时，刘马青霞的哥哥马吉樟曾为外甥刘鼎元写了一幅结婚楹联：

刘甥鼎元婚

画获赖慈恩不辱先声欧永叔

金兰协佳偶能成宅相魏阳元

---

① 刘菊英．我的祖母刘青霞//政协尉氏县委员会文史资料研究委员会．尉氏文史资料（第二辑）·刘青霞女士专辑．1987：120 内刊．

这幅婚联的上联是出自欧阳修的母亲“画荻教子”的故事。荻，即芦苇秆。欧阳修，字永叔，号“醉翁”、“六一居士”，北宋杰出博学的散文家、散文革新运动的代表人物，唐宋八大家之一。欧阳修四岁丧父，家贫，母亲郑氏以芦苇秆教之写字读书。《宋史·欧阳修列传》云：“欧阳修，字永叔，庐陵人；四岁而孤，母郑守节自誓亲诲之学。家贫，至以荻画地学书。”这幅婚联上联的意思是：刘鼎元从小没有父亲，是母亲把他辛苦养大，希望不要忘记母恩，能够像欧阳修那样成就大才。

这幅婚联的下联出自晋朝魏舒的故事。魏舒，字阳元，幼年丧父，跟随外祖父宁氏生活。宁氏要修建宅子，看风水的人说：“从你们这所宅子看来，你们家要出贵甥。”《晋书·魏舒传》云：“魏舒，字阳元，任城樊人也。少孤，为外家宁氏所养。宁氏起宅，相宅者云：‘当出贵甥。’外祖母以魏氏甥小而慧，意谓应之。舒曰：‘当为外氏成此宅。’”后来魏阳元果然位居晋朝右光禄大夫仪同三司领司徒的重臣。李白在《赠别从甥高五》一诗中有：“能成吾宅相，不减魏阳元。”这幅婚联下联的意思是：外祖父家包括舅父对刘鼎元都充满了美好的祝愿，外祖父家愿意为他提供条件，希望刘鼎元能成为晋朝魏阳元那样的大才，表现了马吉樟对外甥的期待和祝愿。

从刘马青霞对刘鼎元的养育和关怀，我们可以感受到一个母亲对儿子的慈爱之心，以及外祖父、舅父对刘鼎元的关爱。

二、母子对簿公堂、脱离关系

刘鼎元结婚以后，与母亲刘马青霞关系迅速恶化。这其中大约有两个原因。

首先，刘氏族人对刘耀德留下的偌大财产垂涎三尺，都想把自己的儿子过继给刘马青霞，好继承这份大家业，所以对刘马青霞抱养的刘鼎元耿耿于怀。在青霞抱养刘鼎元之初，刘氏族人就议论纷纷，说刘鼎元根本不是刘耀德的儿子，不能继承刘耀德的遗产。刘氏族人虎视眈眈地注视着刘马青霞母子的行踪和关系的变化。

当刘鼎元结婚以后，刘马青霞与儿媳的关系非常不睦。儿媳是安阳常秀山之女（1922 年，常秀山在冯玉祥主豫时曾任政务厅厅长，这是后话），在当时也是非常显赫的门第。刘马青霞与儿媳的关系为什么不睦，我们不得而知。笔者在写此书时曾经访问过刘鼎元生母的孙女雷振坤女士。她说她的伯母（指刘鼎元的妻子）也是大户人家的闺女，不能忍受刘马青霞家的封建礼教，如每天要向婆母问安等。笔者认为，青霞是一个革命党人，是革封建礼教之命的革命志士，应该说她不会要求儿媳对她遵守三从四德的礼教。

不管怎样，刘马青霞与儿媳的关系非常紧张。更令人不解的是，儿媳的娘家——常秀山家，刘鼎元生母家——雷家，都加入了反对刘马青霞的行列。据刘鼎元生父雷培株之长孙雷天声先生回忆说：“刘青霞母子和婆媳（之间皆有很深的）矛盾，我祖母不和她说话。”[①]

笔者认为，刘马青霞与儿媳、儿媳的娘家、雷家关系的恶化，与刘氏宗族的造谣有关。在旧社会中，败坏女人，大概最恶毒的莫过于攻击女人的作风了。由于青霞从事革命，掩护革命同志，经常与男同志有些联系，刘氏宗族就散布流言蜚语，攻击青霞作风不正。刘马青霞要创办组织实业，进行治理经营，不得不求助于社会上热心任事、志同道合之人。刘马青霞热心地参加社会活动，参加革命，当然免不了与男子接触；于是“蜚语频兴”对刘马青霞进行恶毒攻击与谩骂。

刘氏宗族对刘马青霞不遗余力地以巨款支持反对清王朝的革命事业恨之入骨，为达到霸占财产之目的，肆意对青霞进行造谣污蔑，想以此迫青霞就范，不再把钱财和资产投向革命。刘氏宗族的恶毒污蔑，成为青霞与儿媳、儿媳的娘家、雷家关系恶化的重要原因。

笔者认为，刘马青霞对辛亥革命捐助巨款，无私支持，甚至把全部财产都捐献给国家的“天下为公”的情怀，表明刘马青霞对辛亥革命事业和理想的追求。但是这些未必能够得到儿子、儿媳的理解。这些应该是刘马青霞母子关系恶化的重要原因。

当刘马青霞母子关系紧张之时，刘氏族人十分高兴。他们趁机挑拨刘马青霞母子的关系，种种恶毒语言可想而知。他们攻击刘马青霞：为了自己风光，把财产败完，根本不打算给你刘鼎元留下什么，你又何必对她行孝呢，等等。

正如刘鼎元自己所说：“此时，刘家族人抢产、分产之争更甚，刘鼎

① 张绛．论刘青霞传//政协尉氏县委员会文史资料研究委员会．尉氏文史资料（第二辑）·刘青霞女士专辑．注释⑾．1987 内刊．

元受人挑拨，到法院声明是义子，并脱离关系。”① 在族人的恶毒挑拨下，刘鼎元终于屈服于压力，提出自己是养子，要求与刘马青霞脱离母子关系。

1921 年 5 月《新中州报》报道：

> 已故刘耀德之妻刘马青霞与义子刘鼎元纠葛一案，现经中人龙君等调处离异分居；各自度日。由该氏酌给洧川县南席镇田地五顷，又开封双龙巷住房一所，现洋一千元。同中立据，签押分执，不得再生枝节。日昨双方均已呈请省署备之。

刘马青霞曾经与儿子相依为命，把全部的心血给了儿子，把儿子当做自己生命的支柱，而如今辛苦养大的儿子竟然到法院声明与自己脱离关系，刘马青霞心中的痛苦、所受到的打击可想而知。

当刘鼎元与母亲断绝关系之后，刘氏宗族的人算是达到了目的，马上强行给刘马青霞过继一个继子刘坤元，作为刘马青霞财产的继承人，由这个继子刘坤元照顾尉氏的房产、地和其他财产生活。据刘菊英说：

> 过了些时，祖母回尉氏发现贵重细软之物都没有了，祖母很生气。就告其继子（族人也告他，并争过继）。后又换了一个继子。停一段，发现书籍、字画、瓷器等物也都不见了。祖母又是很生气，又告又换其继子，换了好几个。家中的粗笨家具等都不见了，还是争讼，年年不休。②

冯玉祥在河南主政时期，刘家关于财产的争讼年年不息，刘马青霞为此疲惫不堪，于是冯玉祥就征得刘马青霞的同意，“在诉讼案卷上批了两句：‘与其族人争讼，不如收为公有’，遂将全部财产一律收公”。①

刘马青霞终于实现了她的愿望，将全部财产交给国家。

第三节 狐死首丘、魂归故里

1923 年春天，刘马青霞回到安阳故里。“狐死首丘，魂归故里”，刘

---

① 由贺升平、陈伯昂、宋甲山、刘逢一、刘鼎元、高超群（女）等六位老人口述，由尹文堂，路庭训记录整理，参见《辛亥革命时期的刘青霞》，载《河南文史资料》，第六辑，1981 年。

② 刘菊英．我的祖母刘青霞//政协尉氏县委员会文史资料研究委员会．尉氏文史资料（第二辑）·刘青霞女士专辑．1987：120. 内刊．

马青霞病逝在自己的家中，离开了这个给她带来无限辉煌、也给她带来无限痛苦的世界。刘马青霞的一生是壮丽的、辉煌的。她怀着忧国忧民、兼济天下的柔肠，积极地从事慈善事业。她参与创办北京豫学堂创办了河南最早的私立女学校，是废科举、兴新学的先驱。她支持马吉森从英国人的手中夺回矿权，为中国人长了志气，为河南民族工业的发展做出了卓越的贡献。她以“天下为公”的情怀，把所有的财产包括自己的生命都献给了生她养她的祖国。她是一个坚强忠诚的辛亥革命志士，为创办革命杂志、宣传革命思想、制造革命舆论、支持辛亥革命起义做出了巨大的贡献。她是妇女活动家，为妇女参政运动推波助澜。她像一个吐尽了丝的春蚕，把温暖留到了人间。刘马青霞用她坚强的革命意志、用她博大的爱心竖起一座生命的丰碑。

一、悲情生命的烈焰

民国十二年（1923 年）春，刘马青霞从开封乘车北上，回到安阳蒋村这个生她养她的地方。沿着这条路，29 年前她嫁到尉氏。那个时候尚未有火车，她坐着华丽轩敞的马车，在花团锦簇的礼队簇拥之下来到尉氏。她曾受到丈夫和婆婆的疼爱，不幸的是结婚 7 年后丈夫去世。丈夫死后，她拥有偌大的财产，又要了一个儿子。她原以为今后可以与儿子相依为命，而她没有想到偌大的财产并没有给她带来幸福，反而成为刘氏族人争夺的目标。为争到刘马青霞手里的财产，刘氏族人不择手段，污蔑谩骂、造谣诽谤，无所不用其极，而最终连她唯一的儿子也离她而去……想到此处，青霞一阵难过，脸上出现痛苦的表情，这是她最不堪回首的往事。

当把所有的财产交给国家，实现了多年的愿望之后，刘马青霞孑然一身，回到故乡，回到蒋村。这里有她儿时的记忆，在这里她仿佛又看到对她疼爱有加的父母。她可能在心里默默地说：“爹娘，你们的女儿又回来了。女儿遵从了二老的教诲，乐善好施，兼济天下。但是女儿命苦，丈夫死后，刘家族人不能容我。”她感到身心疲惫、心力交瘁，伤感、委屈涌上心头。

“专制家庭中之数十恶魔咄咄逼人，不惜以怨报德”，他们“见青霞尚有一息之微，必欲置之死地而后已。豺狼无厌，握爪张拳，在家则令彼家泼妇喧嚷叫嚣，无理取闹；在外则造谣生谤”[1]，对自幼生长在官宦富贵之家的“宦门之女”、“豪门之妇”刘马青霞进行无情的摧残。她像一株从花园中移栽到旷野中的树，在狂风暴雨的袭击下，这株树就要被连根拔起。

刘马青霞回到安阳之前，已经疾病缠身；回到安阳之后，她再也无力抗拒那狂风暴雨的袭击而病倒了。

刘马青霞在其生命弥留之际，并没有留下什么遗言，但是笔者可以想象她临终前的痛苦心理。刘马青霞的眼前好像出现了阔别多年的九泉之下的父母向她招手的影像，那情深义重而又阴阳相隔的丈夫仿佛在对她呼唤：“青霞，扔掉沉重的负担，抛弃所有的痛苦，来吧！这里有你的亲人，来和你的亲人团聚吧！”笔者仿佛看见青霞的眼里充满了泪水，她有多少委屈要向亲人倾诉，有多少话语要向亲人诉说！

1923 年的春天，刘马青霞走完了她的生命途程，这年她 46 岁。

刘马青霞病逝之后，根据女子出嫁以后，应该埋葬在尉氏夫家的原则，刘马青霞的灵柩要到尉氏下葬。她的二侄子、五侄子护送刘马青霞的灵柩到尉氏。但刘氏族人竟然以无继承人摔“老盆”为由[2]，不让青霞的灵柩入葬在刘氏墓地。刘马青霞和丈夫刘耀德的棺木只好暂时停留在寺庙之中。

哥哥马吉樟为她写的挽联是：

蛉蜾续宗祧，箕冶无传，悲往事

蜩唐奰中国，稿椹同穴，卜何年[3]

这首挽联上联的意思：以螟蛉之子（即抱养的养子）来延续宗庙的香火，其实就像燃烧豆秸秆一样，还是不会有宗庙之传的，只能留下悲哀的往事。

下联的意思：蜩唐，即蝉鸣，比喻喧闹和噪声在中国不止，比喻中国形势的动乱，如《诗经·大雅·荡》：“如蜩如螗，如沸如羹。”奰（bì），气盛作力貌。在这动荡的形式下，死者的棺木在何年下葬呢？

马吉樟还为妹妹写诗云：

---

① 刘马青霞．告四万万同胞书//政协尉氏县委员会文史资料研究委员会．尉氏文史资料（第二辑）·刘青霞女士专辑．1987．内刊．

② 河南开封一带风俗，父母去世，需要儿子摔盆，以表示继承人的身份。

③ 《马吉樟诗稿》，见安阳县文化局原局长邓叶君先生提供的《马吉樟手稿》。

募捐小妹金三万，
创设燕都豫学堂。
白骨双棺停未葬，
无儿伯道泣穹苍。

马吉樟自注云：

> 光绪乙巳募刘氏妹青霞金三万两建豫学堂，益以乡公捐四万五千两，款足生（之）多，为旅京省学之冠。刘妹身后族人争继，妹婿煦德（德煦）至今未葬，双棺停寺，家产亦尽数充公矣。①

这首诗的前三句都好懂，就是在创立北京豫学堂的时候，小妹刘马青霞捐款三万两白银。而如今，小妹身后凄凉，与妹夫耀德的棺木停留在寺庙之中未葬。

诗中“无儿佰道泣穹苍”一句出自晋朝邓攸的故事。邓攸，字伯道，平阳襄陵（今山西襄汾县）人。西晋怀帝永嘉四年（310 年），匈奴贵族刘渊起兵于离石（今属山西），国号汉。刘渊死，其子刘聪继立。刘聪派遣刘曜攻破洛阳，俘虏怀帝，杀士兵百姓 3 万余人，史称“永嘉之乱”。西晋灭亡，晋室南迁建康（今南京），史称东晋。在南迁的时候，由于车马均被胡人抢掠，邓伯道只好用筐以担儿子和侄子。邓伯道说：这样担着两个孩子走，我们难免会做胡人的俘虏。我的弟弟已不在人世，只有侄子一脉，我要保留弟弟的后嗣，只好把我们自己的儿子扔掉。妻子哭着同意了。过江以后，邓伯道曾为吴郡守令。《晋书・邓攸传》记载：邓攸“载米之郡，俸禄无所受，唯饮吴水而已。时郡中大饥，攸表振贷未报，乃辄开仓救之”。妻子再也没有生育，邓伯道也没有纳妾。邓伯道死后无儿，其侄子服丧。“时人义而哀之，为之语曰：天道无知，使邓伯道无儿！”②

这里马吉樟以邓伯道无儿的故事，对小妹青霞一辈子与邓伯道一样开仓济贫、济世、济民，而因无儿接续宗祧，停棺寺庙，不得入葬刘氏墓地而表示不平和哀悼。

马吉樟是封建社会的文人，他的眼中看到的是刘马青霞的悲哀和无

---

① 《马吉樟诗稿》，见安阳县文化局原局长邓叶君先生提供的《马吉樟手稿》。

② 房玄龄，等晋书・邓攸传. 北京：中华书局，1982.

助，所以他为青霞写的诗词中带有浓厚的悲情。实际上青霞虽然死的悲情，但是在悲情中燃烧着熊熊的生命烈焰，迸发着时代的辉煌。

二、刘马青霞死因探析

刘马青霞死后，刘氏族人以当时最刻薄、最恶毒的手段，不让青霞的灵柩埋在刘氏墓地中，使青霞与丈夫刘耀德的灵柩停在寺庙之中。不仅如此，刘氏族人竟然编造出谣言说青霞的死，是其娘家害死的。例如，于中华先生说："回到娘家不久，青霞不幸去世。关于她的死因，目前说法不一：一说是病死的，一说是被娘家害死的。因证据不足，难作定论。"[①]于中华先生是尉氏文化局副局长，他的消息当然是从刘氏族人那里听到的，而且笔者也从刘氏家族的族人中听到此说法。笔者认为，这也是刘氏族人的造谣诽谤之辞。

关于刘马青霞的逝世情况，青霞的侄女马恒泰（青霞的三哥马吉梅的女儿）说：

> 姑母去世的具体时间现已不太清楚，她是在回到安阳，住了一段时间之后因病去世的，我的父亲马吉梅是姑母的三哥。在我幼年的记忆中，父亲常常怀念我的姑母，每提到姑母时就十分伤痛。曾在马家做过饭的杨聚只，1985年回忆说："我见过三姑太（指青霞），当时住在东院（青霞大嫂家），是病了一段时间死的。三姑太死后，是她二侄儿、五侄儿护送灵柩回尉氏县的。吉梅送灵柩到村外，还边走边哭。"又据青霞的侄媳（马吉梅的五子马恒煜之妻）回忆说："以前常听娘（青霞的三嫂）说，我三姑很俭省，带来的大红缎被子和夏天穿的绸衫，都有补丁。她病了，俺们都曾去侍候她。"我姑母的灵柩送到尉氏时，由于刘家的阻挠，不得入祖坟，被迫停放于寺庙之内，当时，我二伯马吉樟曾作诗哀悼她，诗曰："慕捐小妹金三万，创设燕都豫学堂。白骨双棺停未葬。无儿伯道泣穹苍。"可见停棺寺庙，未能入葬祖坟是确实的。

近年来，有的文章写到青霞的死，说是被她娘家的人害死

① 于中华．刘青霞传//政协尉氏县委员会文史资料研究委员会．尉氏文史资料（第二辑）·刘青霞女士专辑．1987．内刊．

的，显然与事实不符。我的姑母与她的几个兄长关系一向很好，情谊深厚。她的大哥马吉森死的较早，民国初年就去世了。二哥马吉樟，清末曾任湖北提法使，以后做过北洋政府总统府的秘书。1907 年，马吉樟带青霞东渡日本，游历考察。辛亥革命前夕，青霞又通过马吉樟，让河南革命党人张钟端入其幕府以作掩护，从事革命活动。后来青霞面见孙中山，欲将家产捐献给国家，以作修建铁路之用，事未成，但刘氏族人却控告青霞私通国民党，经马吉樟疏通庇护，才得幸免于难。由上述情况可以看出他们的兄妹之情。青霞去世时，马吉樟虽远在北京，但当时他是一家之长，是马家的核心，有马吉樟在，家中的其他人是不敢、也没有什么理由，加害于青霞的。

青霞娘家的人没有理由加害于她，我想这是最明白的事情。青霞办教育，办社会公益事业，所用的钱财，以至最后全部交公的财产，都是刘家的，而不是她娘家的。因而长期遭到刘氏族人的攻击，将青霞视若仇人，争讼不休甚至上告官府。说青霞私通国民党，欲加害于她。青霞是在难以忍受刘家的折磨，走投无路的情况下，才被迫离开刘家回娘家的。娘家的人只有同情于她，而无加害于她的道理。青霞实际上是郁愤成疾而离开人世的。[①]

笔者认为，马恒泰所说是有道理的，在马吉森办工厂的时候，刘马青霞鼎力相助，他的娘家怎么会忘记？而且刘马青霞在尉氏刘氏族人的恶毒攻击之下回到娘家，说明她认为这是为她遮风避雨的港湾。刘氏族人无谓的诽谤其实是站不住脚的。

三、春蚕丝尽

1923 年，刘马青霞走完她 46 岁生命的途程，永远离开了这个世界。

刘马青霞的生命是美丽的。她在封建家庭的重压下被摧残致死，但面对刘氏族人的凶狂，她永不言屈服，从不喊败退。青霞喊道：“天赋人权，自由平等，共和肇建，应变方针。退让主义，一变而为竞争主义；家族主

① 马恒泰．我的姑母刘青霞去世的有关情况//政协尉氏县委员会文史资料编辑委员会．尉氏文史资料（第二辑）·刘青霞女士专辑．1987：113．内刊．

义，一变而为社会主义。我不欺人，人亦不能欺我；彼如悔过，自可维持和平；若怙恶不悛，堂堂民国，应许延律师以对付之。”她说：“悲夫！悲夫！不自由毋宁死！”可见青霞对自由是何等的渴望。

刘马青霞的一生是辉煌的，就在她去世的前几个月，还捐给尉氏县贫民工厂 5 万元，捐给开封难民所 2000 大洋、40 套衣袴，而她自己却穿着打了补丁的衣衫。

为了向社会捐助，她建义学、义庄、寡妇院、开仓放粮，她以“无名氏”的名义修建桥梁，表现出济世济民的宽广胸怀。她乐善好施，是河南省有名的慈善家。

她与哥哥马吉樟曾经一起到日本，在那里她受到日本留学生的欢迎。那是一段多么令人难忘的时光。在日本她结识了孙中山先生、黄兴先生、唐群英女士、燕斌女士、张钟端先生，并参加了同盟会，从此她成为一个革命者，把自己的一切献给辉煌的革命事业。

为了创办《河南》杂志、《中国新女界杂志》，她不惜捐助重金巨款，为宣传革命思想、制造革命舆论，做出了巨大的贡献。她创办大河书社，一面销售革命书籍和杂志，一面作为革命的秘密联络点。她支持辛亥革命起义、掩护革命同志，是坚强的辛亥志士。

她参与创办北京豫学堂，创办河南省最早的私立女学堂——华英女校，她支持捐助中州公学、中州女学，是河南乃至中国早期新学教育的先驱。

她支持哥哥马吉森从英国人的手中夺回矿权，她办企业、经营钱庄、办贫民工厂，为河南的民族工业做出了重要的贡献。

就在刘马青霞去世 10 年之后，民国二十二年（1993）尉氏编写的县志上把青霞女士放在一个非常重要的地位。《尉氏县志·人物三》对刘马青霞的一生行为和业绩盖棺论定：

> 马氏，字青霞，刘耀德妻，广东巡抚马公丕瑶之女，湖北布政使马吉樟之妹也，重义轻财，清末捐银九千两，修歇马营石桥，于城北隅创设桑园，购置湖桑万株，占地三十余亩，创办华英女校，每年经费五千元，为河南私立女校先河。又捐银两万三千余两，创建刘氏祠堂，建筑房屋八十余间，捐地五顷，为刘氏义庄。凡所设施皆刘君恒泰襄助办理。至捐银三万两在北京设立豫学堂，捐洋一万六千元，在日东京创办《河南》杂志；捐洋四

千两，创办《女界》杂志；出洋数千元，在开封设大河书社，为河南革命运动机关；辛亥起义、河南运动独立，以促革命成功，捐金万余等项，义动遐迩。

按：青霞系出名门，长嫁巨室，虽系女士，有丈夫风，故编入义输，以昭激劝。

刘马青霞的一生是壮丽的、辉煌的。她像一个吐尽了丝的春蚕，把温暖留到了人间。她是一个勇敢的战士，在强大的敌人的摧残之下，至死也没有妥协。她那颗革命的赤胆忠心，对天可表；她对贫民的热爱无私，赤诚可见。每读到青霞的事迹时，我们好像抚摸到一颗滚烫“天下为公”的心。青霞用她坚强的革命意志、用她博大无私的爱心，竖起一座生命的丰碑。

附记　刘马青霞与秋瑾之比较研究

刘马青霞小秋瑾两岁。她们皆是辛亥革命时期涌现出来的杰出女性，皆是最早的同盟会员，皆对中国的辛亥民主主义革命做出了重要的贡献。秋瑾女士先青霞16年而死。秋瑾女士如谭嗣同一样，面临死亡拒绝逃走而慷慨就义，是千古流传的女英雄。1907年秋瑾女士牺牲后，刘马青霞曾为秋瑾写过一篇祭文：

祭秋瑾

呜呼哀哉！呜呼哀哉！一代女杰，壮志未酬身先死，革命之损，国家之损。余与女杰乃同年所生，同为女子，不甘平庸世俗。终其一生，虽未曾相识，然神交已久，心向往之；本欲回国前去面唔，聆听高见。不料天不假人，竟身遭不幸，是余不得见而哀痛。生当为人杰，死亦为鬼雄，女杰为国而死，死的悲壮，死得其所！壮哉！壮哉！

一九零七年七月十六日

马青霞①

从这篇祭文中可以看出刘马青霞对秋瑾的佩服和尊重。刘马青霞与秋瑾其实并不同岁，在这里，刘马青霞大概误以为与秋瑾同岁。刘马青霞的名气远远地比不上秋瑾女士。但是在辛亥革命党人中曾流传有“南秋瑾，北青霞”的说法，即“南秋北刘”之说。“南秋”指的就是秋瑾。这说明刘马青霞与秋瑾对辛亥革命皆有杰出的贡献，她们皆是在推翻满清王朝过程中的女杰。刘马青霞与秋瑾相比，有许多相同之点，但又有许多的不同之处。她们的家庭背景、婚姻情况、性格特点、为人处世及在革命斗争中的表现都有极大的区别；但是殊途同归，最后刘马青霞与秋瑾都走上了革命的道路，为推翻清政府、为中国妇女解放、为新学教育、为辛亥革命做

① 这篇祭文陈列在马氏庄园刘马青霞的故居闺房内，据安阳县文化局邓叶君局长说，祭文是马吉樟的孙女马艾庆提供的。

出了巨大的贡献。笔者认为有必要对刘马青霞与秋瑾的家庭、婚姻、性格，以及她们走上革命道路的心路历程进行研究。

一、刘马青霞与秋瑾家庭背景的差别

秋瑾，生于1875年，原名闺瑾，字璿卿，小名玉姑，后来她自己又起名“竞雄”、“鉴湖女侠”等。秋瑾出生在一个书香门第家庭，但是她的祖父和父亲皆是清王朝的下级地方官吏。秋瑾的祖籍在浙江山阴（今绍兴），其高祖秋学礼，字立亭，乾隆乙酉科举人，秀水县教谕（即管教育的官）。曾祖秋家丞，字砚云，嘉庆癸酉科举人，在江苏一带任知县，最后升任知州。祖父秋嘉禾，字露轩，同治乙丑科举人，曾在福建厦门、漳州一带做过十任知县。在任期间，清正廉洁，政绩卓著，1878年，秋嘉禾调任福建厦门府云霄县同知。秋瑾的父母随祖父在任所生活，秋瑾出生于福建漳州云霄县，自小跟随祖父在漳州、厦门、台湾等地长大。父亲秋寿南，字研孙，号益安，同治癸酉科举人。母单氏，是浙江萧山之望族。秋寿南中举人之后，曾任台湾的一个知县，但由于没有贿赂上司，1893年，秋寿南由台湾调至湖南任湘潭县厘金总办，这其实已经是降职。18岁的秋瑾于是也来到了湖南。父亲秋寿南宠妾凌妻，这种封建家长式的家庭管理，也引起秋瑾的不满[①]。

秋瑾从小就生活在南方各城市。清朝后期，我国海外交流频繁，南方各地许多百姓移居海外，使南方各地民众受到外界新思想的影响，从而在思想上非常活跃。我国近代的变法维新和辛亥革命皆自南方始。1840年鸦片战争爆发，中国在战败的情况下，被迫与英国签订了丧权辱国的《中英南京条约》。主要内容为中国开放广州、福州、厦门、宁波、上海五座城市为通商口岸。秋瑾所生活的福州、厦门皆为通商口岸，是洋人横行霸道的地方。洋鬼子的恣意横行引起了福建人民的愤怒和强烈反对。1880年，福建南平就发生了一次人民反对教会的斗争，表现了南平人民反对洋鬼子用鸦片毒害中国人民，谋夺中国钱财的罪恶行径。秋瑾目睹了洋人对中国的疯狂掠夺，以及清政府对洋人的委曲求全及无能，气愤地对母亲说：“红毛子这样厉害，这样下去，中国人要成为他们的奴隶了。”[②] 这些

---

① 徐光仁．秋瑾诞辰百年祭．华南师范学院学报，1980（2）：88.

② 秋高（秋瑾侄子）手稿《秋瑾轶事》，藏绍兴文管会。

情况在年轻的秋瑾心中掀起了波澜，激起了对帝国主义瓜分中国的强烈愤恨，也激发了秋瑾炽烈的爱国热情。

刘马青霞生于河南安阳蒋村。刘马青霞的父亲马丕瑶生于道光十一年（1831 年）正月初四日，咸丰八年（1858 年）考中举人，同治元年（1662 年）登进士，相继授任山西平陆知县、山西辽州（治所在今左扳县）知州、太原知府、山西按察使和山西布政使、贵州按察使、广西布政使、广西巡抚、广东巡抚等。马丕瑶的任职是步步高升的，而且得到了清王朝最高统治者的嘉奖，光绪帝赐他“鞠躬尽瘁”、“百官楷模”的匾额。慈禧太后在她 60 大寿的那年，曾御书长 2.87 米的巨幅“寿”字中堂赐予马丕瑶，以示嘉奖。左宗棠为马丕瑶书写了“清节皎然”的匾额。马丕瑶去世时，光绪帝亲自为他写了祭文。这一切说明马丕瑶已经进入了清王朝的核心上层，是清政府的达官显贵。

刘马青霞的二兄长马吉樟也是清王朝的显官。光绪五年（1879 年），马吉樟 20 岁考中举人；光绪六年（1880 年），考中进士；光绪九年（1883 年），24 岁殿选为庶吉士。马吉樟自 21 岁金榜题名，考中进士之后，就留在朝廷中为京官，仕途亨通。光绪二十九年（1903 年），马吉樟相继为河南会试同考官、甘肃乡试的主考官；光绪三十年（1904 年），马吉樟是翰林院的侍讲、侍读、日讲、起居注官，跟随皇帝左右，是朝廷中的显官。

1899 年，八国联军进入北京，马吉樟护驾慈禧太后、光绪皇帝播迁西安。御驾回銮时，途径安阳，慈禧太后、光绪皇帝下榻马氏庄园。如今马氏庄园还保存有慈禧太后所用的八柱、带顶的木床，这是马府内保存最为完整、价值最高的文物。马家是晚清朝廷中最有势力的显贵之一。

刘马青霞出生在这样一个达官显贵之家，其父马丕瑶用儒家思想对子女进行严格的封建教育，要求子女们“穷则独善其身，达则兼济天下”。马丕瑶“修家庙立塾于旁，诲族之子弟，并仿范氏义庄，以赡其穷，咸有条理”①。马氏的家谱上记有一处义庄，这所义庄是马丕瑶所建，表现出马氏家族富贵不忘贫贱的本色。马丕瑶在义庄的大门上亲自书写楹联云：

万支本是一身田置鱼鳞聊赡我亲疏族党

富贵敢忘微贱清风鹤俸先给他鳏寡孤贫

---

① 李秉衡．山东巡抚马公神道碑铭//沈云龙．近代中国史料丛刊．台北：文海出版社，1973.

这些封建教育在刘马青霞的心中打下了深深的烙印。刘马青霞毕生都在追求“老吾老以及人之老，幼吾幼以及人之幼”的儒家目标；追求她“万善同归”、“乐善好施”、“兼济天下”的道德理想。

青霞办义学、义庄等，对中国教育的热心与捐助引起了朝廷的关注和震动，也惊动了光绪皇帝。光绪皇帝诰封刘马青霞“一品诰命夫人”，后宣统皇帝又赐以“乐善好施”匾额。

刘马青霞虽然毕生也在向往、追求着自由，但她生活在风气相对闭塞、封建统治力量雄厚的河南，这些都束缚了青霞叛逆思想的发展。

二、刘马青霞与秋瑾性格的差异

刘马青霞与秋瑾生活的家庭背景和社会环境的不同，导致她们的性格也有很大的差异。

秋瑾生活在一个下级地方官吏的家庭，又生活在南方，她的叛逆性格得到了充分的发展。秋瑾出身于书香门第，能诗能画，亦能女红刺绣，但她更爱的是吟诗读书。弟弟秋宗章说秋瑾“幼与兄妹同读私塾，天资颖慧，过目成诵，为先君所钟爱。教以吟咏，偶成小诗，清丽可诵。及笄之后，渐习女红，尤擅刺绣”①。

有一次，秋瑾读了名为《芝龛记》的剧本，书中写明朝女英雄秦良玉的故事。秋瑾写了《题芝龛记》的组诗，其中写道：

> 古今争传女状头，红颜谁说不封侯。马家妇和沈家女，曾有威名震九州。
>
> 莫重男儿薄女儿，平台诗句赐蛾眉。吾侪得此添生色，始信英雄亦有雌！
>
> 肉食朝臣尽素餐，精忠报国赖红颜。壮哉奇女谈军事，鼎足当年花木兰。

“马家妇”指的是秦良玉，字贞素，明朝忠州（即今重庆忠县）人，生于1574年，是中国正史记载中唯一有传记的女将军。父秦葵，是忠州的岁贡生，也兼习武。秦良玉从小就同哥哥秦邦屏、弟弟秦民屏研读书史，练习骑射，成为一个远近知名的侠女。1598年，良玉24岁，嫁给石

---

① 秋宗章．六六私乘//秋瑾史料．长沙：湖南人民出版社，1981：42.

砫（今重庆石柱县）土司马千乘（26 岁），并帮助马千乘操练出一支“白杆兵”。所谓白杆兵，就是矛柄以白木为之，不假漆饰。马千乘去世后，秦良玉接替土司之职。“良玉为人饶胆智，善骑射，兼通词翰，仪度娴雅。而驭下严峻，每行军发令，戎伍肃然，所部号‘白杆兵’，为远近所惮。”①1620 年，清兵入侵，国难当头，秦良玉、秦邦屏、秦民屏兄妹临危受命，带领白杆兵“数千”抗击清朝贵族。秦邦屏为国捐躯。秦良玉与其子马祥麟（已 20 岁）统率精兵 3000 人赴敌。战斗中，良玉的儿子马祥麟右眼被射中，他忍住剧痛拔出箭头，带领士卒冲锋陷阵，打退敌人的进攻，被誉为“赵子龙”、“小马超”。朝廷乃加秦良玉二品服色，加马祥麟指挥使。《明史·秦良玉传》云：“秦良玉一土舍妇人，提兵裹粮，崎岖转斗，其急公赴义。有足多者，彼仗钺临戎缩朒观望者，视此能无媿乎？”

沈家女指的是明末道州（今湖南道县）守备沈至绪之女沈云英，善骑射。张献忠攻道州，沈至绪为张部将所杀。云英闻讯，亲率十骑，闯入张营，杀张部将 10 余人，夺回父尸，以功封将军。其夫贾万策守荆州，城陷阵亡，云英辞官回籍，设祭哭奠父、夫。

明朝的女英雄“马家妇”秦良玉、沈家女沈云英是秋瑾最佩服的古代的女英烈。而在男子之中，秋瑾尤佩服汉代游侠朱家、郭解。

徐自华为秋瑾写的《鉴湖女侠秋君墓表》云：

> 生平伉爽明决，意气自雄，读书敏悟，为文章奇警雄健如其人，尤好剑侠传，慕朱家、郭解为人，丰貌英美，娴于辞令。高谈雄辩，惊其座人。②

朱家是西汉初年的游侠，与汉刘邦同时。《史记·游侠列传》记载：“鲁朱家者，与高祖同时。鲁人皆以儒教，而朱家用侠闻，所藏活豪士以百数，其余庸人不可胜言。然终不伐其能，歆其德，诸所尝施，唯恐见之。振人不赡，先从贫贱始。家无余财，衣不完采，食不重味，乘不过軥牛。专趋人之急，甚已之私。既阴脱季布将军之阸；及布尊贵，终身不见也。自关以东，莫不延颈愿交焉。楚田仲以侠闻，喜剑；父事朱家，自以为行弗及。”

---

① 张廷玉，等．明史·秦良玉传．北京：中华书局，1984.

② 徐自华．鉴湖女侠秋君墓表．长沙：湖南人民出版社，1981：54.

郭解，轵人（今河南省济源县人），亦西汉初年的游侠，与汉武帝同时。《史记·游侠列传》云：郭解，“短小精悍，不饮酒。少时阴贼，慨不快意，身所杀甚众。以躯借交报仇，藏命作奸剽攻，休乃铸钱掘冢，固不可胜数。适有天幸，窘急常得脱，若遇赦。及解年长，更折节为俭，以德报怨，厚施而薄望。然其自喜为侠益甚。既已振人之命，不矜其功，其阴贼著于心，卒发于睚眦如故云。而少年慕其行，亦辄为报仇，不使知也。解姊子负解之势，与人饮，使之嚼。非其任，强必灌之。人怒，拔刀刺杀解姊子，亡去。解姊怒曰：‘以翁伯之义，人杀吾子，贼不得。’弃其尸于道，弗葬，欲以辱解。解使人微知贼处。贼窘自归，具以实告解。解曰：‘公杀之固当，吾儿不直。’遂去其贼，罪其姊子，乃收而葬之。诸公闻之，皆多解之义，益附焉”。

朱家、郭解皆是古代义侠，他们也是鉴湖女侠秋瑾生前十分崇拜的人物。

鉴湖女侠秋瑾生前特别喜欢男装。史学家范文澜是浙江绍兴人，他在幼年时曾见过大通学堂的着男装的秋瑾。他说：

> 我所看到的秋瑾总是男子装束，穿长衫、皮鞋，常常骑着马在街上走。她骑着马来了，我们跑到马左马右，瞪着眼看她，她也看我们。①

秋瑾的弟弟秋宗章说：

> 姊既归，乃弃和服不御，制月白色竹布衫一袭，梳辫着革履，盖俨然须眉焉。此种装束，直至就义之日，迄未更易。改装伊始，曾往越中蒋子良照相馆摄一小影，英气流露，神情毕肖。②

秋瑾在给《日人石井君索和即用原韵》一诗中写道：

漫云女子不英雄，万里乘风独向东。
诗思一帆海空阔，梦魂三岛月玲珑。
铜驼已陷悲回首，汗马终惭未有功。
如许伤心家国恨，那堪客里度春风。③

---

① 范文澜．女革命家秋瑾//郭延礼．秋瑾研究资料．济南：山东教育出版社，1987：6.
② 秋宗章．六六私乘//周芾棠．秋瑾史料．长沙：湖南人民出版社，1981：48.
③ 秋瑾．日人石井君索和即用原韵//秋瑾．秋瑾集．北京：中华书局，1960：83.

秋瑾飒爽英姿中透露着男儿的气魄和英气，她写的一首诗《满江红》云："身不得，男儿列，心却比，男儿烈！"秋瑾不带一点小女人气。秦良玉、沈云英是古代的侠女和女将军，朱家、郭解皆古代游侠。这些人都是鉴湖女侠秋瑾生前十分崇拜的人。秋瑾是一个毫无女性自卑心理的女英雄。秋瑾在《满江红》中写道"肮脏尘寰，问几个男儿英哲？算只有蛾眉队里，时闻杰出"，"肉食朝臣尽素餐，精忠报国赖红颜。壮哉奇女谈军事，鼎足当年花木兰"。秋瑾奔放、炽热、不甘人后，表现出为国家、社会建立功业的豪迈情怀。

刘马青霞出身于书香门第，亦受到了很好的教养，但她的性格中表现着一种既软弱又刚强的特点。

我们在马氏庄园曾看到了她的父亲马丕瑶为马家所指定的《家训》。这个《家训》是用《易经象》关于"家人"的解释作为家训的，曰："女正位乎内，男正位乎外。男女正，天地之大义也。家人有严君，父母之谓也。父父子子兄兄弟弟夫夫妇妇而家道正，正家而天下定矣。"马氏《家训》显示出马丕瑶对儒家"修身、齐家、治国、平天下"的理想的追求，也可以看出，作为封建王朝忠臣孝子的马丕瑶是以男尊女卑的儒家学说来治理家庭、教育子女的。这些对刘马青霞的一生都产生巨大的作用。

刘马青霞在丈夫死后，诈称有遗腹子继承丈夫刘耀德遗产，这本身就是一种不自信的表现。丈夫去世后，刘马青霞在她的许多捐助活动中皆是用儿子刘鼎元的名义。如刘马青霞曾为北京捐助白银三万两。刘马青霞的孙女刘菊英说："在北京，祖母和其兄马吉樟等人出款创办了'河南豫学堂'。校内建有石碑，上刻校长刘鼎元——是我父亲的名豫（誉）。"①

华英女校是刘马青霞一手创办起来的河南省第一个女校。刘菊英说华英女校"校长是父亲刘鼎元，当时父亲年小，也在该校读书"。②

又光绪三十二年（1906年）《河南教育官报》报道：

> 尉氏县职员同知衔候选县丞刘錤德称，尉氏县旧有蓬池书院，改为高等小学堂，诚为培养人才之基础……有堂任刘鼎元捐助学堂经费……共银一万零二百零五两五钱一分三厘四毫一并捐

①② 刘菊英．我的祖母刘青霞//政协尉氏县委员会文史资料研究委员会．尉氏文史资料（第二辑）·刘青霞女士专辑．1987：118．内刊．

入学堂，作为常年经费。

《河南教育官报》报道：尉氏县职员同知衔候选县丞刘𫍯德向上司禀报，其内侄刘鼎元捐款将蓬池书院改建为新学堂。然而是时，刘鼎元才是6岁儿童，捐款者当然是刘马青霞，共捐助四百亩零三分零六毫三丝，按时价值银七千二百零五两五钱一分三厘四毫，现银3000两。刘马青霞还是用儿子的名义，为尉氏县创办新学堂的。

中国封建王朝曾统治几千年，中国曾出现过太后执政的情况，那就是当老皇帝死后，小皇帝尚在幼冲，则有皇太后执政。执政的皇太后实际掌握了朝廷的大权，但她们的政绩记在她们儿子的名下，用的是儿子的年号。这是中国古代社会的一个特殊现象，是男尊女卑的具体表现。

刘马青霞受传统的封建教育颇深，她的很多活动和行为也是记在儿子的名下。

民国元年（1912）7月6日《自由报》发表青霞《刘青霞辞职书》云：

> 政府借用外债损失国权，黄留守（即黄兴——编者）有国民捐之倡议，吾豫爱国志士群起响应，组织国民捐事务所，推鄙人为总理，曾经力辞未蒙允许．当时勉强就职者，诚以此为救亡之急务，极欲赞成也，今本所成立已逾两旬，诸事就绪。鄙人自问，一无学识之妇人，焉能负此巨任？且吾豫人才济济，不乏贤能，何用一妇人参预公事？现鄙人已决意辞退，请诸公另举贤能，总司其事，早集巨款，以应国家急需，亦鄙人之所深愿也。再桐茂典并无存放捐款，鄙人亦无经手未完事件。即日回尉，摒挡家事，惟有负诸公推崇，惶愧万分，尚望鉴原（谅）是幸。

民国元年，袁世凯窃取了民国大总统的位置，并派其爪牙张镇芳为河南都督，刘马青霞不愿意与张镇芳共事，而辞去国民捐总理的职务。但刘马青霞在她的《辞职书》中说："鄙人自问，一无学识之妇人，焉能负此巨任？且吾豫人才济济，不乏贤能，何用一妇人参预公事？"① 这些虽然表明青霞的谦虚，但也表现出她在长期的男尊女卑的社会大环境下的自卑心理，这样的话是女英雄秋瑾绝对说不出来的。

① 刘马青霞．刘青霞辞职书．自由报，1912-07-06.

青霞在民国六年（1917）11月17日的《自由报》发表《豫人刘马青霞披露》（1987年《尉氏文史资料·刘青霞女士专辑》第二辑将这篇文章的题目改为《告四万万同胞书》）一文中更表现出这种心理。在本文中，刘马青霞说：

> 河南风气闭塞，即无独立之审检，又乏辩护之律师，寡妇孤儿呼吁无路……青霞一妇人耳，屈指平日碌碌劳劳，淡食粗衣，自奉甚微，而对于家族、对于社会自觉可以告无罪矣……但青霞所不能已于言者，刘姓号称素封。'驷马高车'，声威赫濯，胡不能容一孀妇公益事业。一女子尚知稍尽义务，彼辈挥金如土，仅知膏粱文绣，何不肯于社会家公益上捐出一文之钱，而惟以欺人孤儿寡母为事，自问能无颜汗，良心不必汝容……青霞处兹悲境，对于家族甚觉短气灰心，而对于社会事业尚不忍放弃天职。

在这篇《豫人刘马青霞披露》的文章中，刘马青霞表现出一种柔中带刚的女性特征。她一心为社会尽自己的职责，绝不能因为“封建专制家庭中之数十恶魔”而放弃自己的责任；但又感到来自家族和社会的压力，使她“甚觉短气灰心”。这应当是青霞官宦家庭中贵族妇女的软弱性造成的。

三、刘马青霞与秋瑾的婚姻情况之比较

秋瑾20岁时，由父母做主嫁给了湘潭人王廷钧，生有一子一女。王廷钧，字子芳，他的祖父靠着跟曾国藩征讨太平天国发了财。王廷钧之父在湘潭由义街开设义源当铺，积资巨万，家中很有钱，后来发迹成为湘潭巨富。王廷钧是个贵公子，比秋瑾小两岁，胸无大志。秋瑾对婚姻很不满意。婚姻是她迫于父母之命，而非她所心愿。秋瑾咏谢道韫诗中有“可怜谢道韫，不嫁鲍参军”之句，可见她对于婚姻的不满。

秋瑾的弟弟秋宗章在《关于秋瑾与六月霜》一文中记述其事：

> 湘乡有巨绅曾氏者，为文正公之后，故与湘潭王氏有戚谊，因为姊作蹇脩，申婚姻之好，于光绪二十二年四月初五日成礼。王氏先世以商业起家，富甲一郡，生子四人，姊婿德（廷）钧，字子芳，行次，最幼，美丰姿，状貌如妇人女子，第质美弗学，论其造诣，远不如我姊。

秋宗章所说的“蹇脩”与月老、冰人、红娘一样，也是媒人。“蹇脩”本是传说中伏羲氏之臣，古贤者。《楚辞·离骚》：“解佩纕以结言兮，吾令蹇脩以为理。”王逸注：“蹇修，伏羲氏之臣也。理，分理述礼意也；言已既见宓妃，则解我佩带之玉结言语，使古賢蹇修而為謀理也。”宓妃，原是伏羲氏的女儿，因迷恋洛河两岸的美丽景色，降临洛河为洛神。

1901年10月，秋瑾的父亲秋寿男在湖南桂阳因病死去。1902年，秋家与王家合伙在湘潭开设“和济钱庄”，因用人不当，即陈玉萱利用职权贪污肥己而倒闭，秋家破产①。秋瑾在丈夫家的地位下降。后来王廷钧用钱在北京捐一个户部主事的官。户部是主管全国的土地、钱粮、税收、户籍、财政的衙门，而主事是户部最低的官职。秋瑾随王廷钧到北京赴任。

秋瑾写给兄长秋誉章的信说：

> 子芳之人，行为禽兽之不若。人之无良，莫此为甚。妹之珠帽及珠花亦为彼篡取，此等人岂可以人格待之哉？彼以待妹为无物，妹此等情况尚思截取银及物，是欲绝我命也。况在彼家相待之情形，直奴隶不如。怨毒中人者深，以国士待我，以国士报之；以常人待我，以常人报之；非妹不情也。一闻此人，令人怒发冲冠。是可忍，孰不可忍！……为人奴隶，何不自立。日后妹当可自立，何必为人之妇？……妹得有寸进，不使彼姓加我姓之上。②

秋瑾绝不同意让王廷钧的“王”姓，加在自己的“秋”姓之上。我国过去的女子是以丈夫的姓为主的，如青霞就称为“刘马氏”、“刘马青霞”等。秋瑾认为王廷钧：

> 无信义、无情谊、嫖赌、虚言、损人利己、凌侮亲戚、夜郎自大、铜臭纨绔之恶习丑态集于一身的邪恶之徒。③

> 抚心自问，妹亦非下愚者，岂甘与世浮沉、碌碌而终者？水激石则鸣，人激志则宏，他日得于书记中留一名，则平生愿足

① 郭延礼．秋瑾研究资料．济南：山东教育出版社，1987：22.

② 秋瑾．秋瑾致秋誉章书·之三//秋瑾．秋瑾集．北京：中华书局，1960：35.

③ 秋瑾．秋瑾致秋誉章书·之五//秋瑾．秋瑾集．北京：中华书局，1960：38.

> 矣。无使此无天良之人，再出现于妹之名姓间，方快。如后有人问及妹之夫婿，但答之“死”可也。①

虽然也有人提出秋瑾的丈夫王廷钧也未必像秋瑾所说的那样恶劣②。但是在外人眼中，王廷钧或许有善良的一面，但是谁也没有秋瑾对她的丈夫了解得更深。

青霞17岁时嫁给了河南尉氏刘耀德为妻。刘家是河南首富。在这点上，青霞与秋瑾的婚姻有相似之处。刘马青霞在与丈夫共同生活的七年中，她足不出户，陪伴她的丈夫。在这七年中间，青霞没有生下一男半女，而刘耀德也没有纳妾。由此可见，青霞在结婚之后，和丈夫关系是很好的。

丈夫刘耀德死后，青霞抱养了耀德胞姐的儿子为养子，又为婆母送终。青霞的印鉴上写的是“刘马青霞”，把“刘”字加在自己娘家的姓氏之上。她从来以刘家的媳妇自居，如她在《豫人刘马青霞披露》一文中说：

> 青霞上无伯叔，下鲜兄弟，使稍有不慎荡尽无余久矣。然而青霞兢兢业业于综理家务，经营商业之外，益复手造住宅一所，费银八万金；独修刘氏祠堂一所，费银四万金；附设义学一处，捐地十五顷，其对于家族者如此。③

这里所说的“上无伯叔，下鲜兄弟”，当然指的是刘耀德家；因青霞的娘家兄弟四人，姐妹三人，是很多的。刘马青霞所创办的义学、义庄、刘氏祠堂，最初皆为刘氏宗族所建。刘马青霞从来是置身于刘氏宗族之中。直至刘氏族人与她大闹，将她告到法庭，并欲把她置于死地时，她才喊出了“天赋人权，自由平等，共和肇建，应变方针。退让主义，一变而为竞争主义；家族主义，一变而为社会主义”。

刘耀德也不是如王廷钧之类“无信义、无情谊、嫖赌、虚言、损人利己、凌侮亲戚、夜郎自大、铜臭纨绔之恶习丑态”集于一身的邪恶之徒。前面笔者已经为刘马青霞的丈夫刘耀德质疑察传，认为刘耀德也如王廷钧

---

① 秋瑾．秋瑾致秋誉章书·之五//秋瑾．秋瑾集．北京：中华书局，1960：38.

② 马自毅．秋瑾夫妇关系考辨．历史教学问题，2005，(1)：17.

③ 刘马青霞．豫人刘马青霞披露．自由报，1917-11-17.

一样出身于富家公子，不愿意经受十年寒窗之苦，用钱捐官。他本人虽然不能算十分有才华，也不是非常刻苦的饱学之士，但并不能说明刘耀德人品不好。刘耀德虽说是富家公子，但却有一颗善良的心。不吝钱财、重义轻财、乐善好施，与乡邻关系融洽，是刘马青霞与丈夫刘耀德共同的品格，他也是对爱情非常忠贞的丈夫。

刘马青霞参加革命是在丈夫去世之后，而不是在丈夫生前离开丈夫而去的。在婚姻方面，刘马青霞与秋瑾有完全不一样的背景。

四、殊途同归

青霞与秋瑾的出身、性格、婚姻皆有许多的差异，但是她们都有一颗热爱祖国、追求自由民主的心。面对着祖国被帝国主义列强瓜分，她们的心中都升起一种对祖国的责任感。这是她们走向革命、推翻清政府的最根本的思想基础。

1903 年中秋，王廷钧原定在家宴客，秋瑾已作准备。但到傍晚，王廷钧被人拉去逛窑子、吃花酒了。秋瑾收拾酒菜后，也出去散心，第一次着男装偕小厮去戏园看戏。不料被王廷钧发觉，归来后动手打了秋瑾。她一怒之下，出走阜外，在泰顺客栈住下。王廷钧派人甘词诱回[①]。这件事成为秋瑾和丈夫王廷钧关系破裂的导火索。

当秋瑾随着王廷钧进京之后，住南半截胡同，认识了王廷钧的同事廉泉（无锡人）的夫人吴芝瑛女士，两家又为毗邻，且又都喜爱文学，来往甚密，情同姐妹。秋瑾在吴家经常阅读当时的新书报。秋瑾在北京见到了世面，接触了新书报；又由于和丈夫王廷钧的关系逐渐恶化，她压抑在内心的民主思想开始迸发。

秋瑾的心中久已压抑着强烈的对社会的不满和反叛，使原来埋藏在心中的革命热情迅速升温。秋瑾填写了一阙《满江红》，在这首词中写道：

> 小住京华，早又是中秋佳节，为篱下黄花开遍，秋容如拭。四面歌残终破楚，八年风味徒思浙。苦将侬强派作蛾眉，殊未屑。
>
> 身不得，男儿列，心却比，男儿烈。算平生肝胆，因人常热。俗子胸襟谁识我？英雄末路当磨折。莽红尘，何处觅知音？

① 周芾棠，秋仲英，陈德和．秋瑾史料．长沙：湖南人民出版社，1981：43.

青衫湿！

这首词中充满了爱国思想，抒发了秋瑾不同寻常的“心却比男儿烈”的抱负。当时中国处在内忧外患之中，中国的有识之士多出国留学，寻求救国存亡的道理。秋瑾怀着一颗爱国的滚烫之心前往东瀛求学。秋瑾已经准备为革命献出一切，包括她最宝贵的生命。

秋瑾在与其兄的信中说：

> 妹近儿女诸情，俱无牵挂；所经意者，身后万世名尔；不则宁湮没无闻，断不欲此无信义者，有污英雄独立之精神耳。①

在给留日同学王时泽的信中说：

> 光复之事不可一日缓，且男子之死于谋光复者，自唐才常之后，若沈荩、史坚如、吴椒诸君子，不乏其人。而女子则无闻也，亦吾女界之羞也。愿与诸君交勉之。②

刘马青霞所走的革命道路与秋瑾完全不同。刘马青霞出生在一个虽然是达官显贵但具有儒家思想的清正官员知识分子之家。她自青年时期就怀着“兼济天下”、同情贫弱的情怀，又有强烈的崇尚正直、追求自由的精神。她亲眼目睹了清王朝在西方列强面前的无能与反动，大好河山日益沦丧，祖国处在危亡之中。因此她一旦接触了革命党人，懂得了革命的道理；于是她那“兼济天下”、同情贫弱的情怀就转变为“天下为公”的理想，而她那崇尚正直、追求自由的天性就变成了对清政府的反抗。刘马青霞的思想经过革命斗争的暴风雨洗礼，迸发出灿烂的光芒。例如，她在加入同盟会时宣誓的誓词说：“当天发誓，驱除鞑虏，恢复中华，创立民国，平均地权，矢信矢忠，有始有卒。有渝此盟，任众处罚。”宣誓的意义即表示青霞革命到底的决心。刘马青霞没有辜负她加入同盟会的誓词。刘马青霞投巨资创建革命杂志《河南》和《中国新女界杂志》，特别是《河南》：

> 此报鼓吹民族民权二主义，鸿文伟论足与《民报》相伯仲。时湖北《学生界》、《浙江潮》、《江苏》、湖南《游学译编》等月刊停刊已久，留学界以自省名义发行杂志而大放异彩者，是报实

---

① 周芾棠，秋仲英，陈德和．秋瑾史料．长沙：湖南人民出版社，1981：23.

② 郭延礼．秋瑾研究史料．济南：山东教育出版社，1987：38.

为首屈一指。出版未久，即已风行海内外，每期销流数千份。①

《“河南”杂志广告》说斯报“排脱依赖性质，激发爱国天良，做酣梦之警钟，为文明之导线”②。《河南》杂志发出了“救亡”的呼声，是中国同盟会宣传革命的阵地。

一直追随孙中山革命的冯自由先生说：

> 与《河南》杂志先后出版者，尚有河南女同盟会员燕斌、刘青霞所创办女界杂志。燕、刘二女士及数同乡任撰述，朱炳麟任发行人，实为留学女界组织女报之先河。发刊至第六号，因论文有‘妇女实行革命应以暗杀为手段’等标题，为日警厅禁止出版。③

《河南》和《中国新女界杂志》先后被日本当局封杀，说明其革命性，以及对清王朝的沉重打击。

刘马青霞投巨款支持辛亥起义、掩护起义失败后的同志。辛亥革命胜利后，刘马青霞与唐群英等人一起积极参与女子参政运动，以后又遵从孙中山先生的教诲，回到家乡河南创办新学、女学，从而成为河南省新学教育、女学教育的先驱。刘马青霞从创办义学、义庄到创办贫民工厂和女子工厂、捐助难民收养所，再到她两次携带家里的所有房产地契到南京晋见孙中山，要求把所有的家产献给国家，表现了她从一个怀有“兼济天下”的儒家理想的知识分子到坦荡荡的具有“天下为公”情怀革命战士的历程。

刘马青霞在性格上还远比不上秋瑾的坚强和勇敢，但是她“天下为公”的情怀、对革命的忠诚，以及对革命的贡献，使她与秋瑾女士一样受到了孙中山先生的赞赏，被孙中山先生赠予“天下为公”和“巾帼英雄”的匾额。青霞对革命的贡献足可以与秋瑾媲美，从而在革命党人有了“南秋瑾、北青霞”的美誉。

---

① 冯自由．革命逸史．第三集．北京：中华书局，1981：272.

② 见《夏声》第1期、《晋乘》第2期和《豫报》第6期所刊登《“河南”杂志广告》。

③ 冯自由．革命逸史．第三集．北京：中华书局，1981：272.

附录一

刘马青霞年表

光绪三年（1877 年）	刘马青霞出生于河南安阳县蒋村。
光绪二十年（1894 年）	刘马青霞 17 岁（虚岁 18）嫁入尉氏县刘家豪门，嫁给刘耀德为妻。 马丕瑶任广东巡抚。
光绪二十一年（1895 年）	甲午战败，马丕瑶 9 月 8 日病死，终年 65 岁。
光绪二十七年（1901 年）	刘耀德死去，刘马青霞 24 岁，青年居寡。
光绪二十八年（1902 年）	刘马青霞诈称遗腹子，抱养刘耀德胞姐的儿子刘鼎元。
光绪二十八年（1902 年）	刘马青霞与婆母共同捐 4 万两银子修筑刘氏祠堂；并创办刘氏义学，刘氏宗族的孩子皆可免费入学念书；又捐地一顷零三十亩创办刘氏义庄（即孤贫院），凡刘氏宗族 60 岁以上的老人，每人每月皆可在义庄领取 3 斗麦子（75 市斤）。
光绪二十九年（1903 年）	刘马青霞捐银 9000 两，在开封、许昌官路间的贾鲁河上修筑石桥一座，两边桥头各书“万善同归”、“无名氏修”的字样，以示不图名利之意。
光绪三十一年（1905 年）	我国废科举、兴新学，青霞捐银 30 000 两，在北京创办了“豫学堂”。
光绪三十一年（1905 年）	八月成立为县立第一完全小学校，青霞捐助 400 多亩土地，现银 3000 两；共折计 10 205 余两白银，一并捐入学堂，并作为常年经费；将蓬池书院改建为县立第一完全小学校，这是尉氏县最早的新式学堂。

光绪三十二年（1906 年）	光绪皇帝诰封“一品诰命夫人”。
光绪三十二年（1906 年）	尉氏留日青年、刘马青霞的侄孙刘恒泰与同学潘祖培、罗文华回国省亲，拜谒刘马青霞。
光绪三十二年（1906 年）	《中国新女界杂志》于 1906 年 2 月 5 日（光绪三十二年十月二十二日）创刊于日本东京，1907 年 7 月 5 日（光绪三十三年三月二十五日）停刊，共出六期，是辛亥革命时期颇有影响的妇女刊物之一。
光绪三十三年（1907 年）	年初，刘马青霞随马吉樟东渡日本考察，在日本结识了孙中山、黄兴、唐群英、宋教仁、张钟端等革命党人，参加了中国同盟会。按照同盟会的指示，她捐资 20 000 元，创办《河南》杂志，捐资 6600 元，与燕斌办了《中国新女界杂志》，这两份杂志成为辛亥革命党人的宣传阵地和喉舌。
光绪三十三年（1907 年）	十一月十五日 公历 1907 年 12 月 19 日《河南》杂志创刊，第一期发行。
光绪三十三年（1907 年）	光绪二十三年十二月至光绪三十四年（1908 年），光绪二十三年十二月，鲁迅刚刚从医学转变为文学，走上了文学的道路，用“令飞”、“迅行”的笔名先后为《河南》杂志撰写和翻译稿子 7 篇。《河南》的创刊为鲁迅文章的发表提供了平台，为鲁迅走上文学道路进行了最早的铺垫，为我国早期新文学提供了阵地和滋养的土壤。
光绪三十三年（1907 年）	十一月十五日，青霞女士对筹办中州公学、中州女学，各捐一千两银子，以资应用。

光绪三十四年（1908 年）	宣统皇帝圣旨准挂“乐善好施”的匾挂在家里。
光绪三十四年（1908 年）	刘氏代用完全小学校其创立时间在光绪二十八年（1902 年），刘马青霞所建，设在大桥寨刘氏祠堂内，民国时期这所学校改为公立学校，但仍称为“刘氏代用完全小学校”，每年需要经费大洋 1410 元。《尉氏县志·教育》云：“除教育局每年津贴洋口元外，余系刘氏义田划拨”。
光绪三十四年（1908 年）	四月，刘马青霞创建河南第一所私立女子学校——华英女校。
光绪三十四年（1908 年）	河南辛亥革命起义总司令张钟端被取消公费留学资格，刘马青霞支持其读完学业。
宣统元年（1909 年）	捐地 30 亩，建乙种蚕桑学校。 1909 年 2 月 8 日《开封简报》报导：“尉氏县一品命妇刘马氏，捐一千两充省垣中州公学经费。” 刘马青霞的生母呼延氏，河南省内黄县人，病故。
宣统元年（1909 年）	七月二十八日，河南各州县到开封应考的科举士子 3000 余人在开封曹门大街火神庙内召开大会，印发《传单》：“誓不承认福公司在内开矿，何况违约卖煤，有伤国权。”
宣统元年（1909 年）	资助其兄长马吉森 100 万元，战胜英国人，夺得六河沟煤矿的开采权。
宣统三年（1911 年）	华英女校创办四年后停办。刘马青霞介绍辛亥革命党人张钟端到二兄长马吉樟（时任湖北布政使）处为幕僚。张钟端以此为掩护，秘密的往来于武昌、南京、上海之间从事革命。

宣统三年（1911 年）	十月十一日，河南辛亥革命起义总司令张钟端在武昌参加起义，担任武昌军政府参谋长。
宣统三年（1911 年）	十二月五日，河南辛亥革命在开封爆发，刘马青霞捐银 3000 两以助经费。张钟端担任河南辛亥革命起义总司令。
宣统三年（1911 年）	十二月二十四日，张钟端、王天杰、李乾公、张兆发、刘凤楼、张得成、崔德聚、李鸿绪、王梦兰、徐振泉、单鹏彦等 11 位同志分别在开封的南关和西关英勇就义。
民国元年（1912 年）	3 月 20 日上海《民立报》报导：3 月 6 日青霞与孙中山夫人卢慕贞、伍廷芳夫人、吴芝瑛一起被选任为“神州女子共和协济社”的名誉社长。
民国元年（1912 年）	4 月 8 日，全国各女子团体组织在南京召开“女子参政同盟会”正式成立大会，推举唐群英为会长。“女子参政同盟会”成立大会通过了 11 条政纲。
民国元年（1912 年）	9 月，刘马青霞与唐群英一起创办了《女子白话旬报》，后改称《女子白话报》。
民国元年（1912 年）	10 月 2 日，北京成立“北京女子参政同盟会”，刘马青霞为北京女子参政同盟会会长、北京女子学务维持会会长、北京女子法政学校校长。
民国元年（1912 年）	11 月 20 日《自由报》报导：“刘女士青霞，开封人，现充北京女子法政学校校长，北京女子学务维持会会长。”

民国元年（1912年）	刘马青霞被河南各大团体公选为河南国民捐总理。6月5日《民约报》以“女志士真爱国”的题目报道：“昨日（三十号）得彰德（今河南安阳，青霞故里）来电云：国民捐总理刘女士于本日乘汽车莅汴。各大团体接电后，均至车站欢迎（计有三十余团）。是时，汽笛呜呜，刘女士至矣。遂皆肃然脱帽致礼，刘女士亦依次答还，颇极一时之盛。”
民国二年（1913年）	刘马青霞带上所有的房产地契，赴上海拜见孙中山，将全部财产捐献给国家，作为修筑铁路费用。孙中山为她挥毫题写了“天下为公”和“巾帼英雄”，以赞其爱国壮举。后因时局突变，这一愿望未能实现。
民国六年（1917年）	4月24日，尉氏贫民工厂无款开办，青霞捐洋5万元，作为该厂开办经费。
民国六年（1917年）	6月27日，青霞女士创办尉氏女子工艺厂，投入资金3万元，以助女子就业。
民国六年（1917年）	3月27日，尉氏刘氏宗族富户刘宪德由于经营亏欠甚巨，謚刘马青霞，要求“将刘马氏之财产抵补”，赔付其亏欠。刘宪德败诉。
民国六年（1917年）	11月17日，刘马青霞在《自由报》发表《告四万万男女同胞书》（原题目为《豫人刘马青霞披露》）。
民国十年（1921年）	5月刘鼎元到法院提出自己是刘马青霞的养子，要求与刘马青霞脱离母子关系。

民国十一年（1922 年） 7 月 9 日，刘马青霞捐洋 2000 元给开封难民所，为孩子购备新制衣裤 40 件。

冯玉祥任河南任督军，征得刘马青霞的同意，将其数百万家产充公，捐献给国家，了却她的夙愿。

民国十二年（1923 年） 刘马青霞回到蒋村马氏庄园病逝，时年 46 岁，走完了她 46 年的生命途程。

附录二

马丕瑶年表

道光十一年（1831 年）	正月初四日，马丕瑶出生。
咸丰八年（1858 年）	马丕瑶考中举人。
同治元年（1662 年）	马丕瑶登进士。
同治五年（1866 年）	初夏，马丕瑶授任山西平陆县知县。
同治七年（1868 年）	春，马丕瑶改任山西永济县知县。
同治十年（1871 年）	八月，其父马天平（字均亭）病卒于永济。马丕瑶丁忧三年。
同治十三年（1874 年）	马丕瑶服阕入部，驻阕，署河东监掣同知。
光绪三年（1877 年）	刘马青霞出生在河南安阳。山西大饥，灾荒特重，在这种情况下，马丕瑶受命署理灾情较重的解州（今山西运城）知州。
光绪七年（1881 年）	夏马丕瑶离开解州，莅任山西辽州知州，治所在今左扳县。
光绪八年（1882 年）	马丕瑶擢任太原府知府。
光绪十年（1884 年）	马丕瑶升任冀宁道，在此后的两三年内，曾先后署理山西按察使和山西布政使。马丕瑶在晋为官，度过了 20 余年的漫长岁月。
光绪十三年（1887 年）	二月，马丕瑶授任贵州按察使。
光绪十四年（1888 年）	正月，马丕瑶行抵广西省城桂林，调任广西布政使。
光绪十五年（1889 年）	马丕瑶，升任广西巡抚。
光绪十八年（1892 年）	马丕瑶的继母杨氏病卒，他因丁忧被免去广西巡抚之职。

光绪二十年（1894 年）	七月，马丕瑶服阙入都；十月，任广东巡抚，辞陛出京，南行广州赴任。
光绪二十一年（1895 年）	四月十七日，甲午战败，马丕瑶“愤懑不能自已”上书皇帝《力阻和议折》，要求“将李鸿章发交刑狱治罪”。
光绪二十一年（1895 年）	九月八日，马丕瑶以忧病死，终年 65 岁。光绪皇帝加封马丕瑶为光禄大夫头品顶戴兵部侍郎兼都察院右副都御使、广东巡抚，并为他写了祭文。
宣统元年（1909 年）	刘马青霞的生母呼延氏（马丕瑶之妻），河南省内黄县人，病故。

附录三

马吉樟年表

咸丰九年（1859年）	八月初五，马吉樟出生。
光绪三年（1877年）	刘马青霞出生在河南安阳。马丕瑶任解州（今山西运城）知州。
光绪五年（1879年）	马吉樟考中举人。
光绪六年（1880年）	马吉樟21岁金榜题名，马吉樟考中进士。
光绪九年（1883年）	马吉樟殿选为庶吉士。
光绪十二年（1886年）	马吉樟授翰林院编修。
光绪十八年（1892年）	马吉樟充任国史馆协修、会典馆总校。
光绪二十一年（1895年）	马丕瑶死，马吉樟丁忧在家，在安阳昼锦书院和后渠书院讲学。
光绪二十五年（1899年）	马吉樟服阙入都。
光绪二十六年（1900年）	马吉樟跟随水师大臣李秉衡抗击八国联军。
光绪二十六年（1900年）	十月，马吉樟护驾慈禧、光绪播迁西安；御驾回銮时，途径安阳，慈禧太后、光绪皇帝下榻马氏庄园。
光绪二十九年（1903年）	会试在河南开封举行，马吉樟任同考官（即副考官）；同年夏，以翰林院编修的身份任甘肃乡试正考官。
光绪三十年（1904年）	马吉樟授翰林院撰文、侍讲、侍读、日讲起居注官。
光绪三十一年（1905年）	河南公立豫学堂成立，马吉樟被推举兼任总监督（即校长）。
光绪三十三年（1907年）	马吉樟东渡日本，考察政治与学务。
光绪三十四年（1908年）	马吉樟任湖北武昌盐法道。
宣统元年（1909年）	马吉樟任湖北按察使。

宣统二年（1910 年）	三月，马吉樟实授湖北按察使（七月，改为提法使）。
宣统三年（1911 年）	武昌起义爆发，马吉樟回安阳家居。
民国四年（1915 年）	马吉樟任袁世凯总统府内史（秘书），次年，袁世凯死后，仍然任北洋政府总统府秘书。晚年居燕京寓所。
民国二十年（1931 年）	旧历十月马吉樟病卒，终年 73 岁。

后　记

多年来，笔者一直想对刘马青霞进行研究，或者为她写一篇传记。

十几年前，笔者曾经看到过关于刘马青霞的一些材料，青霞创办义学、义庄、仗义疏财的宽广胸襟深深地打动了笔者，从此笔者开始有意或无意地收集刘马青霞的资料。随着这些资料的收集，也加深了笔者对刘马青霞的了解和仰慕，于是也更激发了笔者想为刘马青霞女士写一本传记的念头。可是写刘马青霞，谈何容易？刘马青霞女士是近代辛亥革命时期的志士，笔者的专业是研究古代史，一直忙于古代史方面的研究和写作。有关古代史的题目和项目经常摆在我的面前，使我忙得不亦乐乎。笔者根本无暇对刘马青霞进行研究，这是笔者一直遗憾的。而如今这本书终于写成，付梓印行，使笔者完成一个心愿。

出于对刘马青霞的敬慕，笔者曾追寻她的足迹，寻访她的故居，曾经先后三次到青霞的故里河南安阳蒋村，并与从事《安阳地方志》研究的吕何生先生、安阳文化局局长邓叶君先生等有关专家座谈，得到了他们的大力支持。吕何生先生为笔者提供了青霞的家谱中的有关记载和情况；邓叶君先生向笔者提供了青霞女士的二兄长马吉樟的手稿，使笔者得到了大批的有关研究青霞的第一手材料。

河南尉氏，是刘马青霞丈夫刘耀德的故乡，也是刘马青霞的第二故乡。青霞的革命活动和事业主要在尉氏及当时的省会开封。笔者多次拜访了尉氏县原文管会主任王小秋先生。王小秋先生带笔者走访了青霞丈夫的故里——尉氏县大桥乡，考察了青霞女士修建的刘家祠堂、刘家墓地的墓碑、青霞女士长期居住的师古堂、修建的华英女校等；王小秋先生还向我提供了民国二十二年的《尉氏县志》等。笔者拜访了尉氏县文化局的原局长于中华先生，并与于中华先生通过许多次的电话，于中华先生为笔者解答了许多疑问并提供了他在 20 世纪 80 年代走访刘家老仆，所调查的关于青霞的情况。

刘马青霞的许多革命活动与当时的河南省城开封有密切联系。今开封